HELMUT LECHELER

Das Subsidiaritätsprinzip

Soziale Orientierung

Veröffentlichungen der Wissenschaftlichen Kommission
bei der Katholischen Sozialwissenschaftlichen Zentralstelle
Mönchengladbach

In Verbindung mit

Karl Forster · Hans Maier · Rudolf Morsey

herausgegeben von

Anton Rauscher

Band 8

Das Subsidiaritätsprinzip

Strukturprinzip einer europäischen Union

Von

Helmut Lecheler

Duncker & Humblot · Berlin

Redaktion: Günter Baadte

Die Deutsche Bibliothek – CIP-Einheitsaufnahme

Lecheler, Helmut:
Das Subsidiaritätsprinzip : Strukturprinzip einer Europäischen Union / von Helmut Lecheler. — Berlin : Duncker und Humblot, 1993
(Soziale Orientierung ; Bd. 8)
ISBN 3-428-07805-5
NE: GT

Fremddatenübernahme und Druck:
Berliner Buchdruckerei Union GmbH, Berlin
Printed in Germany

ISSN 0720-6917
ISBN 3-428-07805-5

Vorwort

Zu den großen Überraschungen, welche die europäische Einigung immer wieder bereit hält, gehört die unerwartete Konjunktur, die der Begriff der Subsidiarität bekommen hat. Zwar verbinden sich mit diesem Begriff unterschiedliche Vorstellungen in den Mitgliedstaaten. Der Ruf nach einem subsidiär organisierten Europa ist aber dennoch im Kern eine einheitliche Antwort auf die Kabinettspolitik der Regierungen und Parlamente der Mitgliedstaaten, welche die europäischen Völker nicht mehr uneingeschränkt hinnehmen. So könnte das Vertragswerk von Maastricht tatsächlich einen Wendepunkt markieren, der die Vielfalt Europas im Einigungsprozeß stärker zu Wort kommen läßt gegenüber Harmonisierungsbestrebungen der Regierungen der Mitgliedstaaten. Der deutsche Beitrag dazu sollte nicht nur in der Formulierung der Skepsis bestehen, ob der Begriff Subsidiarität der Justiziabilität zugänglich ist; er sollte auch nicht, jedenfalls nicht primär, in der Weiterführung des weitgehend fruchtlosen Streits um den Rechtscharakter des Subsidiaritätsprinzips bestehen; er sollte vielmehr darauf abzielen, deutlich zu machen, welche vielfältigen Gestaltungskräfte aus diesem Begriff und den hinter ihm stehenden geistigen Strömungen mobilisiert werden können.

Die Niederschrift meiner Überlegungen hatte unter den zwangsläufigen Unbilden meines Wechsels von Erlangen nach Berlin zu leiden, so daß ich diesmal in besonderem Maße auf Hilfe angewiesen war. Ohne die ganz außergewöhnliche Hilfestellung meines früheren Erlanger Mitarbeiters Dr. Hans-Peter *Kraußer* hätte ich dieses Buch nicht vollenden können. Der DFG danke ich dafür, daß sie hier finanziell geholfen hat. Nach dem Auslaufen seines Vertrages hat er seinen Dienstantritt beim Bayerischen Wirtschaftsministerium aufgeschoben, um — ohne jedes Salär — das Vorhaben vollenden zu helfen.

Ungewöhnlich schwierig war auch der Prozeß der technischen Fertigstellung. Meiner langjährigen Sekretärin in Erlangen, Frau Barbara Gerstner, und meiner neuen Sekretärin in Berlin, Frau Bozena Sikora, habe ich es zu danken, daß auch der Übergang in der Fertigstellung eines laufenden Manuskripts reibungslos gelang.

Widmen möchte ich dieses Buch Frau Dr. Caroline Chotard, Paris, die mir in langer Freundschaft die Augen dafür geöffnet hat, was Deutsche und Franzosen verbindet — und trennt.

Berlin, im Juni 1993 *Helmut Lecheler*

Inhaltsverzeichnis

Einleitung

Im neuen „Europa-Artikel" 23 des Grundgesetzes[1] heißt es programmatisch und doch zugleich auf juristische Verbindlichkeit abzielend:

> „Zur Verwirklichung eines vereinten Europas wirkt die Bundesrepublik Deutschland bei der Entwicklung der Europäischen Union mit, die demokratischen, rechtsstaatlichen, sozialen und föderativen Grundsätzen und dem Grundsatz der Subsidiarität verpflichtet ist . . ."

Dieser erklärte Wille der deutschen verfassunggebenden Gewalt greift auf und macht zur — rechtlich schwierigen — Voraussetzung für die Europäische Einigung, was bei den europäischen Völkern auf Zustimmung stoßen sollte und was neuerdings auch in den europäischen Institutionen eine Chance der Zustimmung findet — die Beachtung des *Grundsatzes der Subsidiarität!*

Doch während wir auf nationaler Ebene wie auch im Europarecht weitgehend übereinstimmende Vorstellungen davon haben, wie demokratische und rechtsstaatliche Grundsätze aussehen und verwirklicht werden sollten, kann eine solche Übereinstimmung weder im Grundsatz noch bei den Details für den Grundsatz der Subsidiarität festgestellt werden. Eine ähnliche Unklarheit besteht übrigens auch (wie sich unter A II 2. und unter B II näher zeigen wird) beim Verständnis und der Verwirklichung föderaler Grundsätze.

*Europa*rechtlich sind *nationale* Vorstellungen über den Inhalt und den Geltungscharakter des Subsidiaritätsgrundsatzes nicht verbindlich. Trotzdem sind sie nicht unbeachtlich. Im Idealfall konvergieren nationale und supranationale Vorstellungen in einem Kompromiß, der das Miteinander ermöglicht, ohne die nationalen Eigenarten zu verdrängen.

Ansatz für die Ermittlung des europarechtlichen Gehalts des Subsidiaritätsprinzips muß zunächst das geschriebene Europarecht sein, dessen Interpretation freilich — wie auch bei der Sinnerfüllung anderer allgemeiner Rechtsbegriffe und Grundsätze — vielfach aus nationalen Vorstellungen gespeist wird. Schon daher sind nationale Subsidiaritätsvorstellungen (vgl. unten A III 2 und 3) in die Betrachtung einzubeziehen; in Mitgliedstaaten, in denen subsidiäre Strukturen weniger bewußt sind, mag die europarechtliche Diskussion Anlaß bieten, sich darüber klar zu werden, inwieweit die eigene Rechtsordnung solche Grundsätze durchaus schon kennt.

---

[1] BGBl. 1992, I, S. 2086.
Zur Entstehung vgl. *R. Scholz,* Grundgesetz und europäische Einigung — Zu den reformpolitischen Empfehlungen der Gemeinsamen Verfassungskommission, NJW 1992, S. 2593 ff.

A. Das Subsidiaritätsprinzip — Herkunft und Bedeutung

I. Art. 3 b des EG-Vertrages als Zwischenergebnis der europäischen Rechtsentwicklung

Die Maastrichter Verträge[1] markieren in der Sache einen wichtigen weiteren Schritt in Richtung auf eine „Europäische Union" — weniger durch deren formale „Gründung" in Art. A Abs. 1 des „Vertrages über die Europäische Union"[2] als durch eine Reihe von sachlichen Änderungen und Ergänzungen der Europäischen Verträge (EWGV, Euratom-V, Montan-V), von denen hier vor allem die Einführung des Subsidiaritätsgrundsatzes einschließlich ihrer Konsequenzen untersucht wird.

Was die „Europäische Union" angeht, so haben wir es mit dem Kuriosum zu tun, daß die — weitergeltende! — Einheitliche Europäische Akte vom 28. Februar 1981[3] nach Art. 1 Abs. 1 das Ziel verfolgt, „zu konkreten Fortschritten auf dem Wege zur Europäischen Union beizutragen", während die Maastrichter Verträge diese Union bereits gegründet haben wollen.

---

[1] Abgeschlossen oder weitgehend erledigt ist das Zustimmungsverfahren in

Belgien (17.7.):	Senat, 4. November (146 Ja, 33 Nein, 3 Enthaltungen);
Deutschland:	nach der Zustimmung des Bundestages; Zustimmung des Bundesrats am 18.12.1992;
Dänemark:	Trotz Zustimmung des Parlaments am 13.5. (130 Ja, 25 Nein) Ablehnung in der Volksabstimmung am 2.6.92 (15,7 % Nein, 49,3 % Ja); erneutes Referendum im Mai 1993 mit klarer Mehrheit angenommen;
Frankreich (20.9.):	Referendum (51,04 % Ja, 48,95 % Nein);
Griechenland (1.8.):	Parlament (286 Ja, 8 Nein, 6 Enthaltungen);
Großbritannien (21.5.):	Zweite Lesung im Unterhaus (336 Ja, 92 Nein; abschließende Entscheidung bis nach dem dänischen Referendum vertagt);
Irland, (18.6.):	Referendum (68,7 % Ja, 31,3 Nein);
Italien (29.10.):	Parlament (403 Ja, 46 Nein, 18 Enthaltungen) (Zustimmung des Senats am 17. September);
Luxemburg (2.7.):	Parlamentarische Zustimmung (51 % Ja, 6 % Nein, 3 Enthaltungen);
Niederlande (12.11.):	Parlament (137 Ja, 13 Nein) (Zustimmung der Provinzenkammer voraussichtlich im Dezember);
Portugal:	Abstimmung am 10.12.;
Spanien (29.10.):	Parlament (314 Ja, 3 Nein, 9 Enthaltungen) (Zustimmung des Senats am 25.11.).

[2] „Durch diesen Vertrag gründen die Hohen Vertragsparteien untereinander eine Europäische Union, im folgenden als „Union" bezeichnet."

[3] BGBl. 1986 II, S. 1104, in Kraft getreten am 1.7.1987 gem. Bek. v. 31.7.1987, BGBl. II, S. 451.

Zwar haben diese Verträge — auch unabhängig von der Errichtung der Wirtschafts- und Währungsunion — durchaus nennenswerte rechtliche Konsequenzen (wie die Unionsbürgerschaft, die Ausweitung der Freizügigkeit auf alle Gemeinschaftsbürger (und nicht mehr nur für die Arbeitnehmer), das aktive und passive Wahlrecht bei Kommunalwahlen und das Petitionsrecht (Art. 8 n. F. ff.)[4]. Ein *Verfassungsakt*[5] für die „Europäische Union" ist der Vertrag dennoch nicht. Hierfür fehlen nahezu alle wesentlichen Inhalte: Das beginnt mit der sehr unvollkommenen organisatorischen Basis. Einziges neues Unionsorgan ist der „Europäische Rat" der Regierungschefs bzw. Außenminister; ferner fehlt eine grundsätzliche Kompetenzverteilung und damit eine ganz wesentliche Voraussetzung für die Annahme der eigenen Staatlichkeit der Gemeinschaft. Der Vertrag markiert nur einen[6] und keineswegs schon den letzten Schritt auf dem Weg zu einem einigen Europa. Eine ungewöhnlich intensive Diskussion über die Bedeutung und die Grenzen des Subsidiaritätsprinzips, die weit über die nur wissenschaftliche Diskussion[7] hinausreicht, hat in Art. 3 b EG-V eine Art Zwischenbilanz erfahren.

---

[4] Vgl. dazu *A. Bleckmann*, Chancen und Gefahren der europäischen Integration, JZ 1990, S. 301 ff.; *ders.*, Zu den Auslegungsmethoden des EuGH, NJW 1982, S. 1177 ff.; *W. v. Simson / J. Schwarze*, Europäische Integration und Grundgesetz — Maastricht und die Folgen für das deutsche Verfassungsrecht, Berlin usw. 1992; *H. J. Hahn*, Der Vertrag von Maastricht als völkerrechtliche Übereinkunft und Verfassung, Baden-Baden 1992.

[5] Das betonen zutreffend *F. L. v. Stauffenberg / C. Langenfeld*, Maastricht — ein Fortschritt für Europa? ZRP 1992, S. 252. Der EuGH sieht schon in dem EWG-Vertrag die „grundlegende Verfassungsurkunde einer Rechtsgemeinschaft", EuGRZ 1992, S. 67 / 74 (in seinem GA zum EWR-Vertrag); das entspricht der Bedeutung des Vertrages für das Gemeinschaftsrecht, nicht aber der Einordnung der Gemeinschaft in die Terminologie der Staats- und Verfassungslehre.

[6] *E. Apert-Dupont*, Les grands „Petits Pas" de Maastricht, R. A. E. 1992, S. 68.

[7] Vgl. aus dem inzwischen schon reichen Schrifttum v. a. *A. Adonis / S. Jones*, Subsidiarity and the European Community's Constitutional Future, Staatswissenschaften und Staatspraxis 1991, S. 179 ff.; *H.-J. Blanke*, Das Subsidiaritätsprinzip als Schranke des Europäischen Gemeinschaftsrechts?, Zeitschrift für Gesetzgebung 1991, S. 133 ff.; V. *Constantinesco*, „Subsidiarität": Magisches Wort oder Handlungsprinzip der Europäischen Union?, EuZW 1991, S. 561 ff.; *ders.*, La subsidiarité comme Principe Constitutionnel de l'Intégration Européenne, Außenwirtschaft 46 (1991), S. 439 ff.; *M. Heintzen*, Subsidiaritätsprinzip und Europäische Gemeinschaft, Juristenzeitung 1991, S. 317 ff.; *I. Hochbaum*, Kohäsion und Subsidiarität — Maastricht und die Länderkulturhoheit, DV 1992, S. 285 ff.; *W. Hummer*, Subsidiarität und Föderalismus als Strukturprinzipien der Europäischen Gemeinschaften?, Zeitschrift für Rechtsvergleichung, Internationales Privatrecht und Europarecht 1992, S. 81 ff.; *M. Jachtenfuchs*, Die EG nach Maastricht — Das Subsidiaritätsprinzip und die Zukunft der Integration, Europaarchiv 1992, S. 279 ff.; *P. J. C. Kapteyn*, Community Law and the Principle of Subsidiarity, Revue des Affaires européennes 1991, n 2, p. 35 ff.; *H. P. Kraußer*, Das Prinzip begrenzter Ermächtigung im Gemeinschaftsrecht als Strukturprinzip des EWG-Vertrages, Berlin 1991; *M. Pechstein*, Subsidiarität der EG-Medienpolitik?, DV 1991, S. 535 ff.; *N. Wimmer / W. Mederer*, Das Subsidiaritätsprinzip und seine Entdeckung durch die Europäische Gemeinschaft, Österreichische Juristenzeitung 1991, S. 586 ff.

1. Der Vertragstext des Art. 3 b EG-V

Art. 3 b EG-V (so wird nach dem Maastrichter Vertrag der EWGV umbenannt) lautet:

„I. Die Gemeinschaft wird innerhalb der Grenzen der ihr in diesem Vertrag zugewiesenen Befugnisse und gesetzten Ziele tätig.

II. In den Bereichen, die nicht in ihre ausschließliche Zuständigkeit fallen, wird die Gemeinschaft nach dem Subsidiaritätsprinzip nur tätig, sofern und soweit die Ziele der in Betracht gezogenen Maßnahmen auf der Ebene der Mitgliedstaaten nicht ausreichend erreicht werden können und daher wegen ihres Umfanges oder ihrer Wirkungen besser auf Gemeinschaftsebene erreicht werden können.

III. Die Maßnahmen der Gemeinschaft gehen nicht über das für die Erreichung der Ziele des Vertrags erforderlich Maß hinaus".

In diesem Artikel sind *drei* Prinzipien — wenn auch noch mit schwerwiegenden Einschränkungen — verankert, die in einem engen inhaltlichen Zusammenhang miteinander stehen, aber trotzdem auseinandergehalten werden müssen:

— Das Prinzip der *„begrenzten Kompetenz"*[8] in Abs. 1.

Die Beachtung dieses Prinzips ist für eine klare Aufteilung der Kompetenzen zwischen der Union und einem Mitgliedstaat unverzichtbar[9]. Es zeigt auf, wo die Kompetenz-Kompetenz liegt, also das Recht, Kompetenzstreitfragen zu entscheiden und neue Kompetenzen zuzuordnen. Derzeit ist diese Kompetenz-Kompetenz gespalten: Die Entscheidung von Kompetenzstreitfragen hat der EuGH in ständiger und inzwischen auch weitgehend akzeptierter Rechtsprechung an sich gezogen; die Zuteilung neuer Kompetenzen fällt in die Zuständigkeit der Mitgliedstaaten, die sich gerade im Maastrichter Vertragswerk selbst erst auf die Ausweitung von Gemeinschaftskompetenzen geeinigt haben, vor allem in der Wirtschaftspolitik (Art. 102 a ff.), in der Währungspolitik (Art. 105 n. F. ff.), in der Sozialpolitik (Art. 118 a n. F. ff.), in der Kulturpolitik (Art. 128 n. F.) und im Gesundheitswesen (Art. 129 n. F.).

Nach dem Prinzip der „begrenzten Kompetenz" der Unionsorgane stehen diesen also nur diejenigen Befugnisse zu, die ihnen ausdrücklich in diesem Vertrag zugewiesen worden sind[10]. Das bestimmte bisher schon Art. 4 Abs. 1 Satz 2 EWGV, der weiter gilt. Der neue Art. 3 b Abs. 1 EG-V sanktioniert aber leider zugleich die bisherige Praxis, nach der aus den sehr umfassend formulierten Zielen der Gemeinschaft (Art. 2 EG-V)[11] eine Rechtfertigung für gemeinschaftliches Tätigwerden gesehen wird.

---

[8] Vgl. dazu *H. P. Kraußer,* Das Prinzip begrenzter Ermächtigung im Gemeinschaftsrecht als Strukturprinzip des EWG-Vertrages, Berlin 1991.

[9] Siehe dazu *H. P. Kraußer,* a. a. O., S. 30.

[10] Vgl. freilich zum Problem der implied powers etc. *G. Nicolaysen,* Zur Theorie von den Implied Powers in den Europäischen Gemeinschaften, EuR 1966, S. 129 ff.

— Der Grundsatz der *Erforderlichkeit* in Abs. 3, ein Ausschnitt aus dem allgemeinen Verhältnismäßigkeitsgrundsatz, der im Sprachgebrauch der Kommission als Kriterium der „Intensität (Verhältnismäßigkeit) der Modalitäten des Handelns" bezeichnet wird[12]. In dieser Mitteilung der Kommission bietet „die Subsidiarität" „als Intensitätskriterium eine Garantie dafür, daß die Maßnahmen der Gemeinschaft nicht über das für die Erreichung der Ziele dieses Vertrages erforderliche Maß hinausgehen — unabhängig davon, ob es sich um ausschließliche oder konkurrierende Zuständigkeiten handelt". Die Kommission bezieht also diesen Verhältnismäßigkeitsaspekt ausdrücklich in die Subsidiarität mit ein. Ebenso wie der Grundsatz der begrenzten Kompetenz in seiner neuen Formulierung in Art. 3 b Abs. 1 leidet auch dieses „Intensitätskriterium" daran, daß die Erforderlichkeit einer Maßnahme an den umfassenden Zielen des Vertrages gemessen wird — ein ziemlich aussichtsloses Unterfangen!

— Schließlich in Abs. 2 das eigentliche Subsidiaritätsprinzip,

  — freilich beschränkt auf diejenigen Bereiche, die nicht in die ausschließliche Zuständigkeit der Gemeinschaft fallen; also der Umwelt- und Verbraucherschutz, die Sozialpolitik und überhaupt die gesamte sog. Binnenmarktgesetzgebung. Ausschließlich zuständig[13] ist die EG dagegen etwa im Bereich der Zolltarife und von Teilen der Agrarpolitik.

  — mit dem Inhalt, daß die Gemeinschaft nur tätig wird (Selbstbeschränkung im Sinne des Dürfens; keine Einstands*pflicht)*, sofern und soweit die Ziele der jeweiligen Maßnahme auf der Ebene der Mitgliedstaaten nicht ausreichend — *und daher* besser auf Gemeinschaftsebene — erreicht werden können.

  Hervorgehobenen werden im Vertragstext die beiden Aspekte, daß der Zweck einer Maßnahme wegen ihres Umfanges oder wegen ihrer *Wirkungen* besser auf Gemeinschaftsebene erreicht werden kann.

---

[11] Art. 2 EG-V (i. d. F. des Maastrichter Vertrages) lautet:
„Aufgabe der Gemeinschaft ist es, durch die Errichtung eines Gemeinsamen Marktes und einer Wirtschafts- und Währungsunion sowie durch die Durchführung der in den Art. 3 und 3 a genannten gemeinsamen Politiken oder Maßnahmen eine harmonische und ausgewogene Entwicklung des Wirtschaftslebens innerhalb der Gemeinschaft, ein beständiges, nichtinflationäres und umweltverträgliches Wachstum, einen hohen Grad an Konvergenz der Wirtschaftsleistungen, ein hohes Beschäftigungsniveau, ein hohes Maß an sozialem Schutz, die Hebung der Lebenshaltung und der Lebensqualität, den wirtschaftlichen und sozialen Zusammenhalt und die Solidarität zwischen den Mitgliedstaaten zu fördern".

[12] Das Subsidiaritätsprinzip. Mitteilung der Kommission an den Rat und an das Europäische Parlament v. 27.10.1992, SEK (92) 1990, S. 3 / 4 der Anlage.

[13] In der Terminologie des Vertragsentwurfs für eine politische Union 1984 war die Unterscheidung zwischen ausschließlicher und konkurrierender Kompetenz der Gemeinschaftsorgane klarer durchgeführt als im EG-V.

Für die juristische Anwendung sind damit sowohl der Anwendungsbereich als auch die Tatbestandsvoraussetzungen für die Begründung einer Gemeinschaftsbefugnis ausdrücklich formuliert, auch wenn die verwendeten unbestimmten Begriffe nicht leicht zu konkretisieren sein werden.

In ihrer Mitteilung zur Anwendung des Subsidiaritätsprinzips [14] unterscheidet die Kommission zwei „Dimensionen des Subsidiaritätsprinzips", die „Notwendigkeit des Handelns (Abs. 2)" und die „Intensität (Verhältnismäßigkeit) der Modalitäten des Handelns (Abs. 3)".

> Als Kriterium der Notwendigkeit bestimmt die Subsidiarität, ob die Gemeinschaft grundsätzlich tätig wird; „dabei hat die Gemeinschaft den Nachweis zu erbringen, daß ihr Handeln gegenüber den Maßnahmen, die die Mitgliedstaaten zur Erreichung der Vertragsziele treffen oder treffen könnten, begründet ist".
>
> „Als Intensitätskriterium bietet die Subsidiarität eine Garantie dafür, daß die Maßnahmen der Gemeinschaft nicht über das für die Erreichung der Ziele dieses Vertrags erforderliche Maß hinausgehen — unabhängig davon, ob es sich um ausschließliche oder konkurrierende Zuständigkeit handelt". In der Einleitung ihrer Mitteilung verweist die Kommission selbst darauf, daß die Intensität des Gemeinschaftshandelns „mitunter beanstandet" wurde, „insbesondere die übermäßige Detailliertheit gewisser Regelungen in sehr empfindlichen Bereichen (Umwelt, Gesundheitswesen), die zu Recht oder zu Unrecht als eng mit der Verwirklichung des Gemeinsamen Marktes verknüpft angesehen werden", wobei sich allerdings für eine zu große Regelungsdichte viel drastischere andere Beispiele anbieten.

Diese sehr enge Verklammerung zwischen Subsidiaritätsprinzip und Verhältnismäßigkeitsgrundsatz ist aber sowohl wegen der unterschiedlichen Herkunft beider Prinzipien (Subsidiarität aus der Gesellschaftspolitik, Verhältnismäßigkeit aus dem Rechtsstaatsprinzip) wie auch wegen ihrer unterschiedlichen Bestimmtheit und Wirkung (Verhältnismäßigkeit als unbestrittener Rechtssatz, Subsidiarität rechtlich verbindlich nur, soweit diese Wirkung ausdrücklich angeordnet ist) abzulehnen.

Das *Zwischenergebnis,* das sich in der Formulierung des Art. 3 b Abs. 2 EG-V ausdrückt, ist also zwiespältig:

Rechtspolitisch läßt es Wünsche offen, weil das Subsidiaritätsprinzip hier nur als Ausschnitt aus seinem denkbaren Anwendungsbereich normiert ist. Insbesondere räumt der Vertragstext dem Subsidiaritätsprinzip keine Bedeutung ein für die Antwort auf die Frage, ob und welche neuen Kompetenzen auf die Gemeinschaftsorgane übertragen werden sollen.

---

[14] v. 27.10.1992, SEK (92), 1990 endg. 8772.

Auch *rechtsdogmatisch* bleibt die eigentliche Arbeit noch zu leisten: Auf dem vorerst eingeschränkten Anwendungsgebiet des Subsidiaritätsprinzips ist an der Auslegung der Tatbestandsvoraussetzungen für eine Gemeinschaftsbefugnis zu arbeiten; das bedeutet, daß immer wieder möglichst konkret eine Antwort auf die Frage gesucht werden muß, welche Maßnahmen im Blick auf die Ziele der Gemeinschaft wegen ihres Umfanges oder wegen ihrer Wirkungen auf der Ebene der Mitgliedstaaten nicht ausreichend erreicht werden können [15] (vgl. dazu näher unten A III).

Das Ergebnis des Vertrages markiert hier also sozusagen einen Kompromiß:

— die Einschränkung der Anwendbarkeit des Subsidiaritätsprinzips auf die Bereiche „konkurrierender" Zuständigkeit;

— die ausdrückliche Anerkennung des Prinzips an hervorgehobener Stelle im Vertrag und die Festlegung des grundsätzlichen Nachrangs gemeinschaftlicher Tätigkeit [16].

Der Charakter des Art. 3 b EG-V als einer Kompromißvorschrift, die manche, aber keineswegs alle Wünsche einer konsequenten Durchsetzung des Subsidiaritätsprinzips erfüllt, zeigt sich sowohl im Ablauf der Verhandlungen vor dem Maastrichter Vertragsschluß (unten 2.) als auch in den derzeitigen „Nachbesserungsversuchen"; er zeigt sich aber auch darin, daß die Vertragsbestimmung des Art. 3 b EG-V Teil vielfältiger und breit angelegter Vorläuferversuche ist, die Beachtung des Subsidiaritätsprinzips juristisch zu garantieren (unten 3.). Neben Art. 3 b EG-V verdienen vor allem die Dokumente des Europäischen Parlaments zur Verwirklichung des Subsidiaritätsprinzip in der Gemeinschaft Beachtung (unten 4.). Die Entwicklung ist seither nicht stehengeblieben. Vielmehr hat die Kommission den Prozeß der Konkretisierung des Subsidiaritätsprinzips zielstrebig eingeleitet, wobei man sich allerdings darüber streiten kann, ob diese Versuche in die richtige Richtung zeigen (unten 5.).

2. Die Entstehungsgeschichte des Art. 3 b EG-V

Der Kompromißcharakter des Art. 3 b EG-V zeigt sich schon in der Entstehungsgeschichte. Das ist deswegen von Bedeutung, weil bei der Auslegung des Gemeinschaftsrechts — wie bei der Auslegung multilateraler völkerrechtlicher Abkommen [17] — stärker auf den Willen der Vertragsparteien als auf den Wortlaut abzustellen ist; denn bei der Verbindlichkeit des Gemeinschaftsrechts in allen Amtssprachen (Art. 248) sind sprachliche Unterschiede unvermeidbar [18].

---

[15] Zur Auslegung des Art. 3 b Abs. 2 EG-V siehe zuletzt ausführlich *C. Stewing*, Subsidiarität und Föderalismus in der Europäischen Union, Köln usw. 1992, S. 104 ff.

[16] was im Verlauf der Verhandlungen durch den Vertreter Frankreichs (de Boissieu) zu einer Warnung vor dem Konzept einer bloß „subsidiären Gemeinschaft" führte (edv: 291 18.1.91, 1154, S. 3).

[17] Art. 33 Ziff. 4 der Wiener Vertragsrechtskonvention.

Die Verhandlungen über den Standort und den Inhalt einer ausdrücklichen Garantie des Subsidiaritätsprinzips haben gezeigt, wie schwierig deutsche, aus einem föderativen Staatsaufbau gewonnene Vorstellungen im Kreis der EG-Mitgliedstaaten zu vertreten sind:

a) Umstritten war bereits die Frage, ob das Subsidiaritätsprinzip *in der Präambel* oder *im Text* des Vertrages verankert werden sollte, wobei auf der Hand liegt, daß die Präambel-Lösung eine deutliche Abschwächung der Rechtsverbindlichkeit bedeutet hätte.

b) Umstritten war dann natürlich auch die *Formulierung im einzelnen.* Der offizielle deutsche Konferenzvorschlag[19] lautete:

> „Die Gemeinschaft wird nur tätig, um die ihr im Rahmen dieses Vertrages übertragenen Maßnahmen durchzuführen und die darin festgelegten Ziele zu verwirklichen. Sie wird *insoweit* tätig, wie die Maßnahmen auf Grund ihrer Tragweite oder ihrer Auswirkungen die Grenzen eines Mitgliedstaates überschreitende Lösungen *erfordern* und wenn und soweit der verfolgte Zweck durch Maßnahmen auf den Ebenen der einzelnen Mitgliedstaaten allein nicht ausreichend verwirklicht werden kann" (Herv. v. Verf.).

Dieser Vorschlag wurde von einem großen Teil der Verhandlungspartner schon deswegen abgelehnt, weil die strikte Formulierung „erfordern" nicht nur die weitere Integration behindern könnte, sondern sogar hinter den Stand der Einigung („acquis communautaire") zurückgehe, eine Befürchtung, die angesichts des klaren Wortlauts von Art. B des Unionvertrages (5. Spiegelstrich: „Die volle Wahrung des gemeinschaftlichen Besitzstandes und seine Weiterentwicklung" als Ziel) unbegründet war.

Zur Begründung wurde ausdrücklich vorgetragen, nach dem deutschen Textvorschlag müsse schon die Rechtmäßigkeit der Strukturfonds in Zweifel gezogen werden. Als Strukturfonds bezeichnet man den Europäischen Regionalfonds (EFRE), den Europäischen Sozialfonds (ESF) und den Europäischen Ausrichtungs- und Garantiefonds für die Landwirtschaft — Abteilung Ausrichtung (EAGFL). Ihre Rechtmäßigkeit könnte nur unter dem Gesichtspunkt des Erfordernisses grenzüberschreitender Lösungen bestritten werden; zwingend sind solche Bedenken nicht, denn die Fonds sind Teil der Gemeinschaftspolitik zur Stärkung des wirtschaftlichen und sozialen Zusammenhalts der Mitgliedstaaten zur harmo-

---

[18] Vgl. beispielhaft das berühmte Stauder-Urteil des EuGH v. 12.11.1969, Amtl. Sammlung, S. 419 / 425: „Ist eine Entscheidung an alle Mitgliedstaaten gerichtet, so verbietet es die Notwendigkeit einheitlicher Anwendung und damit Auslegung, die Vorschrift in einer ihrer Fassungen isoliert zu betrachten, und gebietet vielmehr, sie nach dem wirklichen Willen ihres Urhebers und dem von diesem verfolgten Zweck namentlich im Licht ihrer Fassung in allen vier Sprachen auszulegen" (1969 kannte die kleinere Gemeinschaft erst vier Amtssprachen).

Zur Auslegung des Gemeinschaftsrechts vgl. A. Bleckmann, Zu den Auslegungsmethoden des EuGH, NJW 1982, S. 1177 ff.

[19] v. 15.1.1991, KONF. UP 1840 / 91

nischen Entwicklung der Gemeinschaft; ihre Rechtsgrundlage finden sie in Art. 130 a ff. EGV.

In der Schlußphase der Konferenz hat die Bundesrepublik dann einen mit Großbritannien abgestimmten Formulierungsentwurf[20] vertreten, in dem besonderer Nachdruck auf die Formulierung gelegt wurde, daß die Gemeinschaft nur tätig werden dürfe, „sofern und soweit die Ziele der in Betracht gezogenen Maßnahmen auf der Ebene der Mitgliedstaaten *nicht ausreichend* erreicht werden können und daher, wegen ihres Umfangs oder ihrer Wirkung, besser auf Gemeinschaftsebene erreicht werden können".

Diese Formulierungen, die so in den Vertragstext auch eingegangen sind, billigen dem Subsidiaritätsprinzip ganz eindeutig den Charakter eines *Aufbauprinzips von unten nach oben* zu. Zuerst muß festgestellt werden, daß der Zweck einer *konkreten Maßnahme* (nicht die vielfältigen Zwecke des Vertrages!) auf der Ebene eines oder mehrerer Mitgliedstaaten nicht ausreichend erreicht werden kann und erst *danach,* daß dieser Zweck wegen des Umfangs oder der Wirkungen der Maßnahme besser auf Gemeinschaftsebene erreicht werden kann; in der Logik dieses stufenweisen Vorgehens liegt auch die Möglichkeit, daß eine Maßnahme auf der Ebene eines Einzelstaates nicht sinnvoll zu realisieren ist, daß es aber trotzdem *keine* Möglichkeit gibt, diesen Zweck besser auf der Gemeinschaftsebene zu erreichen. Hier stellt sich die Frage, ob dann eine oder mehrere „Zwischenebenen" gebildet, ob also „regionalisiert" werden muß. Der Präsident des Bundesverfassungsgerichts hat diese Frage in einem jüngst gehaltenen Vortrag sehr schnell verneint und sich für ein Verbleiben der Kompetenzen bei den Mitgliedstaaten ausgesprochen[21]. Im folgenden hat er dann zu Recht die Notwendigkeit der Kooperation betont und damit die Bildung von Einrichtungen nicht ausgeschlossen, wie sie auch den deutschen „kooperativen Bundesstaat" kennzeichnen.

Beide Schlüsse, der negative der Insuffizienz wie auch der positive der besseren Realisierungschance müssen ausdrücklich gezogen werden, soll die Gemeinschaft handeln dürfen.

c) Umstritten war auch die Frage der *gerichtlichen Überprüfung* der Beachtung des Subsidiaritätsprinzips. Nach dem Vorschlag in dem Bericht des institutionellen Ausschusses des Europäischen Parlaments über den „Grundsatz der Subsidiarität" („Giscard d'Estaing-Bericht")[22] sollte dem Vertrag zugleich mit der Einführung des Subsidiaritätsgrundsatzes (damals noch Art. 3 a) ein neuer Art. 172 a eingefügt werden, welcher lautete:

---

[20] Zu den ursprünglichen Gegensätzen der Verhandlungsposition vgl. *M. Jachtenfuchs* (Fn. 7), S. 279 f.

[21] *R. Herzog,* Was bedeutet das Subsidiaritätsprinzip wirklich? Vortrag am 16.2.1993 in Brüssel, abgedruckt im Euro-Aktuell, hrsg. vom Bayerischen Staatsministerium für Bundes- und Europaangelegenheiten Nr. 83, S. 11

[22] PE 143.075 v. 31.10.1990, ABl. EG 1990, Nr. C 231 / 163.

„1. Der Rat, die Kommission, das Parlament oder ein Mitgliedstaat können, nach der endgültigen Annahme und *vor* (Herv. v. Verf.) dem Inkrafttreten eines Rechtsaktes, den Gerichtshof der Europäischen Gemeinschaften ersuchen, zu überprüfen, ob dieser Rechtsakt nicht die Grenzen der Zuständigkeit der Gemeinschaft überschreitet".

Diese Formulierung bedeutet eine *präventive* Kontrolle, die im Verlauf der Verhandlungen in besonderem Maße als integrationshindernd angegriffen worden ist.

Eine Ausweitung des Kreises der Klageberechtigten auf die *Regionen,* wie sie die deutschen Länder verlangt hatten[23], hat schon der Ausschuß nicht gebilligt[24].

Im Verlauf der Verhandlungen setzten sich schließlich die Warnungen vor der Gefahr einer zu großen Richtermacht durch; insbesondere wurden Befürchtungen geäußert,

— die Tatbestandsvoraussetzungen für einen subsidiären Gemeinschaftsaufbau unterlägen als politische Begriffe weitgehend subjektiven Wertungen und öffneten damit dem Belieben des Gerichts Tür und Tor;

— eine richterliche Kontrolle könne die Weiterentwicklung der Gemeinschaft in unkalkulierbarer Weise blockieren;

— im Blick auf die derzeitige durchschnittliche Verfahrensdauer beim EuGH müsse schließlich die gerichtliche Überprüfungsmöglichkeit zu einer unerträglichen Verlangsamung des Beschlußverfahrens des Rates führen und damit den weiteren Ausbau der Gemeinschaft behindern.

Aus der Streichung des Art. 172 a des Entwurfs darf allerdings *nicht* gefolgert werden, daß Verletzungen des Art. 3 b vor dem Gerichtshof nicht gerügt werden könnten. Im Verlauf der Verhandlungen wurde vielmehr, grundsätzlich zu Recht, darauf verwiesen, daß Verletzungsrügen im Wege der Nichtigkeitsklage nach Art. 173 EWGV vor den Gerichtshof gebracht werden können, vom Europäischen Parlament freilich nur mit der Einschränkung, daß es die Verletzung seiner parlamentarischen Mitwirkungsrechte rügen kann. In Art. 172 a wäre dem Parlament, dem jedenfalls im derzeitigen Ausbaustadium der Gemeinschaft für die Wahrung der Subsidiarität eine wichtige Aufgabe zukommt, ein uneingeschränktes Klagerecht zugebilligt worden.

---

23 Vgl. Beschluß des Bundesrats v. 24.8.1990, BRDs. 550 / 90 Ziff. I 4, S. 4. Danach sollte Art. 173 Abs. 1 Satz 3 n. F. EWGV lauten: „Klagen im Sinne von Satz 2 kann auch der Regionalrat erheben, soweit er die Verletzung seiner Mitwirkungsrechte oder des Subsidiaritätsprinzips rügt".

24 Zum ganzen vgl. eingehend *H. J. Blanke,* Das Subsidiaritätsprinzip als Schranke des Europäischen Gemeinschaftsrechts? ZG 1991, S. 133 / 139 ff.

3. *Vorläuferversuche bei der rechtlichen Verankerung des Subsidiaritätsprinzips*

Art. 3 b des Maastrichter EG-Vertrages ist nicht der erste Versuch, das Subsidiaritätsprinzip im geschriebenen Europarecht zu verankern.

a) Vorüberlegungen über eine vertragliche Garantie der Subsidiarität wurden vielmehr schon bei den langwierigen und schwierigen Vorbereitungsarbeiten für den Abschluß der Römischen Verträge angestellt. In Art. 5 Abs. 1 und 3 des EGKSV ist es dadurch zum Ausdruck gekommen, daß bestimmt wird, daß die Gemeinschaft ihre Aufgabe „durch begrenzte Eingriffe" erfüllt und daß die Organe diese Aufgaben „mit einem möglichst kleinen Verwaltungsapparat in enger Zusammenarbeit mit den Beteiligten" erledigen.

b) Auch im EWG-Vertrag hat man immer schon Elemente der Subsidiarität verankert gesehen. In diesem Zusammenhang werden genannt[25]:

— Art. 5 EWGV, der es den *Mitgliedstaaten* auferlegt, alle geeigneten Maßnahmen allgemeiner oder besonderer Art zu treffen zur Erfüllung der Vertragspflichten oder von Pflichten, die sich aus Handlungen der Gemeinschaftsorgane ergeben.

— Art. 235 EWGV, der nach der Logik des Vertrages eine Ausnahmekompetenz für den Fall vorsieht, daß ein Tätigwerden der Gemeinschaft *erforderlich* ist zur Verwirklichung eines der Vertragsziele und daß die dazu notwendige Befugnis im Vertrag selbst nicht eingeräumt wird. Diese Ausnahme vom Grundsatz der „begrenzten Kompetenz" konnte hingenommen werden, solange die restriktiven Tatbestandsvoraussetzungen wirklich ernst genommen wurden.

— Die Richtlinie als eine Art subsidiäre Rechtsetzung, insofern sie gem. Art. 189 Abs. 3 EG-V den Mitgliedstaat, an den sie gerichtet wird, hinsichtlich des zu erreichenden Zieles bindet, den innerstaatlichen Stellen jedoch die Wahl der Form und der Mittel freistellt.

— Zu nennen ist schließlich das weitgehende Fehlen eines eigenen Verwaltungsvollzugs. Gemeinschaftsakte sind in weitem Umfang (abgesehen vor allem von der Wettbewerbspolitik (Art. 87 Abs. 2 b und c, 89 EG-V) vom Vollzug in Teilbereichen des Verkehrsrechts (Art. 79 Abs. 4 EG-V) und von der Verwaltung des Sozialfonds durch die Kommission (Art. 124 Abs. 1 EG-V)) von den *Mitgliedstaaten* selbst zu vollziehen[26], so daß die Gemeinschafts-

[25] Vgl. *U. Everling,* Zur föderalen Struktur der Europäischen Gemeinschaft, in: Hailbronner / Ress / Stein (Hg.), Staat und Völkerrechtsordnung, FS f. Karl Döhring, Heidelberg usw. 1989, S. 179 / 194; *H. P. Kraußer* (Fn. 8), S. 137; *N. Wimmer / W. Mederer* (Fn. 7), S. 589 f.

[26] Vgl. im einzelnen *M. Schweitzer / W. Hummer,* Europarecht, 3. Aufl., Neuwied 1990, S. 126.

gewalt bei ihrem Bemühen um Effizienz auf die Mitwirkung der nationalen Verwaltungen angewiesen ist.

— Im neuen Art. 128 Abs. 1 EG-V (in der Maastrichter Fassung) heißt es, die Gemeinschaft „leistet *einen Beitrag* zur Entfaltung der Kultur der Mitgliedstaaten unter Wahrung ihrer nationalen und regionalen Vielfalt" (Herv. v. Verf.). In der Formulierung „leistet einen Beitrag" soll „das Subsidiaritätsprinzip unmißverständlich zum Ausdruck" kommen[27]. Diese Formulierung findet sich auch in anderen geltenden und geplanten Artikeln des Vertrages. Daß diese Formulierung aber keinen verläßlichen Hinweis bietet, beweist der neue Artikel 102 a, wonach die Mitgliedstaaten ihre Wirtschaftspolitik künftig so auszurichten haben, „daß sie im Rahmen der in Art. 103 Abs. 2 genannten Grundzüge zur Verwirklichung der Ziele der Gemeinschaft im Sinne des Art. 2 *beitragen*" (Herv. v. Verf.). Die Verwendung dieses Begriffs bei beiden, bei den Mitgliedstaaten wie bei der Gemeinschaft, zeigt deutlich, wie der Gebrauch des gleichen Wortes beim Aufbau der Gemeinschaftsordnung nach oben — wie auch nach unten weisen kann.

Doch diese verschiedenen Sicherungen subsidiärer Elemente in der Gemeinschaftsrechtsordnung haben sich als nur unterschiedlich wirksam erwiesen. Vor allem ist es eine oft kritisierte, lange beibehaltene Praxis der Kommission gewesen, Rechtsakte auf einschlägige Kompetenzbestimmungen des Vertrages *und* auf Art. 235, ebenso häufig auf diesen allein zu stützen, ohne daß die hierfür erforderlichen einschränkenden Voraussetzungen vorgelegen hätten oder auch nur behauptet worden wären[28]. Das hat sich erst seit der Einführung unterschiedlicher Verfahren beim Erlaß der Gemeinschaftsrechtsakte durch die EEA geändert, auf Grund deren das Parlament unterschiedliche Mitwirkungsbefugnisse hat, je nach dem, welches Verfahren anwendbar ist (vgl. Art. 149 Abs. 2 EWGV bzw. Art. 189 a, b, c EG-V in der Maastrichter Fassung). Seitdem es anerkannt ist, daß das Parlament die Verletzung seiner Mitwirkungsrechte selbst im Prozeßwege rügen kann[29], kommt der Wahl der richtigen Kompetenzgrundlage auch praktisch eine zentrale Bedeutung zu[30].

Auch die Richtlinie ist inzwischen mit Hilfe der Rechtsprechung des Gerichtshofs unter bestimmten Voraussetzungen zu einem Instrument unmittelbarer Rechtsetzung geworden: Sie kann dann unmittelbare Wirkung entfalten, wenn

---

27 So Euro-Aktuell — hrsg. v. Bayerischen Staatsministerium für Bundes- und Europaangelegenheiten, Nr. 69 v. 25.9.1992, S. 7.

28 Gestützt auf Art. 235 wurden Rechtsakte u. a. im Bereich der Umwelt, des Tourismus, des Natur- und Tierschutzes oder auch der — inzwischen nicht weiterverfolgte — Richtlinienentwurf zum Kommunalwahlrecht der EG-Bürger.

29 Urteil des EuGH v. 22.5.1990, RS C 70 / 88, NJW 1990, S. 1899.

30 So hat der EuGH die Aufenthaltsrichtlinie für Studenten aufgehoben, weil sie auf Art. 235 EWGV gestützt war und nicht auf Art. 7 Abs. 2 EWGV, bei dem nicht das Vorschlagsverfahren der Art. 145, 149 EWGV, sondern das weitergehende Verfahren der Zusammenarbeit Art. 149 Abs. 2 EWGV) anzuwenden war.

und soweit ihre Bestimmungen inhaltlich unbedingt und hinreichend genau sind *und* der Mitgliedstaat die Richtlinie nicht fristgemäß oder nur unzulänglich in innerstaatliches Recht umgesetzt hat[31]. In diesen Fällen kann sich der einzelne Gemeinschaftsbürger gegenüber seinem Staat auf diese Bestimmungen berufen.

c) Parallel zu diesen Teilverwirklichungen des Subsidiaritätsprinzips ist seine grundsätzliche Beachtung und auch Verankerung in den Verträgen immer wieder ausdrücklich gefordert worden, zuerst im Kommissionsbericht zur Europäischen Union von 1975[32], in dem es heißt: Die Gründung einer Europäischen Union dürfe nicht zur Schaffung eines zentralistischen Superstaates führen[33]. Aus diesem Grund und in Übereinstimmung mit dem Prinzip der Subsidiarität würden der Union nur diejenigen Aufgaben übertragen, die die Mitgliedstaaten selbst nicht wirksam erfüllen könnten.

Die im Juni / Juli 1975 erstatteten Berichte der Organe der Gemeinschaften[34] bleiben durchaus in diesem Rahmen, der gesteckt wird durch die Anerkennung der Aufeinander-Angewiesenheit, die ihre logische Konsequenz findet im Grundsatz der Solidarität.

Programmatisch heißt es damals[35] (und das gilt heute unverändert):

> „Die Europäische Union erkennt die wechselseitige Abhängigkeit des wirtschaftlichen Wohlstands unserer Staaten an und zieht die entsprechenden Konsequenzen: eine gemeinsame Politik im Wirtschafts- und Währungsbereich zur Verwaltung dieses Wohlstandes, eine gemeinsame Politik für Industrie, Landwirtschaft, Energie und Forschung als Garantie für die Zukunft. Die Europäische Union fordert eine wirkliche und wirksame Solidarität unserer Völker. Die Regionalpolitik korrigiert Entwicklungsunterschiede und gleicht die Zentralisierungseffekte der Industriegesellschaft aus".

Dennoch gilt *A. Spinelli* als derjenige, der zuerst die Forderung nach Beachtung der Subsidiarität *allgemein* in die europarechtliche Debatte gebracht hat[36]. Sie schlägt sich nieder in dem *Entwurf eines „Vertrages zur Gründung der Europäischen Union"* von 1984[37], dessen Präambel die Verpflichtung enthielt, den

---

[31] So etwa EuGH, Slg. 1987, S. 3969 / 3985; allgemein zu Einzelproblemen bei nicht ordnungemäß umgesetzten Richtlinien vgl. *A. Bach*, Direkte Wirkung von EG-Richtlinien, JZ 1990, S. 1108 ff.; ebenso *V. Götz*, Europäische Gesetzgebung durch Richtlinien — Zusammenwirken von Gemeinschaft und Staat, NJW 1992, S. 1849 / 1855 f.

[32] Bull. EG Beil. 5 und 9 / 1975.

[33] So auch sehr nachdrücklich der Tindemans — Bericht über die Europäische Union, zit. nach der Unterrichtung durch die Bundesregierung, BTDs. 7 / 4969, S. 8: „Die Öffentlichkeit in unseren Ländern wünscht kein technokratisches Europa".

[34] Vgl. die Dokumentensammlung des Politischen Ausschusses des Europäischen Parlaments „Die politische Union", Sonderheft 9, hrsg. v. Presseinformationsdienst der EG.

[35] Im Tindemans-Bericht a.a .O ., S. 8.

[36] Vgl. z. B. *V. Constantinesco* in seinem Aufsatz „Subsidiarität" — Magisches Wort oder Handlungsprinzip der Europäischen Union? EuZW 1991, S. 561 ff.

[37] Der Text ist etwa im Europaarchiv 1984, S. D 209 ff. abgedruckt.

„gemeinsamen Institutionen nach dem Grundsatz der Subsidiarität nur die Zuständigkeiten zu übertragen, die sie benötigen, um die Aufgaben zu bewältigen, die sie wirkungsvoller wahrnehmen können, als jeder einzelne Mitgliedstaat für sich".

Grundlage der Union ist — wie in den Überlegungen aus dem Jahre 1975 — die „Solidarität zwischen den europäischen Völkern unter Achtung ihrer historischen Persönlichkeit, ihrer Würde und ihrer Freiheit im Rahmen von freiwillig akzeptierten gemeinsamen Institutionen"[38].

Art. 12 des Entwurfs, der die ausschließlichen und konkurrierenden Zuständigkeiten der Union behandelt, legt fest, daß „die Union im Bereich der konkurrierenden Zuständigkeit nur tätig wird, um die Aufgaben zu verwirklichen, die *gemeinsam wirkungsvoller* wahrgenommen werden können als von einzelnen Mitgliedstaaten allein, insbesondere Aufgaben, deren Bewältigung ein Handeln der Union erfordert, weil ihre Ausmaße oder ihre Auswirkungen über die nationalen Grenzen hinausreichen" (Herv. v. Verf.).

d) Mit der Verabschiedung der „Einheitlichen Europäischen Akte" vom 17./18.2.1986[39] hatte die Subsidiarität ausdrücklich Eingang in einen Bereich des geschriebenen Vertragsrechts gefunden: Art. 25 der am 1.7.1987 in Kraft getretenen Akte fügte dem EWG-Vertrag einen neuen, dem Schutz der Umwelt gewidmeten Titel VII ein. In Abs. 4 des neuen Artikels 130 r wurde festgelegt: „Die Gemeinschaft wird im Bereich der Umwelt insoweit tätig, als die in Abs. 1 genannten Ziele" (die Umwelt zu erhalten, zu schützen und ihre Qualität zu verbessern; zum Schutz der menschlichen Gesundheit beizutragen; eine umsichtige und rationelle Verwendung der natürlichen Ressourcen zu gewährleisten; Anm. d. Verf.) „besser auf Gemeinschaftsebene erreicht werden können als auf der Ebene der einzelnen Mitgliedstaaten"[40].

Im Maastrichter Vertrag ist diese Bestimmung wieder gestrichen worden, so daß sich die Frage nach der Rechtsgeltung im *geschriebenen* Gemeinschaftsrecht vorwiegend nach Art. 3 b des Vertrages bemißt[41], wenn er in dieser Form in Kraft getreten ist.

4. Die Entschließung des Europäischen Parlaments zum Subsidiaritätsprinzip

Mindestens ebenso bedeutsam — für die Diskussion über den weiteren Ausbau der Gemeinschaft vielleicht sogar wichtiger als Art. 3 b — ist die *Entschließung des Europäischen Parlaments zum Subsidiaritätsprinzip* vom 12.7.1990[42]. In

---

38 Bull. EG 2 1984/2, S. 9.

39 BGBl. II, S. 1102; ABl. EG 1987, Nr. L 169/1.

40 Vgl. dazu *H. Lecheler,* Die umweltrechtlichen Kompetenzen der EG, in: Jahrbuch des Umwelt- und Technikrechts 1991, Bd. 15, S. 275 ff.

41 Angesprochen wurde das Prinzip der Subsidiarität auch in den Artikeln A II; B II und F I des Unionsvertrages.

42 Dok. A 3-163/90; abgedr. im Amtsblatt der EG 1990 Nr. C 231/163 ff.

Ziffer 1 unterstreicht das Parlament seine Absicht, daß es diesem Grundsatz in *seinem Entwurf eines Vertrags zur Gründung der Europäischen Union* eine „herausragende ... politische Bestätigung geben wollte".

In Nr. 9 der Entschließung stellt das Parlament fest, daß „gem. dem Subsidiaritätsprinzip ... weitreichende Zuständigkeiten in den Bereichen Wirtschaft, Steuern, Bildung, Kultur, soziale Sicherheit, Gesundheit, Familienpolitik, Organisation der Kommunalverwaltung, öffentlicher Verkehr, Infrastruktur, Polizei, Strafgesetz, Privatrecht, Religion und vielen anderen Bereichen bei den Mitgliedstaaten verbleiben werden".

In Ziffer 11 drückt das Parlament die Ansicht aus, daß das Subsidiaritätsprinzip *sowohl* für die Abgrenzung der Zuständigkeiten zwischen der Gemeinschaft und den Mitgliedstaaten wichtig ist *als auch* für die Art und Weise, in der diese Zuständigkeiten wahrgenommen werden.

Nr. 12 der Entschließung hält es für notwendig, sowohl politische als auch gerichtliche Garantien für die Achtung des Subsidiaritätsprinzips zu geben, wobei allerdings darauf zu achten sei, daß keine „institutionelle Blockierung" heraufbeschworen wird, „die die europäischen Interessen gefährden könnte".

In dieser Einschränkung bleibt das *entscheidende Problem* bei der Verwirklichung des Subsidiaritätsprinzips in einer europäischen Union bestehen, das schon im Jahre 1975 der Kommissionsbericht zum damaligen Entwurf einer Europäischen Union klar formuliert hat: „Es versteht sich von selbst, daß bei der Umschreibung der Kompetenzen der Union das Prinzip der Subsidiarität seine Grenze findet in der Notwendigkeit, daß die Union selbst über genügend Kompetenz verfügt, damit „sa cohésion" gesichert" sei.

Das war und ist der kardinale Streitpunkt: Wer definiert, wieviel Befugnisse die zentrale Einheit haben muß? Nach der gegenwärtigen Verfassungslage geben die Mitgliedstaaten diejenigen Kompetenzen ab, die auf der Gemeinschaftsebene besser erfüllt werden könnnen. Was zu deren Funktionieren erforderlich oder auch nur sinnvoll ist, das definieren die Gemeinschaftsorgane allein. Wenn man die integrationsfreundliche Rechtsprechung des Gerichtshofs berücksichtigt, dann wird man den Grundsatz der Subsidiarität jedenfalls zum Teil aufgehoben sehen vom Grundsatz der Effektivität der Gemeinschaftsgewalt.

Hier stellen sich also die beiden einander in gewissem Maße gegenläufigen Fragen — wer definiert, welche Aufgaben für sich gesehen besser „oben" erfüllt werden (und daher nach oben zu übertragen sind) *und* — zweitens — über welche Kompetenzen muß die zentrale Organisationseinheit insgesamt verfügen können, damit sie überhaupt „funktionieren" kann?

In der „Dynamik" des EG-Rechts liegt es, die Antwort auf *beide* Fragen den Gemeinschaftsorganen zu überantworten. Doch eine solche Entscheidung widerspräche zentral der Subsidiarität und dem in Art. 3 b EG-V vorgesehenen Verfahren.

Die Frage „wer soll entscheiden?“ wird übrigens wiederkehren bei der Frage danach, wer für die Ausarbeitung einer europäischen Verfassung eigentlich zuständig ist — die Gemeinschaftsorgane oder die Mitgliedstaaten? In beiden Fragen werden die Mitgliedstaaten mit der schon angesprochenen „Dynamik der Einigung“ zu rechnen haben, die hier eigene Entscheidungskompetenzen fordert und mit Hilfe des Gerichtshofs auch durchsetzt.

5. Vom Schlagwort zum Konkretisierungswirrwarr?

Mit Art. 3 b des EG-Vertrags ist das letzte Wort bei der Inkorporation des Subsidiaritätsprinzips in das Gemeinschaftsrecht nicht gesprochen.

a) Vor allem die Entschließung des Europäischen Parlaments vom 12.7.1990 gibt eine Fülle von weiterführenden Anregungen.

In der gemeinsamen Aussprache am 18.11.1992[43] wurde die mündliche Anfrage der EVP-Fraktion erörtert, mit der die Fragesteller wissen wollen, wie der Grundsatz der Subsidiarität konkret verwirklicht werden soll.

b) Auch die Kommission und der Rat haben sich der *Konkretisierung des Subsidiaritätsgrundsatzes* gestellt. Sie haben die Gefahr erkannt, daß das Subsidiaritätsprinzip zum bloßen Schlagwort zu verblassen droht, zu dem sich jeder bekennt, mit dem sich zugleich aber höchst unterschiedliche Inhalte verbinden.

c) *M. Delors,* der Präsident der Kommission, läßt nicht nach in seinem Bestreben, die „zu elitäre und zu technokratische“ europäische Konstruktion mit dem Mittel der Subsidiarität zu verändern[44]. Auf die Frage, ob er bereit dazu sei, auf gewisse seiner gegenwärtigen Kompetenzen zu verzichten, antwortete er, er habe mit dieser Arbeit bei seiner Verwaltung schon begonnen; er halte es für eine Aufgabe der Mitgliedstaaten, Gemeinschaftsrechtsvorschriften auf dem Gebiet des Umweltschutzes und der Güterverkehrsfreiheit auszuführen und zu kontrollieren. Der Aktionsraum der Gemeinschaften sei auf dasjenige Maß einzuschränken, das unverzichtbar ist („indispensable“) zur Realisierung der großen Europäischen Ziele („des grands objectifs européens“).

d) In ihrem am 22. Januar 1992 für dieses Jahr veröffentlichten Arbeitsprogramm hat die Kommission das Subsidiaritätsprinzip ausdrücklich hervorgehoben. Sie bekundet den Willen, „das Subsidiaritätsprinzip ohne Einschränkungen anzuwenden“. Interne Verfahren sollen erprobt werden, „die die Gewähr bieten, daß zu den Fragen, die sich durchaus ordnungsgemäß auf nationaler Ebene regeln lassen, nicht auch noch Gemeinschaftsvorschriften erlassen werden“[45].

---

[43] Europäisches Parlament — Vorschau, Tagungswoche 16. bis 20. Nov. 1992.

[44] So in einem langen Interview mit Le Figaro, zit. nach Revue de Presse v. 18. Juni 1992.

[45] Euro-Aktuell, hrsg. vom Bayerischen Staatsministerium für Bundes- und Europaangelegenheiten, Nr. 52 v. 31.3.1992, S. 1.

e) Inzwischen hat die Kommission am 27.10.1992 eine Mitteilung zur Anwendung des Subsidiaritätsprinzips verabschiedet[46], die sowohl den Inhalt näher konkretisiert wie auch einzelne Maßnahmen zur Verwirklichung des Prinzips vorsieht (vgl. näher dazu unten).

f) Der Europäische Rat von Birmingham hat erneut die Bedeutung des Subsidiaritätsprinzips unterstrichen, das zur „Priorität für alle Gemeinschaftsinstitutionen" werden müsse. Die Abschlußerklärung bekräftigt, daß eine Vereinbarung hierüber mit dem Europäischen Parlament gesucht werden müsse. Daher hat der „Institutionelle Ausschuß" des Parlaments eine Entschließung verabschiedet als Leitlinie für seine Delegation bei einer demnächst stattfindenden „interinstitutionellen Konferenz". Auf einer solchen Konferenz sollte nach Ansicht des „institutionellen Ausschusses" eine neue Vereinbarung geschlossen werden, die folgende Elemente enthält:

— Die Kontrolle über die Einhaltung des Subsidiaritätsgrundsatzes geschieht gem. den Regeln des Vertrags. Alle drei Institutionen (Rat, Kommission, Parlament) überprüfen die Art und den Inhalt einer beabsichtigten rechtlichen Maßnahme anhand des Art. 3 b EG-V.

— Jeder Kommissionsvorschlag müsse mit einer Begründung versehen werden, die im Amtsblatt zu veröffentlichen sei und die ausdrücklich zur Beachtung des Subsidiaritätsgrundsatzes Stellung nehmen müsse.

— Die Kommission habe einen Jahresbericht zu verabschieden, der dem Parlament und dem Rat zugestellt und im Europäischen Parlament in öffentlicher Debatte behandelt wird.

— Bei Anwendungsschwierigkeiten könne auf Antrag eines der drei Präsidenten der EG-Institutionen eine interinstitutionelle Konferenz einberufen werden.

g) Eingegangen ist inzwischen die konkrete Subsidiaritätsprüfung in die „Folgenabschätzung" über die Auswirkungen von Gemeinschaftsrechtssätzen[47]. Nach Art der nationalen Versuche zur Bekämpfung der Vorschriftenflut wird hier die Frage gestellt: Weshalb sind angesichts des Subsidiaritätsprinzips hier Gemeinschaftsvorschriften notwendig? Welche Ziele werden damit verfolgt?

In ihrer oben erwähnten Mitteilung zur Verwirklichung des Subsidiaritätsprinzips hat die Kommission das Kriterium der Notwendigkeit für Gesetzgebungsmaßnahmen in allgemeiner Weise näher bestimmt[48]. Konkretisierungen also allerorten; aber dennoch (deswegen?) eine Fülle ungeklärter Fragen.

---

46 SEK (92) 1990 endg. (8772).

47 Relativ eingehend z. B. im Entwurf eines Vorschlags für eine Richtlinie des Rates über Verpackungen und Verpackungsabfälle (XI / 369 / 91 — DE).

48 a. a. O., S. 10 der Anlage; vgl. dazu näher unten III.

6. Zusammenfassung

Die Aufnahme des Subsidiaritätsprinzips in den EG-Vertrag teilt das langwierige, komplizierte Schicksal der Europäischen Einigung insgesamt. Sie hat darüber hinaus Anteil an der „charakteristischen Unschärfe“[49] des Europarechts. Art. 3 b EG-V enthält drei verschiedene Prinzipien (begrenzte Kompetenz, Subsidiarität, Verhältnismäßigkeit, die nicht in eins gesetzt werden dürfen, wie das neuere Kommissionsdokumente tun.

Art. 3 b EG-V hat Kompromißcharakter: Die Anwendung des Subsidiaritätsprinzips wird auf die Ausübung konkurrierender Kompetenzen beschränkt; für sie wird immerhin das Prinzip an hervorgehobener Stelle des Vertrages festgeschrieben und auch die grundsätzliche Richtung des Aufbaus der Gemeinschaft von unten (Gemeinschaftsstaaten) nach oben (Gemeinschaft) festgelegt. Der Kompromißcharakter zeigt sich auch in der Entstehungsgeschichte der Vorschrift, die im Hinblick auf die besonderen Auslegungsgrundsätze des Gemeinschaftsrechts von besonderer Bedeutung ist.

Für den weiteren Ausbau der Gemeinschaft ebenso bedeutsam wie Art. 3 b EG-V sind Äußerungen des Europäischen Parlaments zum Subsidiaritätsprinzips.

Die entscheidende Frage aber ist nach wie vor offen: Wer definiert, wieviel Befugnisse die zentrale Einheit haben muß, um „funktionieren“ zu können. Solange sie nicht beantwortet ist, droht das Subsidiaritätsprinzip vom Grundsatz der Effektivität der Gemeinschaftsgewalt (jedenfalls zum Teil) aufgehoben zu werden. Aus diesem Grund überwiegen bisher — soweit ersichtlich — die zurückhaltenden Beurteilungen seines Wertes[50].

Erkannt und ernst genommen wird von den Gemeinschaftsorganen die Gefahr, daß die Subsidiarität bloßes Schlagwort bleibt. Ihre unterschiedlichen und zum Teil gegenläufigen Versuche der Konkretisierung bringen diesen Grundsatz aber in die gegenteilige Gefahr, sich in der Vielfalt einander teilweise widersprechender Konkretisierungsversuche aufzulösen. Sucht man das Subsidiaritätsprinzip in der Technizität von Durchführungsbestimmungen mit Inhalt zu erfüllen, so wird man gerade seinen wichtigsten Inhalt verfehlen — den Weg zu weisen für eine sinnvolle Weiterentwicklung (teilweise auch Reduktion) des unübersehbar gewordenen Gemeinschaftsrechts.

---

[49] So ein Kommissionsmitglied auf einer Podiumsdiskussion im Oktober 1992.

[50] Vgl. nur aus jüngster Zeit *A. Adonis / S. Jones,* Subsidiarity and the European Community's Constitutional Future, Staatswissenschaften und Staatspraxis, 1991, S. 179 *V. Constantinesco,* Subsidiarität: Zentrales Verfassungsprinzip für die politische Union, Integration 1990, S. 165 ff.; *E. Grabitz,* Subsidiarität im Gemeinschaftsrecht, in: Vogel / Oettinger (Hg.), Föderalismus in der Bewährung — die deutschen Länder vor der Herausforderung fortschreitender EG-Integration, Deutscher Gemeindeverlag, Köln 1992, S. 139; *D. Grimm,* Subsidiarität ist nur ein Wort, FAZ Nr. 217 v. 17.9.1992, S. 38.

Das Bekenntnis zum Subsidiaritätsprinzip steht für die Einsicht, daß sich ein Europa der Bürger niemals aus einem europäischen Verwaltungsrecht entwickeln kann, sondern daß es aus dem Grundkonsens über eine europäische Verfassung kommen und auf diese hin orientiert werden muß. Dem Subsidiaritätsprinzip kommt dabei eine ganz besondere Bedeutung zu.

II. Die geschichtlichen Wurzeln der Subsidiarität

Das Subsidiaritätsprinzip hat unterschiedliche Wurzeln. Sie reichen sowohl in die katholische Soziallehre (unten 1.) als auch in die Geschichte der Lehren vom Staat und der Begrenzung seiner Zwecke (unten 2.). Im Protestantismus spielt das Subsidiaritätsprinzip eine eher untergeordnete Rolle[1]. Das liegt vor allem in der Zurückhaltung des deutschen Protestantismus gegenüber verbindlichen Aussagen über eine ideale Sozialordnung. Immer wieder wird sogar bezweifelt, daß eine spezifisch christliche Sozialethik möglich ist. Ausnahmen machen hier vor allem die Arbeiten von *Emil Brunner* und *Rendtorff*[2], wobei auch bei *Rendtorff* eine kritische Skepsis überwiegt. Trotzdem kann man das Subsidiaritätsprinzip weder als ein „katholisches" noch als ein nur „staatsrechtliches" Prinzip verstehen, wie sich im folgenden zeigen wird.

1. Die Verankerung in der katholischen Soziallehre

Die Geschichte des Subsidiaritätsprinzips in der katholischen Soziallehre ist im ganzen bekannt und oft genug geschildert worden[3], so daß es genügt, einige wesentliche Stationen festzuhalten:

---

[1] Vgl. näher dazu *R. Zuck*, Subsidiaritätsprinzip und Grundgesetz, München 1968, S. 15 ff.

[2] Gerechtigkeit, 1943, S. 159 ff. und *T. Rendtorff*, Kritische Erwägungen zum Subsidiaritätsprinzip, Der Staat 1 (1963), S. 405 ff.

[3] *A. F. Utz* (Hrsg.), Subsidiaritätsprinzip, Heidelberg 1953; *ders.*, Formen und Grenzen des Subsidiaritätsprinzips, Heidelberg 1956; *R. Herzog*, Subsidiaritätsprinzip, in: Evangelisches Staatslexikon, Bd. II 3. Aufl. 1987, Sp. 3564 ff.; *V. Zsifkovits*, Subsidiaritätsprinzip, in: Katholisches Soziallexikon, Innsbruck-Graz, 2. Aufl. 1980, Sp. 2994; *L. Roos*, Subsidiarität, Lexikon der Wirtschaftsethik, Freiburg / B.-Basel-Wien, 1992; *A. Rauscher* / *A. Hollerbach*, Subsidiarität, in: Staatslexikon, Bd. V, hrsg. v. d. Görres-Gesellschaft, Freiburg / B., 7. Aufl., 1989, Sp. 386 ff.; *A. Rauscher*, Personalität, Solidarität, Subsidiarität, Köln, 1975; *B. Külp*, Kurzgefaßte katholische Soziallehre, Köln 1962, S. 54 ff.; *F. Furger*, Subsidiaritätsprinzip — Gestaltungsprinzip nur für die weltliche Gesellschaft oder auch für die Kirche?, in: Theologie der Gegenwart 33 (1990), S. 327 ff.; *E. Nawroth*, Humanisierung der Leistungsgesellschaft aus christlich-sozialer Sicht, in: Böckle-Stegmann (Hg.), Kirche und Gesellschaft heute, FG. f. Franz Groner, Paderborn-München-Wien-Zürich, 1979, S. 220 ff.; *W. Kerber*, Subsidiarität und Demokratie, Philosophische Abgrenzungen, in: Die neue Ordnung 1980 (34), S. 286 ff.; *L. Schneider*, Subsidiäre Gesellschaft — Erfolgreiche Gesellschaft, 3. Aufl., Paderborn-München-

a) In der Sozialenzyklika „Quadragesimo anno" ist dieses Prinzip 1931 kirchenamtlich formuliert worden. Neu in die katholische Soziallehre eingeführt wurde es dadurch nicht. Seit die Kirche begonnen hatte, sich mit der sozialen Frage auseinanderzusetzen, hat sie sich für die Beachtung des Subsidiaritätsprinzips ausgesprochen[4].

Die entscheidende Passage aus der Enzyklika „Quadragesimo anno" lautet[5]:

> „Wenn es nämlich zutrifft, was ja die Geschichte deutlich bestätigt, daß unter den veränderten Verhältnissen manche Aufgaben, die früher leicht von kleineren Gemeinwesen geleistet wurden, nur mehr von großen bewältigt werden können, so muß doch allzeit unverrückbar jener höchst gewichtige sozialphilosophische Grundsatz festgehalten werden, an dem nicht zu rütteln noch zu deuteln ist: Wie dasjenige, was der Einzelmensch aus eigener Initiative und mit seinen eigenen Kräften leisten kann, ihm nicht entzogen und der Gesellschaftstätigkeit zugewiesen werden darf, so verstößt es gegen die Gerechtigkeit, das, was die kleineren und untergeordneten Gemeinwesen leisten und zum guten Ende führen können, für die weitere und übergeordnete Gemeinschaft in Anspruch zu nehmen; zugleich ist es überaus nachteilig und verwirrt die ganze Gesellschaftsordnung. Jedwede Gesellschaftstätigkeit ist ja ihrem Wesen nach subsidiär. Sie soll die Glieder des Sozialkörpers unterstützen, darf sie aber niemals zerschlagen oder aufsaugen".

Ziffer 80 der Enzyklika fährt fort:

> „Angelegenheiten von untergeordneter Bedeutung, die nur zur Abhaltung von wichtigeren Aufgaben führen müßten, soll die Staatsgewalt also den kleineren Gemeinwesen überlassen. Sie selbst steht dadurch nur um so freier, stärker und schlagfertiger da. Für diejenigen Aufgaben, die in ihre ausschließliche Zuständigkeit fallen, weil sie allein ihnen gewachsen ist: durch Leitung, Überwachung, Nachdruck und Zügelung, je nach Umständen und Erfordernis. Darum mögen die staatlichen Machthaber sich überzeugt halten: Je besser durch strenge Beobachtung des Prinzips der Subsidiarität die Stufenordnung der verschiedenen Vergesellschaftung innegehalten wird, um so stärker stehen gesellschaftliche Autorität und gesellschaftliche Wirkkraft da, um so besser und glücklicher ist es auch um den Staat bestellt"[6].

Wien-Zürich 1983; *E. Link,* Das Subsidiaritätsprinzip. Sein Wesen und seine Bedeutung für die Sozialethik. Freiburg / B. 1955; *G. Küchenhoff,* Staatsverfassung und Subsidiarität, in: Bd. II der Sammlung „Politea", Veröffentlichungen des Internaltionalen Instituts für Sozialwissenschaft und Politik der Universität Freiburg / Schweiz, Heidelberg 1953; *W. Bertrams,* das Subsidiaritätsprinzip in der Kirche 1947; *Millon-Delsol,* Le pricipe de subsidiarité (origines et fondements) Cahiers de l'Institut de la Boétie, Paris, avril 1990, zitiert nach Constantinesco, in den Cahiers aber nicht auffindbar.

[4] Vgl. dazu die Nachw. b. *O. v. Nell-Breuning,* Baugesetze der Gesellschaft, S. 69 ff., insbes. auf das Wirken von Bischof Ketteler und auf Papst Leo XIII, Rerum novarum Nr. 26. Weitere Nachw. b. *L. Schneider* (Fn. 3), S. 18.

[5] Nr. 79 (vgl. *L. Schneider* (Fn. 3), S. 19).

[6] Die Texte der Sozialenzyklika und päpstlichen Verlautbarungen bis „de iustitia in mundo" (1971) werden zitiert nach Bundesverband der Katholischen Arbeitnehmerbewegung Deutschlands (Hg.): Texte zur katholischen Soziallehre, Die sozialen Rundschreiben der Päpste und andere kirchliche Dokumente mit einer Einführung von Oswald v. Nell-Breuning, Kevelaer 4. Aufl. 1975.

b) Die Heilige Schrift wird in der Enzyklika nicht zitiert. Die „eigentlich klassische Stelle“[7] für die biblische Begründung der Subsidiarität findet sich im Buch Exodus 18, 18 — 22. Dort gibt Jetro dem Mose folgenden Rat:

> „Du reibst dich ja vollständig auf, dich selbst und das Volk, das bei dir ist; denn die Aufgabe überschreitet deine Kräfte, du kannst sie allein nicht bewältigen. Höre jetzt auf mich! Ich will dir einen Rat geben: .... Du aber suche dir aus allen Leuten tüchtige, gottesfürchtige und zuverlässige Männer aus, die der Bestechung nicht zugänglich sind, setze sie über jene als Vorsteher über je eintausend, über je einhundert, über je fünfzig und über je zehn! .... Nur alle wichtigen Sachen sollen sie vor dich bringen, alles Geringfügige aber sollen sie selbst entscheiden! Entlaste also dich selber und laß jene mit dir die Verantwortung tragen! Wenn du es so machst und auch Gott es dir so befiehlt, dann kannst du bestehen und auch dieses Volk wird befriedigt heimgehen“.

c) Gemäß diesem „Rat des Jetro“ entwickelte sich über einen langen historischen Prozeß in der Kirche ein Sozialkonzept, wie es im Subsidiaritätsprinzip als einer „fundamentaltheoretischen Grundaussage mit sozialuniversalem Anspruch“[8] ausformuliert ist.

Pius XII. hat die Geltung des Prinzips auch für die Kirche betont, freilich „unbeschadet ihrer hierarchischen Struktur“[9]. An dieser Einschränkung sind auf der außerordentlichen Bischofssynode 1985 allerdings Zweifel laut geworden. Es wurde empfohlen, diese Grundsatzfrage in einer Studie klären zu lassen[10].

Die Formulierungen von „Quadragesimo anno“ gehen auf Pater Gustav Gundlach[11] zurück, der an das lateinische „subsidium“ = Hilfeleistung, Unterstüzung, Förderung angeknüpft hat. Das hat nichts zu tun mit der Bedeutung, die dem Wort subsidiär in unserer Sprache heute oft zugemessen wird, wenn man subsidiär als „hilfsweise“, als „ersatzweise“, oft sogar im Sinne eines Lückenbüßers versteht. Die Lektüre des Enzyklika-Textes macht klar, daß Subsidiarität dort diese Bedeutung in keiner Weise hat. Deswegen hat man auch versucht, das Fremdwort „subsidiär“ mit „hilfreichem Beistand“, „ergänzendem Beistand“ oder „ergänzender Hilfe“ zu übersetzen[12].

d) Das Subsidiaritätsprinzip ist auch in späteren Sozialenzykliken[13] bestätigt worden. Mag es dann in jüngeren Texten zeitweise nicht so sehr im Vordergrund

---

[7] *L. Schneider*, Subsidiäre Gesellschaft — Erfolgreiche Gesellschaft, Paderborn-München-Wien-Zürich, 3. Aufl. 1990, S. 19.

[8] *L. Schneider*, a. a. O.

[9] In seiner Ansprache an das Kardinals-Kollegium v. 20.2.1946.

[10] *A. Rauscher*, Subsidiarität I, in: Staatslexikon, hrsg. v. d. Görres-Gesellschaft, 7. völlig neubearb. Aufl., Bd. V, 1985, Sp. 386 / 388.

[11] Vgl. *A. Rauscher*, Fn 10, Sp. 386.

[12] Vgl. dazu *O. v. Nell-Breuning*, Baugesetze der Gesellschaft. Solidarität und Subsidiarität, Freiburg-Basel-Wien 1990, mit dem der Verfasser eine Art von Kurzfassung des umfassenden Werkes von Heinrich Pesch, Lehrbuch der Nationalökonomie, 5 Bände, liefert.

[13] z. B. in Mater et magistra von Johannes XXIII., Ziff. 53.

gestanden haben, so kann sich das daraus erklären, daß es nicht zu allen Zeiten als hilfreich angesehen wurde, daß das Subsidiaritätsprinzip den Staat in seiner Bedeutung nicht nur einschränkt, sondern ggf. auch zur Hilfe *verpflichtet*. Auch die katholische Soziallehre ist nicht frei von allgemein-gesellschaftlichen Einflüssen.

Mit der Enzyklika „Pacem in terris" aus dem Jahre 1963 [14] wurde das Subsidiaritätsprinzip ausdrücklich auch auf das Verhältnis zwischen staatlichen und überstaatlichen Gemeinschaften ausgeweitet. In Nr. 140 der Enzyklika wird bestimmt, es komme der universalen Autorität „als besondere Aufgabe zu, jene Fragen zu behandeln und zu entscheiden, die sich bezüglich des universalen Gemeinwohls stellen, und zwar in wirtschaftlicher, sozialer und politischer wie auch in kultureller Hinsicht: Fragen, die wegen ihres Gewichtes, wegen ihres weit verflochtenen Zusammenhanges und wegen ihrer Dringlichkeit als zu schwierig angesehen werden müssen, als daß sie von den Lenkern der Einzelstaaten glücklich gelöst werden könnten".

e) In Centesimus annus [15] hebt Johannes Paul II. im Rückgriff auf Rerum novarum [16] die besondere Bedeutung intermediärer Gebilde zwischen dem Einzelmenschen und dem Staat hervor [17]. Das schlägt sich dann nieder auch im V. Kapitel (Civitas et animi cultus, Nr. 44 ff.), wo (in Nr. 48) die Unverzichtbarkeit des Subsidiaritätsprinzips wiederholt wird.

f) Das Subsidiaritätsprinzip gründet sich in der katholischen Soziallehre durchgehend auf das christliche Verständnis des Menschen als einer eigenständigen, selbstverantwortlichen Person und auf das daraus resultierende Verhältnis zwischen einzelnem und Gesellschaft: Die Gesellschaft ist und bleibt auf die Menschen hingeordnet, sie soll ihnen helfen, ihre Kräfte zu entfalten und die Ziele zu erreichen, darf sie aber nicht beherrschen und gängeln [18].

Wenn man sich diesen Zusammenhang vergegenwärtigt, dann wird klar, warum Gundlach gerade 1931 in dieser Weise die Eigenverantwortung der Person gegen ihre Vereinnahmung durch totalitäre Systeme unterstrichen hat. Es wird aber auch deutlich, welche gesellschaftspolitischen Richtungen eher zu einer Abschwächung des Subsidiaritätsprinzips neigen, indem sie stärker auf den Zusammenhalt des Gesellschaftskörpers als auf die Eigenverantwortlichkeit seiner Teile abstellen.

---

14 Acta apostolicae sedis LX (1963), p. 257 ff.

15 Acta apostolicae sedis Vol. 83 (1991, II), p. 793 ff.

16 des Papstes Leo XIII., dort Nr. 26.

17 *J. Schasching* spricht in seinem Kommentar (Unterwegs mit den Menschen, Komm. zur Enzyklika „Centesimus annus" von Johannes Paul II., Wien-Zürich 1991, S. 68) von einer „gestuften Solidarität", deren Beseitigung eine Totalitarisierung des staatlichen Systems befürchten lasse.

18 So *A. Rauscher*, a. a. O.

Das Subsidiaritätsprinzip unterscheidet sich also auch in seiner katholischen Wurzel nicht wesentlich von Erklärungen, die es in den profanen Gesellschaftswissenschaften erfährt; es hat keinerlei besonderen konfessionellen Gehalt, sondern es formuliert auch dort nichts anderes als ein allgemeines Klugheitsprinzip, das sich an die Vernunft wendet, die Vernunft voraussetzt und bei der Realisierung natürlich einen gewissen Spielraum läßt; zu Recht ist es dem „sozialethischen Erbe der Menschheit" zugerechnet worden[19], das sich der Sache nach in der Bibel, bei Thomas von Aquin, Montesquieu, A. de Tocqueville, Abraham Lincoln, C. v. Rotteck, W. E. v. Ketteler und anderen findet.

2. Die Wurzeln des Subsidiaritätsprinzips in der liberalen Staatslehre und seine Realisierung im föderalistischen Gedankengut

Es ist unbestritten, daß das Subsidiaritätsprinzip — losgelöst von seiner Tradition in der katholischen Soziallehre — eigene und weit zurückreichende Wurzeln in der Ideen- und Philosophiegeschichte besitzt[20]. Diese Wurzeln sind äußerst vielfältig: Sie sind zu finden in einer personalistischen Philosophie, im Gedankengut des Föderalismus (dazu auch unten B I), wie vor allem in liberalen Staatsauffassungen. Für sie alle, auch für die föderalistischen Wurzeln, gilt, daß sie sich keineswegs auf Deutschland beschränken.

Ebensowenig wie das Subsidiaritätsprinzip ein „katholisches Prinzip" darstellt, ist es ein „deutsch-rechtliches" Prinzip[21].

a) Unlösbar verknüpft ist das Subsidiaritätsprinzip mit der liberalen Staatstheorie. Der Staat wird nicht mehr als eine vorgegebene Gewalt in der Wirklichkeit gesehen, sondern als Aufgabe und Leistung der menschlichen Vernunft. Als Ergebnis dieser Vernunft muß der Staat für sein Dasein vernünftige Gründe vorbringen und demnach nachweisen können, daß bestimmte Zwecke, nach denen freie Individuen streben, nur durch den Staat erreicht werden können. „Liberale Staatlichkeit ist daher nur legitim, soweit sie subsidiär ist"[22]. Da der Staat aus der Autonomie freier Individuen hervorgegangen war, durfte er diese Freiheit nur im Mindestmaß des wirklich Notwendigen beschränken, fand er seine Erfüllung darin, die Freiheit dieser Individuen so wenig wie möglich einzuschränken.

---

19 *L. Roos* (Fn. 3).

20 zu den frühesten Belegstellen, auf die in diesem Zusammenhang verwiesen wird, gehört etwa die Politik des Aristoteles (I, 1; II, 2, 5).

Immer wieder verwiesen wird auch auf die „Summa" des Thomas von Aquin (prima secundae).

Allgemein zu den geistesgeschichtlichen Grundlagen vgl. *A. F. Utz* (Fn. 3), a. a. O. sowie *H. E. Hengstenberg*, Philosophische Begründung des Subsidiaritätsprinzips, in: A. F. Utz (Hg.), Das Subsidiaritätsprinzip, 1953; *E. Deuerlein*, Föderalismus, München 1972, S. 319 ff.

21 So allerding *J. Pieper*, Thesen zur sozialen Politik, 3. Aufl., Freiburg / B., S. 46.

22 *J. Isensee*, a. a. O., S. 45.

In den frühliberalen Staatslehren beschränkt sich das Subsidiaritätsprinzip darauf, die Aufgabenbereiche von Staat und Individuen / Gesellschaft voneinander abzugrenzen. Mag der Staat auch zur Wahrung der Freiheit der Individuen notwendig sein, so wird er doch in einem Gegensatz zu diesen gesehen, der es nahelegt, seine Aufgaben möglichst einschränkend auf das Gebot der Freiheitswahrung hin zu begrenzen.

Diese formalistische Bipolarität wird in den späteren liberalistischen Staatslehren aufgebrochen. Vor allem Robert von Mohl stellt die öffentliche Gewalt nicht mehr ausschließlich den atomisierten Individuen gegenüber; er entwickelt — ausgehend von seinem individualistischen Ansatz — vielmehr eine „Stufenordnung der Lebenskreise“[23] — die Sphären des Individuums, der Familie, des Stammes, der Gemeinde, der Gesellschaft, des Staates und schließlich der ganzen völkerrechtlichen Staatengemeinschaft[24]. Der „atomistische Liberalismus“ beginnt hier sich schon in einen „föderalistischen Liberalismus“ (Isensee) zu verwandeln.

Im Grundsatz bleibt es aber dabei, daß die Subsidiarität in liberalen Staatslehren ein Mittel darstellt, um die Berechenbarkeit des Staates zu gewährleisten und seine Staatszwecke zu begrenzen. Das wird paradigmatisch deutlich in der Staatsverfassung Wilhelm von Humboldts, die er in seinem Jugendwerk „Ideen zu einem Versuch, die Grenzen der Wirksamkeit des Staats zu bestimmen“ (1792) entwickelt hat.

Während das frühliberale Verständnis des Subsidiaritätsprinzips den Staat von vornherein auf den Sicherungszweck festgelegt und eine endgültige Zuständigkeitsverteilung zwischen Staat und Gesellschaft hergestellt hat („starre Subsidiarität“[25]), setzte sich dann in den pragmatischen Staatslehren eines laissez-faire-Liberalismus die Einsicht durch, daß der Umfang der Staatstätigkeit nicht unverrückbar festliege, sondern sich nach den „individuellen Bedürfnissen des Volkes“ richte und daher „bald enger, bald auch weiter sein (werde), je nachdem ein Volk mehr oder weniger gebildet und selbstkräftig ist“[26] („elastisches Subsidiaritätsprinzip“).

Die Lehre von den absoluten Staatszwecken war damit den relativen Zweck-Theorien gewichen[27]. Der Staat hat alle diejenigen Hindernisse zu beseitigen, die der Lebensentfaltung der Individuen im Wege stehen -allerdings nur soweit der einzelne oder engere Lebensgemeinschaften diese Aufgabe nicht selbst bewältigen können. Dabei hat der Staat in zwei Richtungen tätig zu werden: Er hat einmal dafür zu sorgen, daß die Menschen in der Verfolgung vernünftiger und

---

23 *J. Isensee,* a. a. O., S. 60 f.

24 Zu v. Mohl's Gesellschaftslehre grundlegend *E. Angermann,* Robert von Mohl, Neuwied, 1962.

25 *J. Isensee,* a. a. O., S. 54.

26 *J. Isensee,* a. a. O., S. 55 unter Berufung auf *Jordan,* Lehrbuch des allgemeinen und deutschen Staatsrechts, Kassel 1831.

27 Vgl. dazu *G. Jellinek,* Allgemeine Staatslehre, Neudruck 1960, S. 242 / 265.

erlaubter Zwecke nicht durch den Willen anderer gewaltsam gestört werden; zum anderen muß er durch den Einsatz der ihm anvertrauten Staatsgewalt die Unzulänglichkeit der individuellen Kräfte zur Erreichung vernünftiger Lebenszwecke ergänzen und damit diese Zwecke fördern.

Durch seine notwendige Ergänzungsfunktion wird der Staat in seiner Existenz legitimiert. Damit liegt die Grundlage des Staates in seiner Subsidiarität. Anhand vor allem der Staatslehre von Robert von Mohl hat Isensee überzeugend dargelegt, daß die Subsidiarität ein Wesensmerkmal des Staates schlechthin und nicht nur des neuzeitlichen Rechtsstaates darstellt, daß die staatliche Allzuständigkeit sich also nicht gründet auf totalitäre Prämissen, sondern darauf, daß sie notwendige Resultante der menschlichen Freiheit ist: „Daß die Allzuständigkeit nicht zu einer Bedrohung der Freiheit auswachsen kann, dafür sorgt der Funktionsvorbehalt der Subsidiarität. Die Verbindung der virtuellen Allzuständigkeit mit der Subsidiarität kennzeichnet seit v. Mohl den liberalen Staatsbegriff“[28].

Das Subsidiaritätsprinzip wirkt in v. Mohl's Staatslehre auf drei Stufen:

— bei der Rechtfertigung der staatlichen Existenz,

— bei der Zuweisung der staatlichen Kompetenz und

— bei der Begrenzung der staatlichen Kompetenzausübung.

Die Forderung, daß der Staat da nicht handeln dürfe, wo die Bürger eine Aufgabe selbst bewältigen könnten, wurde damals in einer Weise begründet wie sie auch heute unverändert fortgilt, daß nämlich, „überflüssige Verwaltungstätigkeit die freie Ausübung der Kräfte des Einzelnen und der privaten Verbände störe, daß sie die öffentlichen Mittel den notwendigen Verwaltungstätigkeiten entziehe, die Bürger von eigenem Unternehmungsgeist und eigenen Anstrengungen zum Schaden des Staates entwöhne und daß eine wirtschaftliche Ausführung und sichere Fertigstellung in privater Hand eher gewährleistet sei als in öffentlicher“[29]. Es ist unmöglich, den Gedanken zu unterdrücken, welche Revolution geschähe, wenn sich diese richtigen Einsichten heute auf dem Sektor des Gesundheitswesens radikal durchsetzen würden!

Die praktische Bedeutung des Subsidiaritätsprinzips zeigt sich im Ergebnis in einer Art Spiegelbild der Staatszwecklehre: Je weiter der Staat in den Bereich des Privaten vorandringt, desto dringlicher wird es im Interesse der Freiheit des Individuums, daß er strikt an die Subsidiarität gebunden bleibt. Das gilt übrigens auch dann, wenn — wie heute — die Grenzen zwischen staatlichem und privatem Bereich deswegen weniger trennscharf werden, weil der Staat zunehmend privatrechtlich handelt und der Private auf der anderen Seite dennoch immer stärker auf staatliche Leistungen angewiesen ist. Je weiter sich der Staat aus dem wirtschaftlichen und sozialen Leben zurückzieht, desto eingeschränkter wird auch

---

28 a. a. O., S. 60.

29 a. a. O., S. 63.

der Anwendungsraum einer rechtlichen oder politischen Bindung an das Subsidiaritätsprinzip. Obgleich es ein allgemeines Bauprinzip der Gesellschaft ist, so hat es doch aus dem Blickwinkel verschiedener Disziplinen eine unterschiedliche Relevanz nach dem verschiedenen Maße, in dem die jeweilige Disziplin mit ihren Ordnungs- oder Klärungsversuchen das soziale Leben in seinen vielfältigen Verästelungen zu erfassen versucht.

Wurde das Subsidiaritätsprinzip bisher eher einschränkend, die staatliche Wirksamkeit begrenzend verstanden, so hat es doch eine *positive Komponente,* die ihm entweder selbst zugerechnet oder mit dem Komplementärprinzip der *„Solidarität"* bezeichnet wird[30], so wie auch in der katholischen Soziallehre Subsidiarität *und Solidarität* die beiden Hauptbausteine der sozialen Ordnung darstellen[31]. Nach diesem Komplementärprinzip hat der Staat immer dann helfend einzugreifen, „wenn die Hindernisse, welche der Ausführung einer vernunftgemäßen, rechtlich erlaubten und allgemein nützlichen Unternehmung im Wege stehen, von den Einzelnen oder den beteiligten natürlichen Genossenschaften gar nicht, nicht auf genügende Weise oder nicht ohne Verletzung des Rechts oder des Gemeinwohles weggeräumt werden können, und wenn die nötigen, durch keine noch dringenderen Bedürfnisse in Anspruch genommenen Mittel zur Verfügung stehen". Die „Mangellage im privaten Bereich", die ein Tätigwerden des Staates legitimiert und fördert, kann nach Robert von Mohl bestehen in einem Mangel im Vermögen, im Fehlen der intellektuellen oder technischen Fähigkeiten, im Mangel der körperlichen, aber auch der sittlichen Kraft.

Subsidiarität und Solidarität bildeten für Robert von Mohl Leitprinzipien, anhand deren er sein ganzes System der „Polizeiwissenschaft" entfaltete.

Bei allen Unterschieden im Detail ist die Bedeutung des Subsidiaritätsprinzips für ein liberales Staatsverständnis unbestritten, ja offenkundig.

b) So offen zutage liegen die Verbindungen zwischen Subsidiarität und *Föderalismus* nicht. In der staatsrechtlichen Literatur hat sie, soweit ersichtlich, *Isensee* am nachdrücklichsten und, wie ich meine, mit vollem Recht herausgearbeitet[32].

Föderalismus bezeichnet im heutigen deutschen Staatsrecht diejenigen *politischen* Bestrebungen im Bundesstaat, welche die Besonderheiten der Gliedstaaten

---

30 Vgl. *J. Isensee,* a. a. O., S. 63.

31 Vgl. dazu *O. v. Nell-Breuning,* Fn 12.

32 a. a. O., S. 35 ff.; aus jüngerer Zeit dazu *H. Maier,* Der Föderalismus — Ursprünge und Wandlungen, AöR Bd. 115 (1990), S. 213 / 226; *J. Isensee,* Der Föderalismus und der Verfassungsstaat der Gegenwart, AöR 115 (1990), S. 248 / 260 Subsidiaritätsprinzip als eines der Legitimationsprinzipien für den Bundesstaat; *L. Kühnhardt,* Föderalimus und Subsidiarität, Aus Politik und Zeitgeschichte B 45 / 91, S. 37 / 42 ff., wo das Verhältnis zwischen Föderalismus und Subsidiarität v. a. anhand des Buches „Baugesetze der Gesellschaft. Solidarität und Subsidiarität" von O. v. Nell-Breuning untersucht wird; *K. Hailbronner,* Legal Institutional Reform of the EEC: What can we learn from Federalism Theory and Practice?, Außenwirtschaft 46 (1991), S. 485 ff., wo Hailbronner (S. 493 ff.) allerdings Zweifel an der Wirksamkeit des Subsidiaritätsprinzips äußert.

betonen und erhalten, wohingegen der Begriff Bundesstaat eine bestimmte, *reale* Staatsform bezeichnet.

Schon hier, am begrifflichen Ausgangspunkt, sind grundlegende Mißverständnisse möglich, zumal es ein historisch berühmtes Beispiel für die geradezu gegenläufige Verwendung des Begriffs Föderalismus gibt: Vor ca. zweihundert Jahren warben die auf Hamilton, Jay und Madison zurückgehenden „Federalist Papers" für die Gründung der Vereinigten Staaten und damit für die Berechtigung und *Stärkung* einer Zentralgewalt![33]

Der Föderalismus ist ein weit über den staatsrechtlichen Bereich hinausreichender Oberbegriff für die Gestaltung allen sozialen Lebens[34], er ist als „Gestaltungsprinzip zuvörderst der Gesellschaft" bezeichnet worden[35]. Föderale Gliederungen finden sich daher auch außerhalb der Staatsorganisation etwa in der berufsständischen Selbstverwaltung, im internationalen Bereich (im Verhältnis zwischen Staatenverbindungen und Mitgliedstaaten), bei den gesellschaftlichen Großorganisationen (wie Verbänden und Parteien, vgl. § 7 Parteiengesetz[36]) oder im kirchlichen Bereich (beim Verhältnis der Landeskirchen zur EKD).

Voraussetzung für föderale Strukturen ist die Existenz mehrerer regional beschränkter Gemeinwesen sowie eines weiteren, sämtliche Teilgebiete umfassenden Gemeinwesens. Auf dieser realen Basis bezeichnet Föderalismus die grundsätzliche Einstellung politischer Art, die diese zusammengesetzten Gebilde als solche erhalten und sie vor einem Aufgehen im übergeordneten Gebilde bewahren will.

Die Vorteile föderaler gegenüber unitaristischer Organisation werden vor allem in folgenden Wirkungen gesehen[37]:

---

33 Darauf weist zutreffend hin *R. Herzog,* a. a. O., Sp. 914; zu den Federalist Papers vgl. *J. Gebhardt,* Der Federalist, in: H. Rausch (Hg.), Politische Denker II, 5. Aufl., München 1977, S. 66 ff.

Die Federalist Papers sind ursprünglich eine Sammlung von 85 Essays über den Verfassungsentwurf des Konvents von Philadelphia, die dank des Formats ihrer Autoren und des Erfolgs der darin vertretenen politischen Positionen in der Folgezeit einen hervorragenden Platz in der amerikanischen politischen Literatur einnahm.

34 Vgl. *F. W. Jerusalem,* Die Staatsidee des Föderalismus, S. 6.

35 *K. Stern,* Das Staatsrecht der Bundesrepublik Deutschland I, 2. Aufl. 1984, S. 660.

36 § 7 des Gesetzes über die politischen Parteien i. d. F. v. 3.3.1989, BGBl. I (1984), S. 242, lautet:

Abs. 1: „Die Parteien gliedern sich in Gebietsverbände. Größe und Umfang der Gebietsverbände werden durch die Satzung festgelegt. Die gebietliche Gliederung muß soweit ausgebaut sein, daß den einzelnen Mitgliedern eine angemessene Mitwirkung an der Willensbildung der Partei möglich ist .... Organisatorische Zusammenschlüsse mehrerer Gebietsverbände, die den verbandsmäßigen Aufbau der Parteiorganisation nicht wesentlich beeinträchtigen, sind zulässig".

37 Vgl. dazu vor allem *H. Oberreuter,* Staatslexikon, 2. Bd. 7. Aufl., Freiburg 1986, Sp. 634; *R. Herzog,* Evangelisches Staatslexikon, Sp. 915 f.; *G. Kisker,* Ideologische und theoretische Grundlagen der bundesstaatlichen Ordnung in der Bundesrepublik Deutschland — zur Rechtfertigung des Föderalismus, in: „Probleme des Föderalismus",

— Die Erhaltung der Vielgestaltigkeit sowohl als „Wert an sich" als auch als Element der Freiheitssicherung (in diesem Zusammenhang wird dem Föderalismus ein vertikaler Gewaltenteilungseffekt zugeschrieben);

— aus der Vielfalt entstehe ein heilsamer Wettbewerb — ein grundsätzlich sicher zutreffender Gedanke, der in der Geschichte des bundesrepublikanischen Bundesstaats sich freilich nicht voll durchsetzen konnte; die Anpassungszwänge, genährt aus einem rücksichtslosen Ausnutzen eigener Stärke, haben sich als stärker erwiesen;

— der Föderalismus verbessere die Möglichkeiten der demokratischen Partizipation, mache Politik bügernäher und erleichtere so die Legitimation des politischen Systems;

— die Ebene der Länderstaatlichkeit eröffne zusätzliche Bewährungs-, Gestaltungs- und Rekrutierungschancen für politische Konzepte wie für politisches Führungspersonal; die Grenzen zwischen Regierungs- und Oppositionsparteien würden weniger starr, weil sich sowohl in der zweiten Kammer auf Bundesebene wie auch bei der Regierungsbildung in den Gliedstaaten Chancen für die bundespolitische Oppositionspartei ergeben.

Auf der anderen Seite finden sich aber auch kritische Beurteilungen, die auf Reibungsverluste bei der politischen Willensbildung, auf eine daraus resultierende Schwerfälligkeit des Entscheidungsprozesses und sogar auf die Möglichkeit der Verstärkung zentrifugaler Kräfte in einem Staatenverband hinweisen. Eine Komplizierung des Entscheidungsprozesses im internationalen und supranationalen Bereich ist in der Tat dann unvermeidbar, wenn — wie in der Bundesrepublik Deutschland in den vergangenen Jahren zunehmend — die Gliedstaaten selbst an der Ausübung der auswärtigen Kompetenz des Bundes beteiligt werden wollen[38].

Referate auf dem Symposium „Föderalismus in der SFR Jugoslawien und in der Bundesrepublik Deutschland — ein Vergleich", Tübingen 1985, S. 23 ff.; J. Isensee, Idee und Gestalt des Föderalismus im Grundgesetz, in: Handbuch des Staatsrechts (J. Isensee / P. Kirchhof, Hrsg.). Bd. IV, S. 517 ff.

Zu den Strukturmerkmalen des Föderalismus siehe auch *C. Stewing*, Subsidiarität und Föderalismus in der Europäischen Union, Köln usw. 1992, S. 125 ff.

38 Vgl. dazu näher *H. J. Schütz*, Verfassungsrechtliche Fragen der Teilhabe der deutschen Bundesländer an Entscheidungen in den Europäischen Gemeinschaften, BayVBl. 1990, S. 481 f.; *M. Schröder*, Bundesstaatliche Erosionen im Prozeß der europäischen Integration, JöR n. F. 35 (1986), S. 83 / 86 ff.

Überwiegend wird freilich auf die Gefahr für die Eigenstaatlichkeit der Länder durch Kompetenzverlust hingewiesen: Vgl. dazu *E. Eiselstein*, Verlust der Bundesstaatlichkeit?, NVwZ 1989, S. 323 ff.; *K. Hailbronner*, Die deutschen Bundesländer in der EG, JZ 1990, S. 149 ff.; *R. Streinz*, Die Auswirkungen des Europäischen Gemeinschaftsrechts auf die Kompetenz der deutschen Bundesländer und *H. Blanke*, Die Bundesländer im Spannungsverhältnis zwischen Eigenstaatlichkeit und Europäischer Integration, beide in: D. Heckmann / H. Messerschmidt (Hg.), Gegenwartsfragen des öffentlichen Rechts, Schriften zum öffentlichen Recht, Bd. 552, Berlin 1988, S. 15 ff u. 53 ff.

In der neuen Bestimmung des Art. 23 GG haben die Länder bereits einen Sieg errungen, dessen Auswirkungen im einzelnen noch gar nicht voll übersehen werden können. Aus dieser Zwiespältigkeit in der Bewertung der Vor- und Nachteile föderaler Organisation wird in der staatrechtlichen Literatur überwiegend der Schluß gezogen, daß es eine *allgemeine, alle* Anwendungsbereiche übergreifende Wirkungslehre des Föderalismus nicht gebe, „es sei denn, man wollte das Schlagwort „Aufbau von unten nach oben" dafür nehmen[39]. Gerade das hält *Klaus Stern* allerdings für entscheidend:

> „Wesentlich für den Föderalismus ist ein Gesellschafts- und Staatsaufbau von unten nach oben"[40].

Entsprechend unterschiedlich wird auch die *Verbindung zwischen Föderalismus und Subsidiarität* beurteilt[41]. Ganz überwiegend wird aus dem gleichen personalistischen Ansatz eine enge Verwandtschaft zwischen Föderalismus und Subsidiaritätsprinzip gefolgert[42]; der Bundesstaat erscheint — jedenfalls idealtypisch — als eine Verwirklichung des Subsidiaritätsprinzips, vor allem dazu bestimmt, Freiheit zu sichern, sei sie individuelle Freiheit oder Gruppenfreiheit[43].

Dem haben vor allem *Lerche* und *Herzog* widersprochen, letzterer freilich mit der Einschränkung,

> „daß das bundesstaatliche Prinzip zumindest in der Ausgestaltung, die es im Grundgesetz erfahren hat, einer näheren Gegenüberstellung mit dem Subsidiaritätsprinzip nicht standhält; denn weder ist dieses in seiner heutigen Auslegung konkret genug . . . noch läßt sich der Nachweis erbringen, daß die Zuständigkeitsverteilung des Grundgesetzes auch nur in den Grundzügen dem Subsidiaritätsprinzip gerecht wird"[44].

Noch entschiedener formuliert es *Klaus Stern*[45]:

> „Stellt man die Frage nach einer bundesstaatlichen *Gesamtkonzeption* für das Bonner Verfassungswerk, so wird man eine solche vermissen. Die Pragmatik, einen funk-

---

39 So *R. Herzog*, a. a. O., Sp. 915.

40 a. a. O., S. 660.

41 Vgl. dazu v. a. *O. Kimminich*, a. a. O., S. 1127 m. zahlr. w. Nachw. von Autoren, die aus dem personalistischen Ansatz Föderalismus und Subsidiaritätsprinzip verbinden (Kisker, Oberreuter, Wüst) oder die das Subsidiaritätsprinzip im Bundesstaatsprinzip aufgegangen sehen (v. a. Bierre) und auf Autoren, die strikt zwischen Bundesstaatsprinzip und Subsidiarität trennen (v. a. Lerche).

Grundsätzlich für eine Verbindung zwischen Föderalismus und Subsidiarität auch *E. Deuerlein*, Föderalimus, die historischen und philosophischen Grundlagen des föderalen Prinzips, München 1972, S. 319 / 325 f.), ohne daß er freilich im Föderalismus eine zwingende Konsequenz des Subsidiaritätsprinzips sähe.

42 Vgl. etwa *E. Deuerlein*, a. a. O, S. 325 f.

43 Nachweise b. *G. Kisker*, a. a. O., S. 25.

44 *R. Herzog*, Zwischenbilanz im Streit um die bundesstaatliche Ordnung, JuS 1967, S. 194; so auch *K. Stern*, Föderative Besinnungen, in: FS. f. Hans Huber, Bern 1981, S. 326.

45 Föderative Besinnungen, a. a. O., S. 319 / 326.

tionsfähigen Bundesstaat zu schaffen, stand ganz im Vordergrund; übrigens: Eine bundesstaatliche Philosophie ist meist erst ein Stück nachfolgender Verfassungsexegese; der jeweils geschaffene Bundesstaat hat zwar viele Gemeinsamheiten, aber die Ausgestaltung im einzelnen ist doch ein Werk „konkret-geschichtlicher Individualität" *(K. Hesse)*".

Stehen für *Stern* eher pragmatische Gründe im Vordergrund, so setzt *Lerche* grundsätzlicher an[46]: Entschieden wendet er sich gegen die „Auffüllungen" des föderalen Gedankens „aus dem gesellschaftsorganischen Ideengut, etwa in Gestalt des Subsidiaritätsprinzips, oder aus sonstigen Vorstellungen des Primats der kleineren Einheit, die — ideengeschichtlich weit ausgreifend — auch im angloamerikanischen, besonders anglikanischen Bereich beheimatet sind. Die Prinzipien des gesellschaftsföderalen Denkens haben gewiß eine erstklassige ideengeschichtliche Mächtigkeit erlangt, aber sie sind auf staatlichen Föderalismus nicht übertragbar". So temperamentvoll das auch vorgetragen und mit umfassenden Literaturnachweisen versehen wurde — überzeugend konnte Lerche eine so strikte Trennung nicht begründen, zumal er selbst „inspirierende" Wirkungen des gesellschaftspolitischen Bereichs auf den staatlichen Föderalismus einräumt.

Während die staatsrechtliche Erörterung im ganzen auf einem sehr allgemeinen Niveau bleibt, konnte *J. Isensee* enge konkrete Verbindungen zwischen Föderalismus und Subsidiarität aufzeigen unter Rückgriff auf organisch-föderalistische Ordnungen in der germanistischen Geschichtsschreibung des 19. Jahrhunderts und in der deutschen Genossenschaftslehre sowie in den gesellschaftsorganischen Vorstellungen von *Constantin Frantz.*

In der germanistischen Geschichtsschreibung des 19. Jahrhunderts sind die organisch-föderalistischen Strukturen anhand der mittelalterlichen Reichsverfassung verdeutlicht worden:

> „Der engste Kreis, in welchem der Deutsche sich bewegte, galt ihm auch als derjenige, dem er vorzugsweise seine Kräfte zu widmen habe; ... nur, wo unabweisliche Gesamtzwecke das erheischten, wo alle Teile das gemeinsame Interesse anerkannten, war es möglich, die gewaltigen Kräfte des Ganzen zusammenzufassen"[47].

Otto von Gierke, der in *Althusius* einen Ahnherrn der föderalistischen Sozialphilosophie wiederentdeckte[48], hat in seiner Genossenschaftslehre ein Bild von der unendlichen Vielfalt gesellschaftlicher Vereinigungen entworfen und dabei

---

46 Föderalismus als nationales und internationales Ordnungsprinzip, Mitbericht, VVDStRL 21 (1964), S. 66 / 74 f.

47 So *J. Ficker,* Das deutsche Kaiserreich in seinen universalen und nationalen Beziehungen, 1861, S. 89.

48 *O. v. Gierke,* Johannes Althusius, Breslau 1880; zu Althusius vgl. auch *H. J. van Eikema Hommes,* Die Bedeutung der Staats- und Gesellschaftslehre des Johannes Althusius für unsere Zeit, in: FS Scupin, Berlin 1983, S. 211 ff.; *Th. Würtenberger,* Zur Legitimation der Staatsgewalt in der politischen Theorie des Johannes Althusius, in: K. W. Dahm / W. Krawietz / D. Wyduckel (Hg.), Politische Theorie des Johannes Althusius, Berlin 1988, S. 557 ff.

nicht nur den Gedanken der Einheit hervorgehoben, auf die alles hindränge, sondern auch den Gedanken der Vielheit, die in jeder zusammenfassenden Einheit fortbesteht, also den Gedanken „des Rechts und der Selbständigkeit aller in der höheren Einheit zusammenströmenden geringeren Einheiten bis herab zum Individuum — den Gedanken der Freiheit“[49].

Vor allen anderen hat aber *Constantin Frantz* den Föderalismus als das „leitende Prinzip für die soziale, staatliche und internationale Organisation“, als das Lebenssprinzip aller menschlichen Gesellschaften verstanden — „die übergreifende Synthese, welche die Einheit herstellt, ohne die Vielheit aufzuheben“[50]. Die konföderierten Glieder sollten sich nicht auf ihr Für-sich-sein zurückziehen, sondern ihre Selbständigkeit sollte sie in den Stand versetzen, daß sie auf Grund derselben „um so kräftiger zusammenwirken, weil, wer nicht auf eigenen Füßen steht, auch für das Ganze wenig tun kann“[51]. Nicht Antagonismus, sondern Kooperation ist das Leitbild[52].

Anders als im Ansatz bei der liberalen Staatslehre geht es hier nicht so sehr um eine Abgrenzung von Lebensbereichen, sondern um ihre wechselseitige Verbindung. An die Stelle der Aufgaben*teilung* ist eine *gemeinsame* Aufgabenverantwortung getreten[53]. Daraus zieht *Isensee* den Schluß, daß im System des Föderalismus das Moment der Solidarität stärker sei als dasjenige der Subsidiarität[54]. Das mag zutreffend sein — doch wird zu Recht darauf verwiesen[55], daß der kooperative Föderalismus auch zu einer starken Politikverflechtung[56] und zu einer Vernetzung der Entscheidungsmechanismen und damit zu mangelnder Effektivität, zu überbordendem Bürokratismus und zu Kontrolldefiziten geführt hat. Zu bedenken sei auch, daß kooperativer Föderalismus stets „Exekutivföderalimus“ sei; er markiert den Übergang zum „Regierungen-Bundesstaat“, weil die Zusammenarbeit zwischen den Ländern und zwischen Bund und Ländern ein „Kontaktprivileg“ der Exekutiven sei — eine Beschreibung, die fatal auf die gegenwärtige Organisation des Entscheidungsprozesses in den EG zutrifft.

Im Ergebnis läßt sich allerdings kaum bestreiten, daß sich liberalstaatliche und föderale Vorstellungen einander nähern wie sich das schon im Begriff des „föderalistischen Liberalismus“[57] zeigt.

---

49 *O. v. Gierke,* Das deutsche Genossenschaftsrecht, Bd. 1, Berlin 1868, S. 1.

50 *J. Isensee,* a. a. O., S. 42; *Maier* (Fn. 32), S. 213 f.

51 *C. Frantz,* Der Föderalismus — das leitende Prinzip für die soziale, staatliche und internationale Organisation, Mainz 1879, S. 319.

52 Darauf baut auch *W. Leisner,* Föderalismus als kooperativer Dialog, ZRP 1969, S. 14, bei seinen Vorschlägen für eine Effizienzsteigerung der Bundesstaatlichkeit; zum „kooperativen Föderalismus“ vgl. *F. Ossenbühl,* Föderalismus nach 40-jährigem Grundgesetz, DVBl. 1989, S. 1230 / 1234.

53 So *F. Ossenbühl,* a. a. O., S. 1235.

54 a. a. O., S. 1243.

55 *F. Ossenbühl,* a. a. O.

56 Vgl. v. a. *F. W. Scharpf,* Die Politikverflechtungs-Falle: Europäische Integration und deutscher Föderalismus im Vergleich, PVS 1985, S. 325 ff.

3. Zusammenfassung

Seit die katholische Kirche begonnen hatte, sich mit der sozialen Frage auseinander zu setzen, hatte sie sich für die Beachtung des Subsidiaritätsprinzips ausgesprochen. Es wird abgeleitet aus dem christlichen Verständnis des Menschen als eine eigenständige, selbstverantwortliche Person und aus dem daraus folgenden Verhältnis zwischen ihm und der Gesellschaft. Die Gesellschaft ist und bleibt auf den Menschen hingeordnet, sie soll ihm helfen, seine Kräfte zu entfalten und seine Ziele zu erreichen; sie darf ihn nicht gängeln oder gar beherrschen wollen.

Das Subsidiaritätsprinzip unterscheidet sich in seiner katholischen Wurzel nicht wesentlich von Erklärungen, die es in den profanen Gesellschaftswissenschaften erfahren hat. Vor allem hat es keinerlei besonderen konfessionellen Gehalt, sondern ist formuliert als ein allgemeines Klugheitsprinzip, dessen Einhaltung die Vernunft gebietet. Zu Recht ist das Subsidiaritätprinzip dem „sozialethischen Erbe der Menschheit" zugerechnet worden.

Unlösbar ist das Subsidiaritätsprinzip mit der liberalen Staatstheorie verknüpft und zwar nicht nur in Deutschland. Denn ebensowenig wie das Subsidiaritätsprinzip ein „katholisches" Prinzip darstellt, ist es ein „deutsch-rechtliches" Prinzip. In den liberalen Staatslehren stellt das Subsidiaritätprinzip ein Mittel dar, um die Berechenbarkeit des Staates zu gewährleisten und seine Zwecke zu begrenzen, sogar die Grundlage des Staates wird in der Subsidiarität gesehen, weil erst seine notwendige Ergänzungsfunktion den Staat selbst in seiner Existenz legitimiere. Damals wie heute soll der Staat dort nicht handeln dürfen, wo der Bürger eine Aufgabe selbst bewältigen kann, denn sonst wird die freie Ausübung der Kräfte des Einzelnen wie der privaten Verbände gestört — die knappen öffentlichen Mittel werden den notwendigen Staatsaufgaben entzogen, die Bürger des eigenen Unternehmungsgeistes zum Schaden auch des Staates entwöhnt wie die Vorstellung beeinträchtigt, daß wirtschaftliche Ausführung und sichere Fertigstellung in weiten Bereichen in privater Hand eher gewährleistet sei als in öffentlicher. Die Zaghaftigkeit, mit der derzeit Privatisierung „gerade nicht" durchgeführt wird, belegt das deutlich. Entgegen der Richtung des Subsidiaritätsprinzips hat sich in einzelnen Bundesländern in den letzten Jahren die Staatstätigkeit sogar wieder ausgeweitet.

Umstritten ist nach wie vor, ob Subsidiarität notwendig föderative Gestaltung bedeutet, also welche Beziehungen zwischen dem Subsidiaritätsprinzip und dem Föderalismusprinzip bestehen. Der Begriff des Föderalismus ist ein weit über den staatrechtlichen Bereich hinausreichender Oberbegriff für die Gestaltung allen sozialen Lebens; er ist sogar als ein „Gestaltungsprinzip zuvörderst der Gesellschaft" bezeichnet worden. Föderalismus steht im heutigen deutschen Staatsrecht für diejenigen politischen Bestrebungen im Bundestaat, welche die

---

[57] *J. Isensee*, a. a. O., S. 61.

Besonderheiten der Gliedstaaten betonen und erhalten, wohingegen der Begriff Bundesstaat eine bestimmte, reale Staatform (etwa der Bundesrepublik Deutschland) bezeichnet.

Die Europäische Gemeinschaft übernimmt mit der Aufnahme des Subsidiaritätsprinzips in den Vertrag *nicht* die katholische Tradition.

Ihr Bekenntnis zu diesem Prinzip verlangt auch nicht notwendig einen föderalen Aufbau der Gemeinschaft. Sie knüpft damit vielmehr vor allem an liberalstaatliche Traditionen an, die eine Staatstätigkeit zum Wohle des Einzelnen wie auch des Staates selbst auf seine notwendigen Ergänzungsfunktionen beschränken. Die Europäische Gemeinschaft tut gut daran, darin und nicht in einer fortwährenden und mehr oder weniger unkontrollierten Ausweitung der Staatstätigkeit ihre Legitimation zu suchen.

III. Definition und Rechtsgeltung des Subsidiaritätsprinzips

1. Das Problem der Definition und Rechtsgeltung des Subsidiaritätsprinzips

Die ausdrückliche Aufnahme des Subsidiaritätsprinzips in Art. 3 b EG-V wirft die Frage nach der Rechtsgeltung dieses Prinzips auf, die wiederum nicht beantwortet werden kann ohne eine Definition.

Nun fällt aber auf, daß Definitionen des Subsidiaritätsprinzips im juristischen Schrifttum weitgehend fehlen bzw. sehr ungenau sind[1]. Beispielhaft für das europarechtliche Schrifttum[2], in dem die skeptischen Stimmen bei weitem überwiegen, stehe eine Umschreibung von *Constantinesco*[3]:

> „Zwei Formulierungen sind bekanntermaßen möglich, je nach dem, ob die Heranziehung der Subsidiarität es erlaubt, der Gemeinschaft *nur diejenigen* Kompetenzen zu geben, welche die Mitgliedstaaten in unzureichender oder inadäquater Weise ausüben (negative Lesart), oder ob die Gemeinschaft *jedes Mal* eingreifen kann, wenn die nationale Ausübung der Kompetenzen unzureichend oder inadäquat ist (positive Lesart)".

Die Konsequenzen einer solchen Definition liegen auf der Hand: Im Ergebnis ist sie viel zu unbestimmt, um eine unmittelbare Rechtswirkung entfalten zu

---

[1] Vgl. beispielsweise *H. J. Wolff / O. Bachof,* Verwaltungsrecht III, 4. Aufl., München 1978, 138 Rn. 11: „Inhaltlich besagt das Subsidiaritätsprinzip, daß der Staat und andere Träger öffentlicher Verwaltung zivilen Personen oder Organisationen sowie niederen Trägern öffentlicher Verwaltung nur diejenigen Interessenverfolgungen entziehen sollen, die ihnen nicht ohne überwiegenden Nachteil für die Gesamtheit und deren Glieder überlassen bleiben können (sog. Funktionsvorrang)".

[2] Vgl. d. Nachw. zu A I, Fn. 4.

[3] „Subsidiarität": Handlungsprinzip der Europäischen Union?, Europäische Zeitschrift f. Wirtschaftsrecht (EuZW) 1991, S. 561 / 563 r. Sp.

können; in ihrer Ableitung ist sie zu weit abgelöst von einer konkreten Rechtsvorschrift und zu unmittelbar aus allgemeinen Prinzipien gewonnen, so daß von vornherein der Verdacht nicht von der Hand zu weisen ist, hier werde ein Prinzip im Wege der Deduktion erst mit den Inhalten ausgestattet, die der Interpret ihm nachher bei der Rechtsanwendung wieder entnehmen will.

Bleibt es also bei der Subsidiarität als „philosophischer These", als (nur) gesellschaftspolitischem Ordnungsprinzip, als politischem Zweckmäßigkeitsgrundsatz oder als Programmsatz?[4] In diese Richtung gehen überwiegend die neuesten Äußerungen aus dem Bereich der Rechtswissenschaften[5].

Die historische Begründung des so beschriebenen Subsidiaritätsprinzips kann diese Unsicherheit nicht verringern: Für *Constantinesco* ist die Subsidiarität nur im Zusammenhang mit dem Föderalismusprinzip verständlich. Nun zeigte sich aber, daß zwar vielfältige Beziehungen zwischen der Subsidiarität und dem Prinzip des Föderalismus bestehen; identisch sind beide sicher nicht.

Die Unbestimmtheit beginnt schon bei der Bewertung als „positive" bzw. „negative" Lesart. Anders ausgedrückt geht es um die Frage, ob das Subsidiaritätsprinzip einen Aufbau gestufter Ordnungen „von unten nach oben" oder „von oben nach unten" verlangt. Die Entscheidung ist eine Frage des Blickwinkels. Der Blick aber wird ganz wesentlich von den Grundauffassungen im Kopf des Betrachters bestimmt[6]: Nach einer personalistischen Grundauffassung leitet sich alles, was der Staat an Macht und Befugnissen besitzt, vom Einzelnen ab. Das entspricht auch den Vorstellungen von Demokratien westlicher Prägung, nach denen der „Strom der Macht von unten nach oben fließt" *(Kimminich)*.

Ganz anders sieht es natürlich aus auf dem Boden von Staatslehren, in denen der Staat „der Gebende" ist. So heißt es bei *Hegel:* „Alles, was der Mensch ist, verdankt er dem Staat; er hat nur darin sein Wesen. Allen Wert, den der Mensch hat, als geistige Wirklichkeit, hat er allein durch den Staat"[7].

Drastischer kann man den Gegensatz zwischen beiden Grundauffassungen kaum formulieren. Es ist Sache der jeweiligen Verfassungsordnung, welcher dieser Philosophien sie folgen will.

---

[4] Weitere Nachweise vgl. b. *H. Kalkbrenner,* Die rechtliche Verbindlichkeit des Subsidiaritätsprinzips, in: Hablitzel / Wollenschläger, Recht und Staat, FS f. Günter Küchenhoff, 2. Halbbd., Berlin 1972, S. 515 ff.

[5] Vgl. beispielhaft *D. Grimm,* Subsidiarität ist nur ein Wort, FAZ Nr. 217 v. 17.9.1992, S. 38; *E. Grabitz,* Subsidiarität im Gemeinschaftsrecht, in: Vogel / Oettinger (Hrsg.), Föderalismus in der Bewährung — die deutschen Länder vor der Herausforderung fortschreitender EG-Integration, Deutscher Gemeindeverlag, Köln 1992, S. 139; *V. Constantinesco,* Subsidiarität: Zentrales Verfassungsprinzip für die politische Union, Integration 1990, S. 165 ff.; *A. Adonis / S. Jones,* Subsidiarity and the European Community's Constitutional Future, Staatswissenschaften und Staatspraxis, 1991, S. 179.

[6] Das bringt sehr deutlich zum Ausdruck *O. Kimminich,* Die Subsidiarität in der Verfassungsordnung des freiheitlich-demokratischen Rechtsstaates, in: O. Kimminich (Hrsg.), Subsidiarität und Demokratie, Düsseldorf 1981, , S. 44 f.

[7] zitiert nach *O. Kimminich,* a. a. O.; dort weitere Nachweise.

Doch nicht mehr so sehr das „Entweder — Oder" der beiden Extrempositionen, sondern das Miteinander bestimmt die modernen Staatslehren: Staat und Gesellschaft, Einzelner und Staat werden nicht mehr primär in einem Gegensatz zueinandergebracht; sie werden vielmehr in ihrem wechselseitigen Aufeinander-Angewiesen-Sein gesehen. Aus der großen Frage „Staat oder Einzelner?" wird immer mehr eine bloße Akzentverschiebung in die eine oder andere Richtung. Es fließt kein großer „Strom" der Macht mehr, weder in die eine noch in die andere Richtung; er hat sich vielmehr aufgelöst in eine Vielzahl gegenläufiger Strömungen; die Organisation der Herrschaft mutiert zu einer Organisation der Herrschafts*verhinderung* durch gegenseitige Blockaden.

Wenn das so ist — dann hat das Subsidiaritätsprinzip gleichsam seine große Richtung verloren; es ist verblaßt zu einer formalen Verknüpfung kleinerer oder größerer Einheiten, die beliebig gebildet und auch gepolt werden können.

Die *Unbestimmtheit setzt sich fort* bei der Frage nach den *Maßstäben,* mit denen bestimmt werden kann, wann und inwieweit ein Tätigwerden der Mitgliedstaaten „unzureichend oder inadäquat" ist, bzw. wer dieses Urteil abzugeben hat — die Mitgliedstaaten oder ein Organ der Gemeinschaft? Für letzteres spricht, daß es sich hier um Begriffe des Gemeinschaftsrechts handelt. Entscheidend aber ist, ob die Frage eines „zureichenden" oder „adäquaten" Tätigwerdens aus der Sicht der Gemeinschaft oder der Mitgliedstaaten beantwortet werden muß (vgl. näher unten S. 72 f.). Auf seiner Tagung im Dezember 1992 hat der Europäische Rat in Edinburgh ein Gesamtkonzept für die Anwendung des Subsidiaritätsprinzips beschlossen (vgl. unten VI. 1.), in dem er inhaltliche Leitlinien für die Anwendung des Art. 3 b EG-V sowie Verfahrensvorschläge machte, die aber noch sehr allgemein bleiben.

Auch der Rückgriff auf den *Wortlaut* des Art. 3 b EG-V, in dem das Wort Subsidiaritätsprinzip ausdrücklich gebraucht wird, *kann die Ungewißheit nicht spürbar vermindern,* weil dieser Begriff eine eigenständig-gemeinschaftsrechtliche Bedeutung nicht hat. Nationalrechtliche Vorstellungen über die Subsidiarität sind nicht unmittelbar verbindlich für die Auslegung des Art. 3 b EG-V; die Auslegung dieses Gemeinschaftsrechtsbegriffs wird aber in besonderem Maße auf Rückgriffe auf nationalrechtliche Vorstellungen angewiesen sein.

Das rechtfertigt es nicht nur, sondern macht es geradezu unabweislich, zur Interpretation des Subsidiaritätsprinzips im Sinne des EG-V zurückzugreifen auf Vorstellungen im nationalen Recht. Obgleich dieser Begriff im Gemeinschaftsrecht wie im Recht der Mitgliedstaaten mit rasch zunehmender Häufigkeit verwendet wird, sind die dahinterstehenden Vorstellungen in der Regel eher unklar. *Deswegen* (und nicht etwa, weil die Subsidiarität ein deutsches Prinzip wäre — vgl. oben A II -) ist hier zunächst auf die deutsche Rechtsordnung zurückzugreifen (unten 2.). Anschließende Hinweise auf die Subsidiarität in der Rechtsordnung anderer Mitgliedstaaten (unten 3.) können beim derzeitigen Stand lediglich die Bedeutung haben, die Rechtsvergleichung der Verwirklichung dieses Grundsatzes als Merkposten festzuhalten. Für einen breiteren Vergleich fehlen die erforderlichen Vorarbeiten noch vollständig. Aus einem solchen notwendigerweise bruchstückhaften nationalrechtlichen Befund sollen dann (unten 4.) vorsichtige Folgerungen für das Subsidiaritätsprinzip im Europäischen Gemeinschaftsrecht gezogen werden.

Das alles mag kompliziert klingen, ja kompliziert sein. Aber warum sollte unter Einbeziehung der „Europäischen Ebene" eine Aufgabe leichter sein, die *Josef Isensee* zutreffend so umschrieben hat[8]:

> „Das Subsidiaritätsprinzip gehört zu den — im doppelten Sinne des Wortes — fragwürdigsten Gegenständen der heutigen Staatslehre. Umstritten sind seine sachliche Aussage, sein ideologischer Hintergrund und seine rechtliche Geltung".

2. Definition und Geltung des Subsidiaritätsprinzips im deutschen Recht

Die Problemlage ist im deutschen Recht nahezu umgekehrt als im Gemeinschaftsrecht: Im Gemeinschaftsrecht gibt es eine allgemeine Bestimmung in Art. 3 b EWGV, während über die Konkretisierung auf einfachgesetzlicher Ebene nur verschwommene Vorstellungen bestehen; die bisher einzige ausdrückliche Konkretisierung in Art. 130 r Abs. 4 EWGV (beim Umweltschutz) soll von der allgemeinen Klausel des Art. 3 b EG-V abgelöst werden.

Demgegenüber kennt das deutsche Verfassungsrecht (abgesehen von der — problematischen — Bestimmung des Art. 70 Abs. 1 Satz 2 bawüVerf[9]) keine ausdrückliche Kodifizierung des Subsidiaritätsprinzips, was die verfassungsrechtliche Diskussion allerdings eher beflügelt als beendet hat. Dafür ist sowohl der Begriff der Subsidiarität wie sein Regelungsinhalt auf der Ebene des einfachen Gesetzes und in speziellen Begründungszusammenhängen durchaus geläufig.

Aus dieser nationalrechtlichen Vielfalt der Konkretisierung des „allgemeinen Subsidiaritätsgrundsatzes" sind viele Aufschlüsse für seine Verwirklichung im europäischen Recht zu gewinnen:

— Aufschlußreich ist die nationale Vielfalt schon für die Antwort auf die Frage nach der *Rechtsgeltung*, die nicht pauschal, sondern differenziert beantwortet werden muß;

---

[8] *J. Isensee*, Subsidiaritätsprinzip und Verfassungsrecht, Vorwort.

[9] Art. 70 Abs. 1 Satz 2 der ba-wü Verfassung bestimmt bei der Organisation der Verwaltung: „Aufgaben, die von nachgeordneten Verwaltungsbehörden zuverlässig und zweckmäßig erfüllt werden können, sind diesen zuzuweisen". Hier ist insoweit ohne Zweifel geltendes Verfassungs-Organisationsrecht gesetzt; ebenso unzweifelhaft ist die Bedeutung des Subsidiaritätsprinzips als allgemeines Gestaltungsprinzip für das Verhältnis zwischen Staat und gesellschaftlichen Organisationseinheiten sowie für das Verhältnis verschiedener solcher gesellschaftlicher und staatlicher Einheiten untereinander nicht geregelt.

— Ferner kann sie — und das scheint mir noch viel wichtiger zu sein — vielfältige Anregungen geben, wie die Beachtung des Subsidiaritätsprinzips beim weiteren Ausbau der Europäischen Union konkret aussehen kann.

„Das" Subsidiaritätsprinzip als solches gibt es allenfalls in der Gesellschaftswissenschaft, sicher nicht in der Rechtsordnung"[10]. Viel spricht dafür, daß dieser Satz nicht nur im deutschen, sondern auch im europäischen Recht Geltung hat.

a) Im deutschen Verfassungsrecht ist das Subsidiaritätsprinzip bisher nicht ausdrücklich verankert — von der Neufassung des Art. 23 GG abgesehen. Verschiedene Möglichkeiten einer Begründung eröffnen sich grundsätzlich[11]:

— der Nachweis der Substanz des Subsidiaritätsprinzips in einzelnen Grundgesetzartikeln;

— die Ableitung eines solchen Nachweises aus einer „Gesamtschau einer Reihe von Grundgesetzartikeln";

— die Feststellung, daß der Subsidiaritätsgedanke dem Staatsaufbau und der Staatsform der Bundesrepublik mittelbar zugrunde liege;

— der Nachweis der Geltung des Subsidiaritätsprinzips als von der Verfassung anerkanntes überpositives Recht.

Alle diese Argumentationsketten sind in der staatsrechtlichen Literatur der Bundesrepublik Deutschland auch verwendet und ausgiebig diskutiert worden[12].

Zwei Verfassungsbestimmungen sind bisher vor allem zur Begründung eines *Verfassungsprinzips* der Subsidiarität im Grundgesetz herangezogen worden: Art. 1 Abs. 1[13] mit der Erklärung der Menschenwürde als unantastbar und mit der Verpflichtung aller staatlichen Gewalt, sie zu achten und zu schützen, sowie Art. 2 Abs. 1[14], der jedem das Recht auf die freie Entfaltung seiner Persönlichkeit

---

[10] *M. Pechstein*, Subsidiarität der EG-Medienpolitik?, DV 1991, S. 535 / 536 l. Sp.

[11] Die verschiedenen Möglichkeiten einer Begründung stellt gut zusammen *O. Kimminich*, a. a. O., S. 30 / 32.

[12] Vgl. dazu eingehend *J. Isensee*, Subsidiarität und Verfassungsrecht, Berlin 1968, und *R. Zuck*, Subsidiaritätsprinzip und Grundgesetz, München 1968 — der Zeitpunkt des Erscheinens ist nicht zufällig, weil nach der Entscheidung des Bundesverfassungsgerichts v. 18.7.1967 (E 22, 180) mit einem Versiegen des bis dorthin mächtigen Literaturstroms gerechnet werden konnte und Zeit für eine Bestandsaufnahme war; *C. Stewing*, Subsidiarität und Föderalismus in der Europäischen Union, Köln usw. 1992, S. 33 ff.

[13] *H. Kalkbrenner*, Die rechtliche Verbindlichkeit des Subsidiaritätsprinzips, in: FS f. G. Küchenhoff, 2. Halbband, Berlin 1972, S. 529; *A. Wallenstätter*, Das Subsidiaritätsprinzip und die Rechtsprechung des Bundesverfassungsgerichts zu den Grundrechten, Diss. Würzburg 1979, S. 84 ff.; *H. C. Nipperdey*, Die Würde des Menschen, in: Neumann / Nipperdey / Scheuner (Hrsg.), Die Grundrechte II, 1. Aufl., Berlin 1954, S. 11.

[14] Vgl. dazu v. a. die Diskussion auf der Staatsrechtslehrertagung 1966, nach dem Koreferat von *H. Ipsen* (VVDStRL 25 (1967), Verwaltung durch Subvention, S. 293 und 493 f.); ähnlich *I. v. Münch*, Staatliche Wirtschaftshilfe und Subsidiaritätsprinzip, JZ 1960, S. 305; anderer Auffassung *R. Zuck*, a. a. O., S. 83 ff.

gewährt, soweit er nicht die Rechte anderer verletzt und nicht gegen die verfassungsmäßige Ordnung oder das Sittengesetz verstößt.

Daneben werden zum Teil weitere Verfassungsbestimmungen herangezogen zur Begründung der These, das Subsidiaritätsprinzip sei ein Prinzip des geltenden Verfassungsrechts: Vor allem auf Art. 6 Abs. 1, 9, 12, 28 und 30 wird dabei zurückgegriffen[15]. In einzelnen, vielleicht allen diesen Vorschriften mag das Subsidiaritätsprinzip „zum Ausdruck gekommen sein" — wie das das Bundesverfassungsgericht für Art. 6 Abs. 2 GG[16] für möglich angesehen hat[17]. Eine zusammenfassende Definition des Subsidiaritätsprinzips als solchen, die mit verfassungsrechtlicher Rechtskraft auszustatten wäre, läßt sich daraus aber nicht bestimmen.

Nicht einmal ein allgemeines Verfassungsgebot zur „Zurückhaltung" an den Staat[18] läßt sich aus ihnen zwingend entnehmen. Das Bundesverfassungsgericht[19] hat es zwar zum Inhalt des Art. 6 Abs. 1 und 2 GG „als Freiheitsgarantie für Ehe und Familie" gerechnet, „diese prinzipiell in erster Linie wirken und den Staat nur insoweit eingreifen zu lassen, als sie nicht ausreichen"[20]. Was die Freiheitsgarantie für Ehe und Familie ihr zu geben scheint, nimmt aber im gleichen Zuge die staatliche Schutzverpflichtung für beide Einrichtungen wieder.

Diese Spannung zwischen individueller Freiheit und Gemeinwohlverantwortung des Staates durchzieht das ganze moderne Verfassungsrecht bis hin zu dem Menschenbild, das nach der inzwischen weithin akzeptierten Formel des Bundesverfassungsgerichts zwei ganz unterschiedliche Seiten hat:

> „Das Menschenbild des Grundgesetzes ist nicht das eines isolierten souveränen Individuums; das Grundgesetz hat vielmehr die Spannung Individuum — Gemeinschaft im Sinne der Gemeinschaftsbezogenheit und Gemeinschaftsgebundenheit der Person entschieden, ohne dabei deren Eigenwert anzutasten. Das ergibt sich inbesondere aus einer Gesamtsicht der Art. 1, 2, 12, 14, 15, 19 und 20 GG"[21].

---

15 Vgl. *G. Dürig*, Verfassung und Verwaltung im Wohlfahrtsstaat, JZ 1953, S. 193 ff.

16 Art. 6 Abs. 2 GG: „Pflege und Erziehung der Kinder sind das natürliche Recht der Eltern und die zuvörderst ihnen obliegende Pflicht. Über ihre Betätigung wacht die staatliche Gemeinschaft."

17 Urt. v. 29.7.1959, BVerfGE 10, 60 / 83: „Die Beschränkung eines Entscheidungsrechts des Vormundschaftsgerichts auf die Gefährdung des Kindeswohls ist verfassungsrechtlich nicht zu beanstanden; sie ist es namentlich auch dann nicht, „wenn man sich zu dem Grundsatz der „Subsidiarität" in dem Sinne bekennt, daß in erster Linie die kleinere Gemeinschaft wirken soll und mit staatlichen Mitteln erst einzugreifen ist, wenn es unausweislich wird, und wenn man weiter annimmt, daß dieses Prinzip in Art. 6 Abs. 2 GG („zuvörderst") Ausdruck gefunden hat".

18 So aber BVerfGE 10, 83: „Dem Staat ist hiernach allgemein Zurückhaltung geboten".

19 a. a. O.

20 BVerfGE, a. a. O.; ebenso E 7, 320 / 323.

21 BVerfGE 4, 7 / 15 f. und st. Rspr.

Die der Forderung des Subsidiaritätsprinzips entsprechende Anerkennung der Eigenverantwortlichkeit des Individuums und seines Eigenwertes wird damit relativiert durch eine Gemeinschaftsgebundenheit der Person, deren Grenzen nur noch im Einzelfall aus einer Abwägung der verschiedenen divergierenden Interessen gewonnen werden können. Damit schützt die Verfassung das Ziel jeder Subsidiarität — den freien Einzelnen — und sie begrenzt es zugleich aus einer Zusammenschau mit den „Sozialbindungen" in Art. 14 (Sozialbindung des Eigentums, Enteignung), 15 (Ermächtigung zur Sozialisierung) und 20 (vor allem in der Normierung des Sozialstaatsprinzips).

Die verfassungsrechliche Verbindlichkeit des Subsidiaritätsprinzips — über die zur Begründung herangezogenen Verfassungsbestimmungen hinaus — scheitert also an einer doppelten Schwierigkeit:

— Zum einen bedeutet die Tatsache, daß das Subsidiaritätsprinzip in einzelnen Verfassungsbestimmungen zum Ausdruck gekommen ist, nicht, daß damit auch ein allgemeiner verfassungsrechtlicher Rechtsgrundsatz als unmittelbar geltender Rechtssatz anerkannt werden sollte;

— zum anderen führt gerade die „Zusammenschau" verschiedener Verfassungsbestimmungen, auf die zur Begründung des Subsidiaritätsprinzips zurückgegriffen wird, zur Einbeziehung der sozialen Bindung des Einzelnen und damit zur Relativierung des Vorrangs der freien Einzelpersönlichkeit, so daß eine Grenzziehung praktisch unmöglich wird.

Ein *Verfassungsrechts*satz ist das Subsidiaritätsprinzip also auch im deutschen Verfassungsrecht nicht; praktisch bedeutsamer ist seine Rolle im *einfachen Recht*. In der sozialpolitischen Diskussion der Bundesrepublik spielte das Subsidiaritätsprinzip erstmals bei der in den fünfziger Jahren anstehenden Sozialreform eine Rolle[22]. Aufgegriffen wurde es dabei vor allem durch die sog. „Rothenfelser Denkschrift", die im Jahre 1955 von den Professoren *Achinger, Höffner, Muthesius* und *Neundörfer* verfaßt wurde. Die Verfasser empfahlen darin, die gesamte „Neuordnung der sozialen Leistungen" unter die Prinzipien der Solidarität und Subsidiarität zu stellen[23]. Schon damals ließ sich diese Forderung nicht verwirklichen. Heute sind wir davon weiter entfernt denn je.

Auf der Ebene des einfachen Gesetzesrechts ist aber eine Verwirklichung subsidiären Gedankenguts in vielfältigen Rechtsvorschriften festzustellen[24]. Dabei ist zu unterscheiden seine unmittelbare Umsetzung in geltendes Recht (unten

[22] Näher dazu *J. Genosko*, Der wechselnde Einfluß des Subsidiaritätsprinzips auf die wirtschafts- und sozialpolitische Praxis in der Bundesrepublik Deutschland, Jahrbuch für Nationalökonomie und Statistik, Bd. 201 (1986), S. 403 / 406 ff.

[23] Vgl. *H. Achinger / J. Höffner / H. Muthesius / L. Neundörfer*, Neuordnung der sozialen Leistungen, Köln 1955, S. 21 f.

[24] Vgl. ausführlich dazu *R. Zuck*, a. a. O., S. 26 ff.

b)), seine Bedeutung als Strukturprinzip eines gesetzlichen Regelungsbereichs (unten c)) und seine Erscheinungsform als logische Argumentationsfigur (unten d)).

b) Unmittelbare rechtliche Verbindlichkeit hat das Subsidiaritätsprinzip durch seine Aufnahme in folgende Rechtsvorschriften erlangt:

— § 1 Abs. 2 (Hilfe zur Selbsthilfe) und § 2 BSHG, nach dem keine Sozialhilfe erhält, „wer sich selbst helfen kann oder wer die erforderliche Hilfe von anderen, besonders von Angehörigen oder von Trägern anderer Sozialleistungen, erhält"[25]. Diese grundsätzliche Anerkennung des Subsidiaritätsprinzips wird bei den speziellen Anspruchsgrundlagen der Sozialhilfe jeweils wiederholt.

  Ähnlich normiert § 11 Abs. 2 des BAFöG mit der bedarfsmindernden Berücksichtigung anderweitiger Eigenmittel im weiteren Sinne den Grundsatz der „förderungsrechtlichen Subsidiarität"[26].

— § 4 Abs. 2 und 3 des Kinder- und Jugendhilfegesetzes (KJHG)[27]; nach Abs. 2 soll die öffentliche Jugendhilfe von eigenen Maßnahmen absehen, „soweit geeignete Einrichtungen, Dienste und Veranstaltungen von anerkannten Trägern der freien Jugendhilfe betrieben oder rechtzeitig geschaffen werden können".

  Die öffentliche Jugendhilfe „soll die freie Jugendhilfe nach Maßgabe dieses Buches fördern und dabei die verschiedenen Formen der Selbsthilfe bestärken" (Abs. 3).

— Die Kommunalverfassung als solche mit ihrer Grundentscheidung für die grundsätzliche Allzuständigkeit und für die Selbstverwaltung aller Angelegenheiten der örtlichen Gemeinschaft wird als Ausfluß der Subsidiarität verstanden[28].

  Zu den Konkretisierungen des Subsidiaritätsprinzips durch die Selbstverwaltung gehört auch die Zubilligung der Selbstverwaltung im Berufswesen, im Gesundheitswesen, für die Universität: Wie bei den Gemeinden entspricht die Einräumung von Selbstverwaltungsbefugnissen und der darin zum Ausdruck kommende Respekt der grundsätzlichen Eigenverantwortlichkeit bei der Erfüllung örtlich oder sachlich begrenzter Aufgaben subsidärem Gedankengut (vgl. dazu auch unten B II.). Folgerungen lassen sich daraus aber weder ziehen für den Schutz der Gemeinden oder der anderen Selbstverwal-

---

25 Vgl. zum Grundsatz der Subsidiarität im Fürsorgerecht BVerwGE 20, 113.

26 BVerwGE 82, 323 / 326.

27 v. 26.6.1990, BGBl. I, S. 1163.

28 Vgl. *R. Zuck*, a. a. O., S. 33; *E. Schmidt-Jortzig / A. Schink*, Subsidiaritätsprinzip und Kommunalordnung, Schriftenreihe des Freiherr-vom-Stein-Instituts im Deutschen Gemeindeverlag, Bd. 2, Stuttgart 1982, S. 20 ff.

tungsträger (Gesundheitswesen, Universitäten) vor Entziehung oder „Hochzonung“ von Aufgaben durch den Staat noch — umgekehrt — für den Begriff und die Rechtsverbindlichkeit des Subsidiaritätsprinzips selbst[29].

— Art. 89 Abs. 1 Nr. 1 Bay GO[30] erlaubt es einer Gemeinde *nur*, wirtschaftliche Unternehmen zu errichten, zu übernehmen oder zu erweitern , „wenn der öffentliche Zweck das Unternehmen erfordert und der Zweck nicht ebenso gut und wirtschaftlich durch einen anderen erfüllt wird oder erfüllt werden kann“[31].

— Auf Antrag kreisangehöriger Gemeinden können die Landkreise deren Aufgaben des *eigenen* Wirkungskreises übernehmen, wenn und solange sie das Leistungsvermögen der beteiligten Gemeinden übersteigen (Art. 57 Abs. 1 BayLKrO).

— Nach § 1 Abs. 2 Satz 2 NRWSpkG dürfen Kreissparkassen im Gebiet kreisangehöriger Gemeinden und Gemeindeverbände mit eigenen Sparkassen keine Zweigstellen errichten. Das wird in der Rechtsprechung als Ausdruck des Subsidiaritätsprinzips angesehen[32], ist aber wohl kein allgemeiner Grundsatz des Sparkassenrechts.

— Im Steuerrecht wird die Konsequenz der Steuerfreiheit des „Existenzminimums“ für sämtliche Familienmitglieder unmittelbar aus dem Subsidiaritätsprinzip abgeleitet[33].

— Nur teilweise verwirklicht ist das Subsidiaritätsprinzip etwa in den nordrhein-westfälischen Regelungen des Kindergarten-[34] und des Schulgesetzes[35]. Im Schulverwaltungsgesetz ist die Zuständigkeit für die Grund- und Hauptschu-

---

29 Vgl. dazu *H. Peters*, Die kommunale Selbstverwaltung und das Subsidiaritätsprinzip, Archiv für Kommunalwissenschaften 1967, S. 5 ff.; *E. Schmidt-Jortzig / A. Schink*, a. a. O.; weitere Nachweise zur „Konkretisierung des allgemeinen Subsidiaritätsprinzips“ in der gemeindlichen Selbstverwaltung bei *H. Heberlein*, Kommunale Europapolitik, BayVBl. 1992, S. 417 / 423.

30 Vergleichbare Bestimmungen enthalten 108 Abs. 1 NdsGO, 102 Abs. 1 BaWüGO, 88 Abs. 1 NRWGO, 121 Abs. 1 HessGO, 85 Abs. 1 RhPfGO, 108 Abs. 1 SaarlGO, 101 Abs. 1 SchlHGO in allerdings z. T. voneinander abweichenden Formulierungen.
Ähnlich übrigens auch 65 BHO für die Beteiligung des Bundes an privatrechtlichen Unternehmen (der Bund „soll sich ... nur ...“).

31 Ähnlich schon 67 DGO v. 30.1.1935 (RGBl. I S. 49).

32 OVG Münster, DVBl. 1982, S. 504 / 505.

33 BVerfG, B. v. 29.5.1990, BVerfGE 82, 60 / 86; so übrigens der Bundesverfassungsrichter *P. Kirchhof* schon im Jahre 1988.
Eine nicht zu übersehende Rolle spielt das Subsidiaritätsprinzip auch bei *K. Vogel*, Rechtfertigung der Steuern. Eine vergessene Vorfrage — Vergleich zur „heimlichen Steuerrevolte“ und zum Dreieck Staat / Wirtschaft / Gesellschaft, Der Staat 25 (1986), S. 481.

34 KGartG v. 21.12.1971, GVBl. NW, S. 534.

35 Schulverwaltungsgesetz i. d. F. der Bek. v. 1.10.1981 (GV-NW, S. 548); vgl. *A. Schink*, in: E. Schmidt-Jortzig / A. Schink, a. a. O., S. 111 ff.

len zwar abschließend festgelegt. Für das weiterführende Schulwesen und die Sonderschulen ist die Zuständigkeitsordnung jedoch offen gestaltet; nach § 10 Abs. 2, Abs. 5 des Gesetzes kommen als Schulträger sowohl kreisangehörige Gemeinden als auch Kreise in Betracht, wobei ein Zuständigkeitsvorrang für die kreisangehörigen Gemeinden besteht[36].

Diese und weitere Beispiele haben dazu geführt, daß das Bundesverwaltungsgericht das Subsidiaritätsprinzip „für bestimmte einzelne Rechtsgebiete als Rechtsgrundsatz anerkannt" hat[37]. Das Gericht fährt aber ganz eindeutig fort:

> „Jedoch kann daraus ein *allgemeiner* Verfassungsgrundsatz *nicht* (Herv. v. Verf.) abgeleitet werden"[38].

Inhaltlich gehen alle diese Bestimmungen davon aus, daß staatliches Tätigwerden erst dann und insoweit angebracht ist, wenn Private sich nicht selbst helfen können; hier ist also die Blickrichtung „von unten nach oben" bestimmend.

Art. 70 Abs. 1 Satz 2 der baden-württembergischen Verfassung geht demgegenüber bei dem Aufbau der staatlichen Verwaltung (aus zutreffenden anderen verfassungsrechtlichen Gründen (Ministerverantwortlichkeit)) von einer Zuweisung der Verwaltungsaufgaben „von oben nach unten" aus, so daß diese Vorschrift zwar in der Sprache des Subsidiaritätsprinzips abgefaßt ist, den sonst im deutschen Recht geläufigen Konkretisierungen aber zuwiderläuft. Daher sollte man vorsichtig sein mit der Behauptung, diese Vorschrift beinhalte das Subsidiaritätsprinzip[39].

Für die Rechtsgeltung „des Subsidiaritätsprinzips" ist es wesentlich, festzuhalten, daß der Verbindlichkeitscharakter dieser Vorschriften *aus ihnen allein* gewonnen werden muß und nicht etwa aus dem allgemeinen Subsidiaritätsprinzip deduziert werden kann. Ein Blick auf die konkreten Regelungen zeigt, daß der Nachrang staatlichen Handelns mit ganz unterschiedlicher juristischer Verbindlichkeit angeordnet ist.

c) Eine Mittelstellung nehmen diejenigen Rechtsbereiche ein, die *an dem „Strukturprinzip" der Subsidiarität orientiert oder nach ihm aufgebaut* sind, bei denen die Subsidiarität also eher als ein hinter einem Fachgesetz und seiner Systematik stehender Gestaltungsgedanke verstanden wird.

Hier sind etwa zu nennen die rechtliche Gestaltung des Tarifvertrags- und des Betriebsverfassungsrechts[40]. Gerade im Arbeitsrecht erweise sich, so wird in der

---

36 In der Vorgängerbestimmung ist ausdrücklich ein Anwendungsfall des Subsidiaritätsprinzips gesehen worden von *A. Dittmann*, Schulträgerschaft zwischen Kreisen und Gemeinden, Göttingen 1977, S. 43 / 48 ff.

37 Vgl. BVerwGE 23, 306.

38 a. a. O., S. 306 unter Berufung auf *P. Lerche*, Übermaß und Verfassungsrecht, München 1961, S. 200 f.

39 So etwa *K. Braun*, Kommentar zur Verfassung des Landes Baden-Württemberg, Stuttgart usw. 1984, Rn. 19 zu Art. 70).

40 Vgl. *G. Hueck / H. C. Nipperdey*, Lehrbuch des Arbeitsrechts, Bd. II / 1, 7. Aufl., 1966, S. 27.

Literatur ausgeführt, die „Feinheit des Subsidiaritätsprinzips ... in seiner Fähigkeit, sich den verschiedenen Variationen der Machtlage anzupassen und den Staat dort — aber in scharfer Begrenzung auch nur dort! — als Helfer auftreten zu lassen, wo er gebraucht wird, ja unentbehrlich ist, während seine Hilfe und damit seine Zuständigkeit dort sofort entfallen, wo der Mensch allein oder in der betrieblichen Verbundenheit sich selbst zu helfen vermag“[41].

Dementsprechend wird auch in den Regelungen, welche die Selbstentfaltung und Selbstverwaltung der Belegschaft verwirklichen, ein Einfluß des Subsidiaritätsprinzips im Betrieb gesehen[42]. Das beginnt schon mit der Einrichtung der Betriebsräte nach dem Willen der Arbeitnehmerschaft und führt über die Einzelheiten des Wahlverfahrens bis hin zur Subsidiarität des Betriebsrats im Verhältnis zum einzelnen Arbeitnehmer und — auf der letzten Stufe — zur Subsidiarität des Staats im Verhältnis zum Betriebsrat. „Hier wird die ganze für den Betrieb in Betracht kommende Stufenleiter der Subsidiarität durchlaufen und mit allseitiger Solidarität für den geordneten Gang der Betriebsratstätigkeit gesorgt“[43].

Auch im Versicherungsrecht spielt die Subsidiarität eine Rolle: So wird das Verhältnis zwischen Privatversicherung und Sozialversicherung im Sinne der Subsidiarität als Regel und Ausnahme interpretiert[44].

Zwar läßt sich auch aus diesen Konkretisierungen des Subsidiaritätsprinzips das Prinzip selbst juristisch nicht rekonstruieren und mit eigener Wirkung versehen; auch hindert ein derartiger Aufbau etwa der Betriebsverfassung und Personalvertretung nicht ihre nachherige einfachgesetzliche Verwässerung im Zuge von Novellierungen, so wie man das auf beiden Rechtsgebieten auch durchaus erlebt hat; aber die fehlende juristische Verbindlichkeit darf nicht darüber hinwegtäuschen, daß das Subsidiaritätsprinzip hier eine rechtspolitisch besonders wichtige Rolle spielen kann und auch immer wieder gespielt hat, indem es der Gesetzgebung zugleich eine allgemeine Leitidee vermittelt und die Berücksichtigung der Besonderheiten des jeweiligen Rechtsgebietes erlaubt.

Es spricht viel dafür, daß auf diese Weise das Subsidiaritätsprinzip in der Rechtsordnung leichter und sinnvoller verankert werden kann als über die zweifelhafte Begründung eines allgemeinen Rechtsgrundsatzes mit noch zweifelhafteren, aber völlig unbestimmten Rechtswirkungen.

---

41 Vgl. dazu auch *G. Küchenhoff*, Das Prinzip der staatlichen Subsidiarität im Arbeitsrecht, Recht der Arbeit 1959, S. 201 ff.

42 *G. Küchenhoff*, Subsidiarität und Solidarität im Betriebsverfassungsrecht, Der Betrieb 1963, I, S. 765 ff.

43 *G. Küchenhoff*, a. a. O., S. 769.

44 Vgl. *M. Fuchs*, Privatversicherung und Sozialversicherung, in: VSSR 1991, S. 296; weitere Nachweise zur Aktualität des Subsidiaritätsprinzips im Versicherungsrecht *K. Bon*, VW 1981, S. 172 / 174; *H. Frommknecht*, VW 1989, S. 898; *W. Baumann*, FG f. v. Lübtow, 1980, S. 667 ff.; zur Ausgestaltung der staatlichen Rentenversicherung unter Beachtung des Subsidiaritätsprinzips vgl. die von *J. Genosko* (Fn. 22) referierten Vorschläge.

d) Ganz anders und völlig unbestritten ist die Wirkung des Subsidiaritätsprinzips bei der jedem Juristen vom Beginn seiner Ausbildung an vertrauten *Kollisionsregel,* nach der allgemeine Grundrechtsgarantien (wie die Gleichheit und das allgemeine Freiheitsrecht) hinter speziellen, allgemeine polizeiliche Eingriffsbefugnisse hinter spezialgesetzlich geregelten „subsidiär" zurücktreten und außer Betracht bleiben oder wenn eine „Subsidiarität" in gleichem Sinn unmittelbar im Gesetz angeordnet ist wie bei der Subsidiarität der allgemeinen Feststellungsklage im Verwaltungsprozeß[45] oder bei der Verfassungsbeschwerde[46].

Anerkannt ist auch die Funktion der Subsidiarität als Auslegungsmaßstab bei der Entscheidung von Kompetenzkonflikten[47].

e) Das *Ergebnis* der Analyse *im deutschen Recht* ist eindeutig: Das Subsidiaritätsprinzip als allgemeiner verfassungs*rechtlicher* Grundsatz wird zwar behauptet, sein Inhalt bleibt aber so unbestimmt, daß er — über die zu seiner Begründung herangezogenen Verfassungsbestimmungen hinaus — eine eigene verfassungsrechtliche Wirksamkeit nicht entfaltet.

Auch ohne verfassungsrechtlichen Zwang hat der Gesetzgeber in einer ganzen Reihe von Fällen Ausschnitte aus dem Subsidiaritätsprinzip verwirklicht bzw. ganze Lebensbereiche nach den in diesem Prinzip zum Ausdruck kommenden sozialphilosophischen Auffassungen gestaltet.

Diese Entwicklung ist freilich nicht gradlinig verlaufen. Es gab Zeiten, in denen die Praxis sich mehr oder — wie am Ende der sechziger und am Anfang der siebziger Jahre — auch weniger vom Subsidiaritätsprinzip leiten ließ[48].

In der Rechtspraxis kommt dieser durch die Rechtspolitik vermittelten Wirkung des sozialphilosophischen Grundsatzes in die Rechtsordnung hinein größere Bedeutung zu als der letztlich doch eher unfruchtbare Streit um den Verfassungsrechtscharakter des allgemeinen Subsidiaritätsprinzips. Der Streit um die juristische Auslegung, um die Juridifizierung des Prinzips darf den Blick dafür nicht

---

45 § 43 Abs. 2 Satz 1 lautet: „Die allgemeine Feststellungsklage ist ausgeschlossen, soweit der Kläger seine Rechte durch Gestaltungs- oder Leistungsklage verfolgen kann oder hätte verfolgen können".

46 § 90 Abs. 2 Satz 1 des Bundesverfassungsgerichtsgesetzes bestimmt: „Ist gegen die Verletzung" (in einem Grundrecht oder in einem grundrechtsgleichen Recht) „der Rechtsweg zulässig, so kann die Verfassungsbeschwerde erst nach Erschöpfung des Rechtswegs erhoben werden." Nach dem in dieser Vorschrift „zum Ausdruck kommenden Grundsatz der Subsidiarität der Verfassungsbeschwerde . . . muß ein Beschwerdeführer die Beseitigung des Hoheitsaktes, durch den er in seinen Grundrechten verletzt zu sein meint, zunächst mit den ihm durch das Gesetz zur Verfügung gestellten anderen Rechtsbehelfen zu erreichen suchen" (st. Rspr. d. BVerfG; vgl. BVerfGE 22, 287 / 290 f.; zuletzt B. v. 22.1.1992, NJW 1992, S. 1030).

47 Vgl. dazu *R. Zuck,* a. a. O., S. 35 unten.

48 Das wird von *J. Genosko* (Fn. 22, S. 414 ff.) für die Sozialpolitik exemplarisch am Beispiel des Krankenhausfinanzierungsgesetzes, der Entwicklung der Selbstverwaltung im Krankenversicherungswesen und der „kleinen" Rentenreform näher dargelegt.

verstellen, wieviel an Dynamik die Europäische Einigung aus der Berücksichtigung dieses Prinzips gewinnen kann! Für den Weiterbau an der Gemeinschaftsrechtsordnung ist dieser Aspekt unter Umständen wichtiger als die Frage nach der juristischen Präzision.

3. Die Geltung des Subsidiaritätsprinzips im Recht anderer Mitgliedstaaten

a) Ein Verfassungsrechts- oder auch nur ein einfachgesetzliches Prinzip der Subsidiarität mit einem entsprechend klar zu umreißenden Inhalt kennen, soweit ersichtlich, auch die anderen Mitgliedstaaten der Europäischen Union nicht.

Das britische Rechtsdenken ist — abgesehen von dem Begriff der Souveränität — ganz grundsätzlich von einem tiefen Mißtrauen gegenüber allen abstrakten Prinzipien gekennzeichnet [49]. Hinzu kommt, daß der Subsidiaritätsgedanke in der Tradition des Einheitsstaates und dem zentralisierten politischen System Großbritanniens eher wesensfremd zu sein scheint.

Auch in Frankreich, mit seiner Vorstellung von der „einen und unteilbaren Republik“[50] seit der Revolution, dem zentralisierten Einheitsstaat „par excellence“, gilt die Subsidiarität als „une notion mal connue“, als kaum bekannter Begriff[51]; Rechtsprechung und Rechtsquellen gebrauchen, wenn überhaupt, das Wort „Subsidiarität“ eher beiläufig („épisodique“). Die Literatur hat diesem Prinzip bisher jedenfalls nur wenig Aufmerksamkeit gewidmet.

Festzuhalten bleibt, daß der *Begriff* der Subsidiarität im französischen Recht, jedenfalls im französischen öffentlichen Recht, keinen klar definierten Inhalt hat.

Das bedeutet aber auch in Frankreich nicht, daß dem Subsidiaritätsprinzip keine Bedeutung zukäme. Es spielt durchaus eine Rolle auf ganz verschiedenen Ebenen: Subsidiarität wird zunächst als eines der Prinzipien des Verwaltungsrechts in folgendem Sinn angesehen[52]: Diese „Prinzipien“ seien „an der Grenze des Rechts angesiedelt; sie beherrschen dieses und sie leiten den Richter; sie sind die Fenster, die das Tageslicht eindringen lassen in das Innere des Kabinetts des Juristen, aber ein gedämpftes Tageslicht“[53].

---

[49] Vgl. *P. J. C. Kapteyn*, Community Law and the principle of subsidiarity, Revue des Affaires européennes, 1991, S. 35 ff.; vgl. Le Figaro-Magazine v. 12.9.1992, S. 20, Fn. 1: „ce terme est inconnu des juristes.“; vgl. Le Monde v. 18.9.1992, S. 6: „Un nouveau principe: la subsidiarité“. „Le traité de Maastricht a fait entrer dans le débat politique un nouveau concept, emprunté à la doctrine de l'Eglise!“.

[50] *M-H. Fabre*, L'unité et l'indivisibilité de la République, Réalité? Fiction?, R.D.P. 1982, S. 2

[51] *J.-M. Pontier*, La subsidiarité en droit administratif, Revue du Droit Public et de la Science Politique (R.D.P.), 1986, p 1524 s.

[52] *I. Gaudemet*, Les méthodes du juge administratif, L.G.D.J. 1972, p 35.

[53] Wörtlich: Un jour tamis = gesiebtes Tageslicht.

In dieser Funktion ähnelt das Subsidiaritätsprinzip seiner Rolle im deutschen Recht als Strukturprinzip bestimmter Rechtsgebiete.

Unmittelbare Bedeutung erlangt die Subsidiarität im Falle der Staatshaftung, wenn die Anwendung der Haftungsregeln dazu führen würde, dem Opfer jegliche Entschädigungsmöglichkeit zu versagen[54].

Im Prozeßrecht hat es eher technische Bedeutung: Ein für den Fall des Scheiterns des Hauptantrages gestellter Hilfsantrag wird gelegentlich als „action subsidiaire" bezeichnet[55].

b) Interessanter und für unser Thema fruchtbarer als derartige Bruchstücke aus dem Recht der anderen Mitgliedstaaten sind die Zusammenhänge zwischen Subsidiarität und Tendenzen regionaler Autonomisierung, wie sie nahezu überall in den Mitgliedstaaten aufgebrochen sind und aufbrechen[56].

In Spanien sind auf Grund der Verfassung vom 29.12.1978 siebzehn autonome Gemeinschaften (AG) entstanden mit einem verfassungsgarantierten Recht auf eigene Gesetzgebungs- und Verwaltungskompetenzen[57], die italienische Verfassung enthält in Art. 114 — 133 eingehende Regelungen der Regionen, die auch mit praktischem Leben erfüllt worden sind[58]; in Belgien wurden den Sprachgemeinschaften sowie den Regionen (Landesteilen) Flandern, Wallonien und Bruxelles-Hauptstadt Kompetenzen übertragen, die bis dahin der Zentralstaat wahrgenommen hat[59].

---

54 Näher dazu *J.-M. Pontier,* a. a. O., S. 1527 ff.

55 *R. Odent,* Contentieux administratif, 1971, p 121.

56 Vgl. dazu vor allem *G. Seele,* Der Kreis aus europäischer Sicht, Kommunalwissenschaftliche Schriften des Deutschen Landkreistages, Bd. 8, 1991, mit zahlr. Informationen über Regionen, v. a. Verwaltungsregionen im europäischen Ausland (S. 210-281); *H. J. Blanke,* Föderative Staatsstrukturen und Europäisches Gemeinschaftsrecht, in: H. Siedentopf (Hrsg.), Europäische Integration und nationalstaatliche Verwaltung, Stuttgart 1991, S. 65 ff., wo er eine vorzügliche Zusammenfassung der wichtigsten Überlegungen und Ergebnisse seines Buches vorlegt (H. J. Blanke, Föderalismus und Integrationsgewalt, Schriften zum Europarecht, Bd. 7, Berlin 1991); *F. Ossenbühl* (Hrsg.), Föderalismus und Regionalismus in Europa, Baden-Baden 1990.

Älteres, aber immer noch interessantes Material enthalten die Berichtsbände über zwei wissenschaftliche Tagungen 1978 und 1981 zum Thema „Regionalismus in Europa", hrsg. in der Reihe Seminarberichte der Bayerischen Landeszentrale für politische Bildungsarbeit, München 1981 und Bd. III, München 1983.

57 Näher dargelegt in *W. Blümel* (Hrsg.), Spezielle Aspekte der Autonomen Gemeinschaften in Spanien, Speyerer Forschungsbericht Nr. 108, Forschungsinstitut für öffentliche Verwaltung bei der Hochschule für Verwaltungswissenschaften Speyer, 1992; *M. J. Montoro Chiner,* Spanien als Staat der Autonomen Gemeinschaften, DV 1987, S. 85 ff.

58 Vgl. etwa das Statuto speciale della Regione autonoma Friuli-Venezia Giulia, Legge Costituzionale 31 Gennaio 1963 N. 1 in Verbindung mit dem Regolamento interno del Consiglio regionale v. 29. Januar 1992; für die Region Emilia-Romagna vgl. *R. Leonardi / R. Y. Nanetti* (Hrsg.), The Regions and European Integration. The case of Emilia-Romagna, London, New York 1990.

59 Vgl. *A. Alen,* Ein zweigliedriger und zentrifugaler Föderalismus, Brüssel, November 1990 (D / 90 / 1, Informationsbericht des Ministeriums der Auswärtigen Angelegenheiten, des Außenhandels und der Entwicklungszusammenarbeit).

Auch in Frankreich bürgert sich das Wort „Subsidiarität" nicht nur in der Umgangssprache, sondern auch im Wortschatz der mit Verwaltungsfragen befaßten Politiker und Beamten nach und nach ein. Nachdem im Jahre 1976 der „Rapport Guichard"[60], der eine Bestandsaufnahme der französischen Territorialverwaltung machte, erstmals von einem „principe de subsidiarit" und von der Notwendigkeit sprach, dieses auf allen Verwaltungsebenen umzusetzen, wurde vor allem durch die große Dezentralisierungsreform des Jahres 1982[61] ein großer Schritt weg vom zentralistischen Einheitsstaat gemacht[62]. Die Reform, deren Anliegen es war, „den Bürgern ihren Staat wiederzugeben", hat bei aller Kritik an ihrer Halbherzigkeit einige, für Frankreich beachtliche Neuerungen geschaffen: Es sind vor allem

— die Abschaffung der vormals erdrückenden präventiven Staatsaufsicht über die Beschlüsse lokaler Mandatsträger

— sowie der Transfer der Exekutive in die Hände der jeweiligen Präsidenten der lokalen Beschlußgremien.

Vor allem letzteres belegt den Willen, den unteren Verwaltungsebenen mehr Eigenständigkeit einzuräumen. Diese Kompetenzübertragungen an Kommunen, Departements und die mit neuem Status versehen Regionen, kombiniert mit einigermaßen hinreichenden Mitteln, machten vor allem durch Maßnahmen in den Jahren 1982 und 1983 aus den Departements Verwaltungseinheiten, die einen Großteil der ihr Gebiet betreffenden Angelegenheiten in weitgehend eigener Verantwortung regeln können. In den letzten zehn Jahren hat sich so in der französischen Provinz ein starkes Selbstbewußtsein gefestigt; die frühere sehr strenge Ausrichtung auf das Pariser Zentrum ist eher einer Rückbesinnung auf die eigene regionale Geschichte und Tradition gewichen.

Das Prinzip der Subsidiarität wird in weiten Teilen der französischen inneren Verwaltung angewandt, ohne daß es ausdrücklich als solches genannt wird oder auf den ersten Blick erkennbar ist. In Art. 1 Abs. 2 des Gesetzes vom 6.2.1992[63],

---

[60] „Vivre ensemble". Rapport de la commission de développement des responsabilités locales, La documentation française, Paris 1976, S. 145 ff.; *E. Peyroux*, Réflexions sur le rapport de la commission Guichard, RDP 1978, S. 1623.

[61] Das Gesetz N 82-213 v. 2.3.1982 „betreffend die Rechte und Freiheiten der Kommunen, der Departements und der Regionen", wird auch das „Gesetz der Dezentralisation" genannt. Es bildet mit Nebengesetzen den Sockel der Dezentralisationsreform, J. O., 3.3.1982, S. 730. Die Loi n° 82-213 „relative aux droits et libertés des communes, des départements et des régions", wird ergänzt durch eine Reihe weiterer Gesetze, v. a. durch die Loi n 83-8 v. 7. Januar 1983 „relative la répartition des compétences des communes, des départements, des régions et de lÉtat".

[62] *M. Fromont*, Die französischen Dezentralisierungsgesetze, DV 1983, S. 397 ff.; *W. Müller*, Dezentralisiation in Frankreich (1982 — 1986) — Die „stille Revolution", NVwZ 1989, S. 623 ff.; *B. Manceau*, 1982, 1988: Histoire d'une législation", Supplement aux Cahiers francais No. 230, 1989, Notice 1-2.

[63] Loi d'orientation n° 92-125 v. 6.2.1992 n° 92-125 „relative l'administration territoriale de la République", „Elle est organisée, dans le respect du principe de libre administra-

das diesen Reformprozeß weiter vorantreiben soll, wurde ausdrücklich betont, daß mit diesem Gesetz der Demokratie „an der Basis" eine größere Bedeutung zugemessen werden sollte. Das sollte sich in der verstärkten Einbeziehung der Bürger in die lokalen Organe ebenso zeigen, wie in einer größeren Transparenz der Geschäftsführung[64].

Auch wenn diese Umbildungen der Staaten sicher noch nicht zu wirklichen Bundesstaaten geführt haben, vielleicht auf absehbare Zeit auch nicht führen werden, so wird darin doch zu Recht ein Beweis dafür gesehen, daß der Föderalismus in Europa „eine neue Vitalität gewonnen" habe[65]. Berücksichtigt man die oben dargestellten engen Zusammenhänge zwischen Föderalisierung und dem Subsidiaritätsprinzip, so hat in diesen organisatorischen Entwicklungen die neue Subsidiaritätsrhetorik in der Gemeinschaft durchaus eine reale Entsprechung gefunden.

Schwieriger ist die Lage in Großbritannien. Großbritannien ist trotz der Sonderstellung Schottlands vor allem auf Grund der unbestrittenen Doktrin von der absoluten Parlamentssouveränität als ein unitarischer Staat zu bezeichnen, dem zwar einzelne „Devolutions" (also Kompetenzverlagerung nach unten) vertraut sind, nicht jedoch eine föderative Struktur, auch wenn *Nevil Johnson*[66] die „devolutions" als die „britische Art des Föderalismus" bezeichnet. Dazu hätten die Reformvorstellungen der royal commission on the constitution und die Grundzüge der Scotland und Wales act von 1978 Ansätze bieten können[67]. Die beiden Gesetze, die 1978 — freilich mit wesentlichen Abänderungen gegenüber den vorherigen Vorschlägen — verabschiedet wurden, traten aber nie in Kraft. Eine der ersten Entscheidungen der 1979 gewählten konvervativen Regierung war es, beide Gesetze aufzuheben. Damit wurde zumindest vorläufig ein weiteres langwieriges Kapitel auf dem Wege, föderalistische Momente in die britische Verfassung einzubauen, abgeschlossen.

---

tion des collectivités territoriales, de manière à mettre en œuvre l'aménagement du territoire, à garantir la démocratie locale et à favoriser la modernisation du service public"; vgl. dazu Commentaire v. M. Bourjol, L'Actualité juridique — Droit administratif, 20 avril 1992 spéciale.

64 Zum Prozeß der Regionalisierung in Frankreich vgl. die sehr instruktiven Darstellungen von *G. Müller-Brandeck-Bocquet,* Regionen für Europa? Der französische Zentralismus im Umbruch, Politische Studien, Sonderheft 1 / 1990 (Föderalismus im internationalen Vergleich), S. 3 ff.; *Th. Wiedmann,* Föderalismus als europäische Utopie — Die Rolle der Regionen aus rechtsvergleichender Sicht. Das Beispiel Deutschlands und Frankreichs, AöR 117 (1992), Heft 1, S. 46 ff., jew. m. zahlr. w. Nachw.

65 So *H. F. Zacher,* AöR 115 (1990), S. 307.

66 Vgl. Fn. 67, S. 319 ff.

67 Vgl. dazu *N. Johnson,* Landesbericht, in: F. Ossenbühl (Hrsg.), Föderalismus und Regionalismus in Europa, Baden-Baden 1990; a. a. O., S. 307 ff.; *P. Malanczuk,* Devolution in Großbritannien, ZARVR 41 (1981), S. 103 ff. / 129 ff.

4. *Folgerungen für den Begriff und die Rechtsgeltung des Subsidiaritätsprinzips im Gemeinschaftsrecht*

Natürlich ist es notwendig und hilfreich, sich über den Begriff und die Rechtswirkung des Art. 3 b EG-V Gedanken zu machen. Doch darf die Inhaltsbestimmung und vor allem die Diskussion um die Rechtswirkung (unten a)) nicht davon ablenken, daß das Subsidiaritätsprinzip auch dann grundlegende Wirkungen entfalten kann, wenn es *nicht* als ein *Rechts*prinzip gilt. Es kann bei Vertragsänderungen wie beim Erlaß sekundären Gemeinschaftsrechts rechtspolitische Leitlinie sein, die Teilkonkretisierungen bzw. eine systematische Ausgestaltung von Lebens- und Rechtsbereichen nach den Grundsätzen des Subsidiaritätsprinzips bewirkt (unten b)). Dieser Aspekt wird in der juristischen Literatur leider weitgehend unterschlagen oder doch unterbewertet.

a) Entscheidend für die Antwort auf die Frage nach der *rechtlichen Geltung* des Subsidiaritätsprinzips im Gemeinschaftsrecht ist die im Maastrichter Vertrag enthaltene Formulierung des Art. 3 b. Es ist nicht davon auszugehen, daß neben dieser Vertragsbestimmung der Grundsatz der Subsidiarität — etwa als allgemeiner Rechtsgrundsatz — eine weitere eigene Bedeutung hat[68].

Der klassische Einwand gegen den Rechtscharakter des Subsidiaritätsprinzips im nationalen Recht[69] wie auch gegen die Vorläuferbestimmung des Art. 3 b EG-V auf dem Gebiet des Umweltschutzes (Art. 130 r Abs. 4 EWG-V) ist der Einwand der *fehlenden* oder *zu geringen* Bestimmtheit. Die Qualifizierung als Rechtsvorschrift setzt in der Tat voraus, daß ihr Inhalt hinreichend bestimmt ermittelt werden kann.

Bereits zu Art. 130 r Abs. 4 EWGV ist das in der Literatur versucht worden[70]. Die Frage blieb aber kontrovers. Die Bundesregierung hatte sich einer Rechtsverbindlichkeit bejahenden Auffassung angeschlossen[71].

---

[68] Dieses eher selbstverständliche Ergebnis erzielt *C. Stewing*, a. a. O., S. 104 ff.

[69] Vgl. *H. Kalkbrenner* (Fn. 4), S. 515 ff.

[70] So etwa *G. Ress*, EuGRZ 1987, S. 361 / 362; *H.-J. Glaesner*, Die einheitliche europäische Akte, EuR 1986, S. 119 / 140 f.; *U. Beyerlin*, Die neue Umweltpolitik der Europäischen Gemeinschaft und Umweltschutz nach der einheitlichen europäischen Akte, UPR 1989, S. 361 / 363 ff.; *A. Vorwerk*, Die umweltpolitischen Kompetenzen der Europäischen Gemeinschaften nach Inkrafttreten der EEA, München 1990, S. 42; *K. Hailbronner*, Die deutschen Bundesländer in der EG, JZ 1990, S. 149 / 153; *F.-L. Knemeyer*, DVBl. 1990, 449 / 450; *R. Bieber*, ZaöRV 1988, S. 211 / 252 f.; *E. Steindorff*, Grenzen der EG-Kompetenzen, Heidelberg 1990, S. 61, 117 f.; *D. H. Scheuing*, Umweltschutz auf der Grundlage der Einheitlichen Europäischen Akte, EuR 1989, S. 152 / 164 ff.; *U. Everling*, in: Festschrift für K. Doehring, Berlin u. a. 1989, S. 179 / 194; *E. Cerexhe*, in: M. Knoche / G. Boeden (Hrsg.), Wege zur europäischen Rechtsgemeinschaft, Bd. I, Koblenz 1987, S. 52 / 56; *H. Lecheler*, Die umweltrechtlichen Kompetenzen der EG, in: Jahrbuch des Umwelt- und Technikrechts 1991, Bd. 15, S. 275 ff.; *T. C. W. Beyer*, Europa 1992: Gemeinschaftsrecht und Umweltschutz nach der Einheitlichen Europäischen Akte, JuS 1990, S. 965; *H. P. Kraußer*, Das Prinzip begrenzter Ermächtigung im Gemeinschaftsrecht als Strukturprinzip des EWG-Vertrages, Berlin 1991, S. 161 in Anlehnung an Maunz / Zippelius, S. 69.

Die Streichung der Vorschrift im Zusammenhang mit der Einfügung des Art. 3 b EG-V macht die Entscheidung der alten Streitfrage überflüssig und wirft zugleich bei Art. 3 b EG-V die gleiche Interpretationsfrage auf.

Wenn der Vertrag ersichtlich davon ausgeht, daß die Subsidiarität nicht mehr (nur) speziell, sondern allgemein zu regeln sei, so kommt darin wohl eine *Aufwertung* des Subsidiaritätsgedankens klar zum Ausdruck. Das verstärkt die Argumente der schon zu Art. 130 r Abs. 4 EWGV herrschenden Auffassung von der rechtlichen Verbindlichkeit.

Die erste, in anderen Zusammenhängen sonst schwierige Frage, wie größere und kleinere Einheiten voneinander unterschieden werden sollen, dürfte im EG-Recht unproblematisch sein: die Gemeinschaft steht für die größeren, die Mitgliedstaaten stehen für die kleineren Einheiten.

Art. 3 b EG-V beschränkt die Wirkung des Subsidiaritätsprinzips auf die Bereiche *konkurrierender* Zuständigkeiten. Damit ist zwar die wichtigste der Verteilungskategorien von Zuständigkeiten zwischen den Unionsorganen und den Mitgliedstaaten erfaßt. Die EG hat aber keineswegs nur konkurrierende[72], sondern durchaus auch ausschließliche[73] Zuständigkeiten, wie z. B. die Festlegung der Zolltarife.

Da im Vertrag weder der Begriff der ausschließlichen noch derjenige der konkurrierenden Zuständigkeit definiert ist, kann es bereits hier zu Anwendungsschwierigkeiten kommen.

Das hat auch die Kommission erkannt. In ihrer am 27. 10. 1992 verabschiedeten Mitteilung zur Anwendung des Subsidiaritätsprinzips[74] hat sie ausgeführt, daß es „die Pflicht der Organe und in erster Linie der Kommission (sei), ein gemeinsames Konzept zur erarbeiten, um ständige Abgrenzungskonflikte zwischen ausschließlichen und konkurrierenden Zuständigkeiten bei gleichzeitiger Gefahr einer Abwertung der Subsidiaritätskomponente „Notwendigkeit" zu vermeiden".

Ein Tätigwerden der Gemeinschaftsorgane auf dem Gebiet der konkurrierenden Zuständigkeiten ist an die Voraussetzung geknüpft, daß die Ziele der in Betracht gezogenen *Maßnahmen* durch die Mitgliedstaaten nicht ausreichend erreicht werden können und daher besser auf Gemeinschaftsebene getroffen werden (Kriterium der „Notwendigkeit" des Gemeinschaftshandelns).

---

71 BRDs. 150 / 86, S. 28.

72 Wie *V. Stewing*, a. a. O., S. 104 mit nicht nachvollziehbarer Begründung meint.

73 Die nicht identisch sind mit ausdrücklichen Kompetenzen; so aber — abweichend von der allgemeinen Ausdrucksweise — *C. Stewing*, a. a. O.

74 Das Subsidiaritätsprinzip. Mitteilung der Kommission an den Rat und an das Europäische Parlament v. 27. 10. 1992, SEK (92) 1990 endg., S. 4.

Tatbestandsvoraussetzung ist also:

— die Feststellung, daß das Ziel einer in Betracht gezogenen Maßnahme auf der Ebene der Mitgliedstaaten nicht ausreichend erreicht werden kann;

— nach dieser Feststellung die ausdrückliche Prognose, daß das Ziel der Maßnahme auf der Gemeinschaftsebene wirklich besser erreicht werden kann.

Hochbaum nennt in seinem Aufsatz[75] die beiden Bedingungen gemeinschaftlichen Handelns plastisch „Nachweis fehlender Voraussetzung" und „Prüfung gegebener Voraussetzung".

Für das Vorliegen dieser Tatbestandsvoraussetzungen trifft die *Gemeinschaftsorgane* die Beweislast. Das hat die Kommission in ihrer Mitteilung zur Anwendung des Subsidiaritätsprinzips[76] ausdrücklich anerkannt: „In der Praxis bedeutet dies, daß alle Organe der Gemeinschaft, besonders aber die Kommission dem Gebot der Vernunft folgen müssen, das heißt, daß die Gemeinschaft in Wahrnehmung ihrer Zuständigkeiten nur die Maßnahmen ergreifen sollte, die am besten auf Gemeinschaftsebene ergriffen werden. Dabei haben die Gemeinschaftsorgane nachzuweisen, daß es einer gemeinschaftlichen Regelung und eines gemeinschaftlichen Handelns überhaupt bedarf und daß die Intensität der Regelung gerechtfertigt ist".

Im folgenden schreibt die Kommission (S. 10 der Anlage): „Zu prüfen ist daher folgendes:

— Verfügen die Mitgliedstaaten über Mittel, *einschließlich der finanziellen Mittel,* zur Erreichung der Ziele (nationale, regionale oder kommunale Gesetzgebung, Verhaltenskodex, Vereinbarungen zwischen Sozialpartnern, usw.)? *(komparativer Effizienztest);*

— wie effizient ist die Gemeinschaftsmaßnahme (Umfang, grenzübergreifende Probleme, Kosten der Untätigkeit, kritische Masse usw.)? *(Mehrwert-Test)"* (Herv. i. Orig.).

Damit wird aber die im Vertrag vorgesehene klare Stufenfolge letztlich doch zu einem Effizienzvergleich abgeschwächt. Damit wird das Anliegen des Subsidiaritätsprinzips aber gerade verwässert anstatt präzise herausgearbeitet.

Die Interpretationskriterien des Art. 3 b EG-V müssen aber eindeutig und einvernehmlich festgelegt werden, weil sonst die Einwände nicht auszuräumen sind, Art. 3 b könne schon auf Grund seiner viel zu großen inhaltlichen Unbestimmtheit nicht geltendes Recht sein. Der Wortlaut des Art. 130 r Abs. 4 EWG-V[77] wurde bis zuletzt gegen jeden Rechtscharakter ins Feld geführt, weil

---

[75] Kohäsion und Subsidiarität — Maastricht und die Länderkulturhoheit, DV 1992, S. 285 / 291.

[76] Vgl. Fn. 74., S. 1 der Mitteilung (nicht der Anlage).

[77] „Die Gemeinschaft wird im Bereich der Umwelt insoweit tätig, als die in Abs. 1 genannten Ziele" (die Umwelt zu erhalten, zu schützen und ihre Qualität zu verbessern;

die Beurteilung der Frage, ob der Umweltschutz auf Gemeinschaftsebene „besser" erreicht werden könne als auf der Ebene der einzelnen Mitgliedstaaten, juristisch zu wenig griffig sei, so daß Art. 130 r Abs. 4 EG-V eine Regel „genuin politischer Natur" sei[78]. Die gegen Art. 130 r Abs. 4 EWG-V erhobenen Einwände mangelnder Bestimmtheit der Regelung sind bei der Formulierung des Art. 3 b EG-V nicht entfallen. Insofern bleibt es in der Sache bei der damaligen Frontstellung. Die positive Begründung der Rechtsverbindlichkeit mit der Parallele zur Regelung in Art. 72 Abs. 2 GG bei der Ausübung konkurrierender Gesetzgebungszuständigkeiten durch den Bund[79] war ohnedies nie überzeugend[80]; auf der anderen Seite genügt der Hinweis darauf nicht, daß bei der Ausfüllung der unbestimmten Rechtsbegriffe im Einzelfall Meinungsverschiedenheiten auftreten können, um damit die Rechtsverbindlichkeit zu zerstören. In der Literatur mehren sich die Stimmen, die dieser Auffassung sind[81] und damit die Rechtsverbindlichkeit des Art. 3 b EG-V für den Fall des Inkrafttretens des Maastrichter Vertragswerkes bejahen.

---

zum Schutz der menschlichen Gesundheit beizutragen; eine umsichtige und rationelle Verwendung der natürlichen Ressourcen zu gewährleisten) „besser auf Gemeinschaftsebene erreicht werden können als auf der Ebene der einzelnen Mitgliedstaaten".

[78] *M. Heintzen,* JZ 1991, S. 317 / 319 r. Sp.

[79] „Art. 72. [Konkurrierende Gesetzgebung] (1) Im Bereich der konkurrierenden Gesetzgebung haben die Länder die Befugnis zur Gesetzgebung, solange und soweit der Bund von seinem Gesetzgebungsrecht keinen Gebrauch macht.

(2) Der Bund hat in diesem Bereiche das Gesetzgebungsrecht, soweit ein Bedürfnis nach bundesgesetzlicher Reglung besteht, weil

1. eine Angelegenheit durch die Gesetzgebung einzelner Länder nicht wirksam geregelt werden kann oder
2. die Regelung einer Angelegenheit durch ein Landesgesetz die Interessen anderer Länder oder der Gesamtheit beeinträchtigen könnte oder
3. die Wahrung der Rechts- oder Wirtschaftseinheit, insbesondere die Wahrung der Einheitlichkeit der Lebensverhälntisse über das Gebiet eines Landes hinaus sie erfordert."

[80] Zutreffend *U. Everling,* Zur Aufteilung der Kompetenzen in einer föderalen gegliederten Europäischen Union, in: *W. Weidenfeld* (Hrsg.), Wie Europa verfaßt sein soll — Materialien zur politischen Union, Gütersloh 1991, S. 41 / 44: Diese Subsidiaritätsklausel „hat sich weitgehend als wirkungslos und vor allem nicht als justitiabel erwiesen, weil sich Sachgründe für ein übergreifendes Regelungsbedürfnis meist finden lassen. Das Bundesverfassungsgericht hat dem Bundesgesetzgeber bei der Beurteilung ein weites Ermessen eingeräumt. Ähnlich würde wohl auch der Gerichtshof vorgehen. Er neigt ohnedies entsprechend romanischer Tradition dazu, den politischen Organen ein weites Ermessen zuzubilligen"; *H. Kalkbrenner,* Fn. 4, S. 539.

[81] Vgl. zuletzt *G. Ress,* Die neue Kulturkompetenz der EG, DV 1992, S. 944 / 948, Fn. 42: „An der Justitiabilität des Subsidiaritätsprinzips bestehen zumindest in solchen Fällen eines krassen Mißverhältnisses keine Zweifel".

(In Fn. 44 lehnt *Ress,* wie ich meine zu Recht, die Auffassung *Hochbaums* ab, es handele sich bei der Beurteilung der Frage, ob die Ziele einer in Betracht gezogenen Maßnahmen besser auf Gemeinschaftsebene erreicht werden können, um eine Ermessensausübung).

Zu den Schwierigkeiten einer gerichtlichen Überprüfung der Wahrung des Prinzips im übrigen vgl. *W. Wessel,* Maastricht: Ergebnisse, Bewertungen und Langzeittrends, Integration 1992, S. 2 / 5.

Bei Vorliegen der Tatbestandsvoraussetzungen für ein gemeinschaftliches Eingreifen haben die Gemeinschaftsorgane das Recht und nicht etwa die Pflicht, tätig zu werden[82]. Liegen die Voraussetzungen nicht vor, so muß eine Kompetenzausübungssperre für die Gemeinschaftsorgane angenommen werden[83].

Nicht näher erörtert[84] wurde bisher die Frage, ob diese Kompetenzsperre auch dann gilt, wenn das Ziel der Maßnahme zwar auf der Ebene eines Mitgliedstaates nicht ausreichend erreicht werden kann, wohl aber auf der Ebene *mehrerer* Mitgliedstaaten, so daß ein Handeln auf der Gemeinschaftsebene danach nicht erforderlich erscheint. Im Sinne der Subsidiarität liegt es, auch für diesen Fall die Handlungskompetenz der Gemeinschaft zu verneinen, auch wenn das die Entstehung einer schwer zu überschauenden „dritten Ebene" auch im Gemeinschaftsrecht zur Folge hat. Gerade die Änderung des beschlossenen Textes gegenüber dem ursprünglichen Entwurf spricht aber für diese Interpretation.

b) Wichtiger als die Weiterführung des Streits um die Rechtsverbindlichkeit des Subsidiaritätsprinzips anhand des Art. 3 b EG-V ist es, seine integrative vertrags- und rechtspolitische Bedeutung herauszuarbeiten.

Sowohl auf der vertraglichen Ebene, beim Weiterbau der Europäischen Union, wie auch beim Erlaß des Gemeinschaftsrechts und vor allem bei der Harmonisierung der nationalen Rechtsordnungen hat das Subsidiaritätsprinzip ein weites Feld, für dessen Bestellung es erst in zweiter Linie von Interesse ist, ob die Vertragspartner sich selbst oder doch die Gemeinschaftsorgane bereits juristisch gebunden haben. Denn ein „Europa der Bürger", das allein die notwendige Legitimation und Sicherheit für die Zukunft vermittelt, wird nicht auf dem Prozeßwege erstritten werden können.

5. Zusammenfassung

Das Subsidiaritätsprinzip ist juristisch keine „Allzweckwaffe", bei seiner Verwirklichung geht es eher darum, seine regulierende Macht zu konkretisieren, als den Begriffsinhalt bis ins letzte zu definieren.

Art 3 b EG-V ist deshalb eher eine erste Konkretisierung im Gemeinschaftsrecht als der einzige Interpretationsansatz. Auch in den anderen Mitgliedstaaten wächst rasch die Einsicht, daß das Subsidiaritätsprinzip kein spezifisch deutsches Prinzip, sondern ein den Rechtsordnungen aller Mitgliedstaaten immanenter Aufbaugrundsatz ist. Diese Einsicht ist wichtiger als eine Position in dem Streit, ob es sich darum um einen Verfassungsrechtsatz oder (nur) um einen Verfassungsgrundsatz handelt. Für beide Auffassungen gibt es gute Gründe. Wie man sich

---

[82] Anders allerdings die zitierte Mitteilung der Kommission, a. a. O.: Wenn eine Maßnahme der Gemeinschaftsorgane diese Voraussetzungen erfüllt, „so sollte auch auf Gemeinschaftsebene gehandelt werden".

[83] Anderer Auffassung allerdings *I. Hochbaum*, a. a. O., S. 291.

[84] Abgesehen von einem Hinweis bei *C. Stewing*, a. a. O., S. 104 ff.

hier auch entscheidet, in beiden Fällen bedarf die Verwirklichung des Subsidiaritätsprinzips konkreter Vorschriften. Auch in Deutschland sind wir weit davon entfernt, daß das Subsidiaritätsprinzip durchgängig verwirklicht wäre. Immerhin hat eine jahrzehntelange Diskussion belebend gewirkt und durchaus Früchte getragen. Wer rasch mehr erreichen wollte, wäre Utopist — in Deutschland wie in Europa.

IV. Die Funktionen des Subsidiaritätsprinzips

Das Subsidiaritätsprinzip hat sehr unterschiedliche Funktionen, die auseinandergehalten werden müssen, die man aber auch in ihrer Gesamtheit im Auge behalten muß, will man die Bedeutung und Wirkung des Subsidiaritätsprinzips zutreffend würdigen.

1. Der Schutz der Landeskompetenzen

An der Spitze stehen ohne Zweifel die freiheitsfördernden Funktionen des Prinzips. In Deutschland ist die Diskussion über das Subsidiaritätsprinzip vor allem in der Folge der Debatte im Bundesrat anläßlich der Ratifizierung der EEA erheblich verstärkt worden[1]. Im Subsidiaritätsprinzip sahen die deutschen Länder ein Mittel zur Wahrung der föderalen Struktur der Bundesrepublik im europäischen Integrationsprozeß[2].

Während von den EG-Organen notwendigerweise immer wieder der Grundsatz der „Funktionsfähigkeit der Gemeinschaft" betont und auch in die Rechtsauslegung konkret eingebracht wird, dient das Subsidiaritätsprinzip dazu, dem die Notwendigkeit einer Erhaltung auch der Funktionsfähigkeit der Mitgliedstaaten entgegenzustellen: „Den Ländern der Bundesrepublik Deutschland muß neben dem Verwaltungsvollzug ein Kern eigener Aufgabenbereiche verbleiben, wie beispielweise die Kultur-, Erziehungs- und Bildungspolitik, die regionale Strukturpolitik, die Gesundheitspolitik. Auch künftig sollen die Länder alle Fragen regeln, die von ihnen sachgerechter, bürgernäher und besser gelöst werden können"[3]. Dabei kann und soll ihnen das Subsidiaritätsprinzip Hilfe leisten.

2. Die Verstärkung von Selbstverwaltungsgarantien

In seiner Schutzfunktion für die Kompetenzen untergeordneter Einheiten verstärkt das Subsidiaritätsprinzip die Rechtsposition der Selbstverwaltungsträger.

---

1 Nachw. b. *V. Constantinesco*, „Subsidiarität": Magisches Wort oder Handlungsprinzip der Europäischen Union?, EuZW 1991, S. 561 / 562; *K. Schelter*, Subsidiarität — Handlungsprinzip für das Europa der Zukunft, EuZW 1990, S. 217 / 218.

2 Änlich *M. Pechstein*, Subsidiarität der EG-Medienpolitik?, DV 1991, S. 535

3 *I. Hochbaum*, Kohäsion und Subsidiarität — Maastricht und die Länderkulturhoheit, DV 1992, S. 285 / 290.

Das Subsidiaritätsprinzip entspricht also dem demokratischen Staatsaufbau in seiner Blickrichtung von unten nach oben. Indem es bei der Frage ansetzt, welche Kompetenzen möglichst vor Ort, vom Einzelnen, von örtlichen Gemeinschaften, von Bezirken, Ländern usw. erfüllt werden können, wirkt es als Schutznorm individueller und gesellschaftlicher Freiheiten und trifft sich insoweit mit den Grundrechten[4]. In dieser Schutzfunktion begrenzt das Subsidiaritätsprinzip den Zugriff der Staatsgewalt. Dieser Funktion entspricht der Ausbau und nicht die Einschränkung von Selbstverwaltungsrechten auf kommunaler und regionaler Ebene.

In seiner freiheitsfördernden Funktion beeinflußt das Subsidiaritätsprinzip maßgeblich die Abwägung, ob Maßnahmen auf staatlicher (einschließlich Gemeinschafts-)Ebene überhaupt erforderlich sind oder ob entsprechende Agenden nicht besser den Sozialpartnern, den Wohlfahrtseinrichtungen oder sonstigen privaten Organisationen überlassen bleiben sollten[5].

3. Unterstützungspflicht, nicht Eingriffsrecht

Mit dem Charakter des Subsidiaritätsprinzips als eines Garanten von Freiheitsrechten einer untergeordneten der jeweils übergeordneten Organisationseinheit gegenüber verträgt sich nur ein Verständnis, das subsidiäres Handeln der übergeordneten Einheit als Unterstützung, Ergänzung eigenverantwortlicher Maßnamen auf der nachgeordneten Ebene versteht.

Nicht jeder, der von Subsidiarität spricht, hat dies im Sinn. Wenn sich Kommissionsdienststellen auf das Subsidiaritätsprinzip beziehen, dann geschieht das, um das *Eingriffsrecht* der höheren Ebene und nicht so sehr ihre *Unterstützungspflicht* zu betonen. Sonst würde das Subsidiaritätsprinzip geradezu zu einer „vertragsimmanenten Kompetenzzuweisungsnorm“[6]. Es würde die Gemeinschaft also dazu ermuntern, sich weitere Kompetenzen zu verschaffen, selbst also „Motor der europäischen Einigung“ zu sein und zu bleiben.

Diese Interpretation wiederspricht aber der gesamten Tradition des Subsidiaritätsprinzips. Viel spricht allerdings dafür, daß die Kommission Subsidiarität tatsächlich in diesem Sinne versteht und auch praktiziert. Sie ist es, die die Gangart der weiteren Integration bestimmt und demnach darüber befinden will, inwieweit Gemeinschaftsaktionen zur Erreichung der bewußt weit gehaltenen Gemeinschaftsziele erforderlich sind. Wollen die Mitgliedstaaten die Chance ergreifen, die das Prinzip der Subsidiarität bietet, wollen sie selbst also Herr des Einigungsverfahrens bleiben (nicht nur juristisch in der Vertragsänderungskom-

---

[4] *J. Isensee,* Der Subsidiaritätsgrundsatz, in: W. Leisner (Hg.), Staatsetik, Köln 1977, S. 180 ff.

[5] Vgl. das Memorandum der Regierung der Bundersrepublik Deutschland zum Subsidiaritätsprinzip v. 18.9.1992.

[6] Vgl. *I. Hochbaum,* a. a. O., S. 289 r. Sp.

petenz), dann müssen sie freilich nach Wegen suchen, auf denen sie das Einigungsziel der europäischen Völker konkretisieren. Der Rat der EG als Gemeinschaftsorgan ersetzt diese notwendige Abstimmung ebensowenig wie der Europäische Rat der Staats- und Regierungschefs, das bisher einzige Organ der in Maastricht gegründeten Europäischen Union.

4. Die Förderung der Konkurrenz

In seiner Schutzfunktion für gesellschaftliche Freiheit und dezentrale staatliche Organisationseinheiten entspricht das Subsidiaritätsprinzip sowohl der wirtschaftlichen wie auch der politischen Grundentscheidung der Europäischen Union. Nicht der Schutz der Staatswirtschaften, sondern die Beseitigung aller Hemmnisse für eine freie Konkurrenz privater Anbieter und Nachfrager macht den Kern der Wirtschaftsgemeinschaft aus. Das ist unbestritten. Das verlangt die Beseitigung von Hemmnissen und die Stärkung aller Kräfte des Wettbewerbs, nicht aber die eigene Aktion. Indem das Subsidiaritätsprinzip das Eingreifen der übergeordneten Ebene begrenzt, an die Bedürfnisse der jeweils nachgeordneten Ebene bindet, fördert es die Konkurrenz einer Vielfalt gewachsener Einheiten und steht so totalitaristisch-zentralistischen Zugriffen des Staates im Wege.

Die Beihilfen- und Strukturpolitik der Gemeinschaft ist der Prüfstein dafür, ob und inwieweit sie sich an den Regeln der Subsidiarität hält. Die Einschränkung staatlicher Beihilfen liegt sicher im Sinne des Wettbewerbs. Vor allem bei der eigenen Förderpolitik muß sich zeigen, ob es der Gemeinschaft wirklich nur um den Ausgleich wettbewerbsschädlicher Ungleichgewichte geht oder doch um Erreichung eigener Wirtschaftsziele.

Die wirtschaftlichen Modelle der Konkurrenz finden in den Verfassungen westlichen Musters ihre Entsprechung in Modellen auch politischer Konkurrenz. Hier wie dort herrscht die Vorstellung, daß der Konsens über den Umfang der Staatstätigkeit wie über die Vergabe politischer Ämter und Funktionen nicht von oben, sondern in einer möglichst unverfälschten Konkurrenz auf dem politischen „Markt“ entschieden werden. Das Subsidiaritätsprinzip in seiner freiheitsfördernden, den Einheitsstaat begrenzenden Interpretation wirkt auf beiden Feldern, dem der Politik wie dem der Wirtschaft, als Funktionssicherung, indem es für das Entstehen und die Erhaltung der für die Konkurrenz unabdingbaren Vielfalt sorgt und die entsprechenden Bedingungen schafft.

5. Die Begrenzungsfunktion des Subsidiaritätsprinzips

Notwendige Kehrseite der Schutzfunktion des Subsidiaritätprinzips zugunsten der Befugnisse der Länder ist eine doppelte Schrankenwirkung, die das Prinzip auf europäischer Ebene hat:

Zum einen trägt es dazu bei, die Voraussetzungen zu konkretisieren, unter denen Gemeinschaftskompetenzen auszuüben sind. Das Subsidiaritätsprinzip übernimmt hier die Aufgabe, eine Kompetenzausübungssperre zu errichten und ihre Einhaltung zu erzwingen. Soweit die Mitgliedstaaten Rechte zur Wahrung ihrer Identität und zu eigenstaatlicher Existenz benötigen, ist die Zugriffsgewalt der EG gesperrt (Kompetenzausübungsperre). Da sich die Identität der europäischen Mitgliedstaaten in ihrer geschichtlichen Entwicklung unterschiedlich ausgestaltet hat, nimmt diese Grenze einen unterschiedlichen Verlauf. Wenn man an dem Dogma der einheitlichen Anwendung des Gemeinschaftsrechts festhält, so hat das zur Konsequenz, daß der Aktionsraum der Gemeinschaft an der einer Vereinigung am restriktivsten gegenüber stehenden Verfassung eine allgemeine Grenze findet. In dieser Funktion muß eine Verletzung des Subsidiaritätsprinzips mit einer gerichtlichen Sanktion versehen werden.

Zum anderen findet das Subsidiaritätsprinzip nicht nur bei der Frage der Kompetenzverteilung, sondern (rechtspolitisch) auch bei der Organisation der Gemeinschaftsorgane seine Fortsetzung: Am augenfälligsten ist das bei der Entscheidung für die grundsätzliche Vollzugsgewalt der Mitgliedstaaten. Sie und nicht Gemeinschaftsorgane sorgen für die Umsetzung des Gemeinschaftsrechts.

Den aktuellsten Problemfall bildet die Wirtschafts- und Währungsunion. Gerade hier ist die Diskussion in vollem Gange, welcher Grad an Vergemeinschaftlichung wirklich notwendig ist bzw. inwieweit eine möglichst dezentrale Organisation der Wirtschafts- und Währungsunion ihr Funktionieren beeinträchtigt oder verhindert[7].

6. Das Subsidiaritätsprinzip als Kompetenzverteilungsregel

Über den Schutz der Eigenständigkeit der Länder mit seiner inhaltlichen Komponente, nämlich der Garantie eines Mindeststandards von Kompetenzen hinaus kommt dem Subsidiaritätsprinzip auch Bedeutung zu für die Kompetenzverteilung zwischen über- und untergeordneten Organisationseinheiten, hier also zwischen Gemeinschaft und Mitgliedstaaten[8], allerdings eher als rechtpolitische Leitlinie denn als unmittelbar geltender Rechtssatz.

Aus Art. 3 b EG-V ist diese Funktion vorerst ausgeklammert. Das ändert aber nichts an der Tatsache, daß es sich dabei ganz allgemein um eine besonders wichtige Funktion des Subsidiaritätsprinzips handelt. Die Gemeinschaftsorgane können kaum den Rang dieses Prinzips ständig unterstreichen und es dann bei der Ausarbeitung eines Kompetenzverteilungsvorschlags außer Acht lassen.

---

[7] Vgl. dazu *H. J. Blanke*, Das Subsidiaritätsprinzip als Schranke des Europäischen Gemeinschaftsrechts?, ZG 1991, S. 133 ff.

[8] Vgl. *H.-P. Kraußer*, Das Prinzip begrenzter Ermächtigung, S. 173 m. w. Nachw.

Die Diskussion, die derzeit nahezu ausschließlich im Blick auf die europäische Einigung geführt wird, sollte ihre Wirkung auch in den Mitgliedstaaten zeitigen. Auch die politischen Instanzen der Bundesrepublik werden bei künftigen Änderungen des Grundgesetzes gut daran tun, diesem Prinzip stärker als bisher Rechnung zu tragen.

Überzogene Erwartungen haben das Subsidiaritätsprinzip gerade bei der Kompetenzverteilung — zu Unrecht — in Mißkredit gebracht: Natürlich ist es nicht in der Lage, trennscharf die Kompetenzen der verschiedenen Ebenen voneinander zu scheiden:

> „Wie die politischen und Verwaltungskompetenzen zwischen der gemeinschaftlichen, der mitgliedstaatlichen und der regionalen Ebene aufgeteilt werden müßten, läßt sich letztlich auch nicht eindeutig mit Hilfe des Subsidiaritätsgedankens beantworten. Er kann als Auslegungsprinzip wirksam nur fungieren, wenn zuvor ein (Verfassungs-)Konsens über die Kompetenzaufteilung innerhalb der EG erzielt worden ist"[9].

Damit wird hier aber ebenso wie auch in der Fassung des Art. 3 b EG-V unterschlagen, daß das Subsidiaritätsprinzip auch den Verfassungskonsens selbst beeinflussen, ja leiten kann, auch wenn das Streit im Einzelfall nicht ausschließt. Unter den verschiedenen Argumenten, aus denen der Verfassungskonsens gebildet werden muß, bietet das Subsidiaritätsprinzip das sachbezogenste, das der Verteilungsdiskussion die grundsätzliche Richtung weisen kann.

Der Wille allein, sich am Subsidiaritätsprinzip auszurichten, garantiert aber noch nicht ein sachgerechtes Ergebnis. Voraussetzung ist vielmehr auch, daß die in der Gemeinschaft zusammengeschlossenen souveränen Staaten auch einig darüber sind, welches gemeinsame Anliegen und welche Aufgaben die Gemeinschaft erfüllen soll. Solange die Ziele des europäischen Einigungswerkes aus (verständlichen) politischen Gründen eher vage gehalten werden, solange muß der praktische Nutzen aus der Anwendung des Subsidiaritätsprinpzips beschränkt bleiben.

Hinzu kommt, daß das Subsidiaritätsprinzip „keine Zauberformel" ist, sondern daß seine Anwendung „ein erkleckliches Maß an Klugheit erfordert"[10].

7. Die Integrationsfunktion

Auf politischen Widerstand trifft das Subsidiaritätsprinzip bei Staaten, die durch dieses Prinzip die Einheit der Staatsgewalt bedroht sehen, ja die Gefahr ihrer Zersetzung befürchten. Dabei wird aber übersehen, daß das Subsidiaritätsprinzip nicht auf den bloßen Kompetenztrennungsaspekt beschränkt werden kann.

---

9 R. *Pitschas,* Die soziale Dimension der EG, DV 1992, S. 277 / 279.

10 So zutreffend *A. F. Utz* in seiner sehr lesenswerten Darstellung „Das Subsidiaritätsprinzip, eine Zauberformel?", Gesellschaftspolitische Kommentare 1992, S. 281 / 284.

Es hat vielmehr auch eine integrative Funktion, insofern es die übergeordneten Ebenen ja nicht aus dem Blick verliert, sondern freiheitliche Wege zur Erreichung ihrer Ziele weist. Organisation unter Beachtung des Subsidiaritätsprinzips bedeutet, die Einheit des Staatsganzen bzw. der Europäischen Gemeinschaft herzustellen aus der freien Übereinstimmung und unter Mobilisierung aller gesellschaftlichen und staatlichen Kräfte.

Anders als auf diesem Wege wird die Einheit auf der Gemeinschaftsebene nicht herzustellen oder zu erhalten sein. Die Diskussion über die Maastrichter Verträge zeugen eindrucksvoll davon.

Eine Entscheidung für ein gemeinsames Europa unter Beachtung der Subsidiarität zwingt überdies die Mitgliedstaaten keineswegs dazu, ihren eigenen Staatsaufbau entsprechend zu reformieren. Das bleibt eine Frage der nationalen Entscheidungskompetenz.

8. Zusammenfassung

Die Leistungsfähigkeit des Subsidiaritätsprinzips kann nur beurteilen, wer alle seine unterschiedlichen Funktionen in die Betrachtung einbezieht:

Das Subsidiaritätsprinzip dient sowohl dem Schutz eigener Rechte der Länder und Kommunen wie auch — spiegelbildlich — der Beschränkung der Gemeinschaftskompetenzen und ihrer Ausübung. Entsprechend einer Gemeinschaft, die ihr Wesen nicht aus einer übergeordneten Reichsidee ableitet, sondern aus dem Konsens ihrer Mitglieder, stärkt das Subsidiaritätsprinzip die wirtschaftliche und politische Vielfalt, aus deren Konkurrenz die Gemeinschaft ihre Kraft gewinnt, mit der sie den Mitgliedstaaten ein wirtschaftliches und politisches Überleben auf der Schwelle zum dritten Jahrtausend sichern soll.

Diese Stärkung der Wettbewerbskräfte ist nicht zersetzend. Das Subsidiaritätsprinzip hat vielmehr auch eine integrative Funktion, indem es diese Kräfte auf das gemeinsame Ziel hin stärkt, das freilich konkret genug vorgegeben sein muß, will man wirklich konkrete Aussagen machen. Hier, in der Unbestimmtheit der europäischen Zielsetzung, liegt das Haupthindernis für die konkrete Wirksamkeit des Subsidiaritätsprinzips, nicht in der angeblichen Inhaltsarmut dieses Prinzips selbst.

B. Konkretisierung des Subsidiaritätsprinzips

I. Subsidiarität — Ersatz für die große Leitidee eines europäischen Zusammenschlusses

„Die Wurzeln der Gemeinschaft sind jetzt stark, und sie reichen tief in die Erde Europas." Dieses Wort von Jean Monnet stellt *Thomas Oppermann* seinem Lehrbuch des Europarechts voran. Entspräche die Realität eines Europa 1993 diesem schönen Wort, dann wäre die Antwort auf die Frage nach der großen Leitidee, welche die Europäer zusammenführen könnte, leicht zu geben. Auf den zweiten Blick ist das aber — leider — keineswegs der Fall. Was ist das, was Europa groß gemacht hat, was ihm eine Zukunft als politische und wirtschaftliche Einheit verspricht? Ist es seine kulturelle Tradition? Die Idee des Bundesstaates oder einer Europäischen Union? Der Liberalismus, der sich in wirtschaftlicher wie kultureller Vielfalt zeigt und bewährt? Die Antwort ist alles andere als leicht — aber sie ist von entscheidender Bedeutung, gerade weil eine *ungebrochene* Tradition heute wohl niemand mehr behaupten kann. Dazu braucht man sich nur an die jüngste Zäsur in dieser Tradition zu erinnern, an den „Kreuzzug Europas gegen die bolschewistische Gefahr", den Adolf Hitler zu führen vorgab, während sich zugleich Widerstandsbewegungen gegen die nationalsozialistische Unterdrückung mit einer ganz anderen Berechtigung auf ihre Gemeinsamkeit im Geist der humanistisch-christlichen Überlieferungen Europas besannen[1].

1. Renaissance Europas aus seiner europäischen Tradition?

In Sonntagsreden verschiedenster Art wird jedenfalls in Deutschland gerne und immer wieder zurückgegriffen auf das Bildungsgut, das über die Jahrhunderte hin aus den griechischen, römischen und christlichen Einflüssen entstanden ist.

Besteht wirklich eine Chance, an diese gemeinsamen europäischen Wurzeln anzuknüpfen und aus ihnen ein Europa erstehen zu lassen, das auch bei der Lösung der Probleme des dritten Jahrtausends mit einer Stimme von Gewicht mitsprechen kann? Steht den Ländern Europas wirklich noch immer „der große geistige Weg offen in die Staatsrenaissance"?[2]. Zu Recht nennt *Walter Leisner* das eine „europäische Schicksalsfrage". Die Antwort auf diese Frage muß diffe-

---

[1] Diese Ambivalenz der Europa-Idee stellt *H. Schulze* zurecht an den Beginn seiner Überlegung „Die Wiederkehr Europas — zur Neuentdeckung eines alten Kontinents", FAZ-Beilage zu Nr. 99 v. 28.4.1990.

[2] *W. Leisner*, Staatsrenaissance, Berlin 1987, S. 69.

renziert sein; sie kann nicht in einem problemlosen Anknüpfen an alte „abendländische Traditionen" liegen. „Bisheriges kann nicht immer nur in sich fortgeknüpft werden, zuviele Netze sind zerrissen"[3]. Ist eine Wiederbelebung jener Kräfte möglich, die Europa einst groß gemacht haben? Nicht alle diese Kräfte sind erlahmt oder schwächer geworden. Wirtschaftliche Innovationsfähigkeit und eine von aufklärerischer Kraft getragene Wissenschaftlichkeit bestimmen noch immer das Gewicht der europäischen Länder. Aber es spricht wenig dafür, daß sich aus diesen Kräften auf der Basis der gemeinsamen geistesgeschichtlichen Tradition in absehbarer Zeit eine Herrschaftsidee formen könnte, unter der sich die europäischen Nationen zu einem einigen Europa zusammenfinden könnten. Man braucht in diesem Zusammenhang wohl nur auf den dornigen Weg zu einem „europäischen Geschichtsbuch" verweisen. Schon die Entstehungsgeschichte war langwierig[4]. Nach mehrjährigen Vorarbeiten haben zwölf Historiker aus den verschiedenen Mitgliedstaaten jeweils ein Kapitel der europäischen Geschichte behandelt und im Mai und November 1990 in einer Generaldebatte diskutiert und einander angepaßt. Dabei zeigte sich, was von vornherein zu erwarten war — die nationale Einfärbung auch der historisch geschulten Optik. Inzwischen sind fünfzehn Übersetzungen auf dem Markt oder in Vorbereitung; die deutsche Ausgabe ist 1992 im Ernst-Klett-Verlag erschienen. Interessierten osteuropäischen Ländern will die Duisburger Haniel-Stiftung bei Übersetzung und Kauf des Schulbuchs mit Zuschüssen helfen. Interesse ist vorhanden: Polen soll die Verwendung des Buches im Unterricht bereits beschlossen haben, Bulgarien und Ungarn zeigen sich interessiert. Doch die Schwierigkeiten sind damit nicht zu Ende. Nicht nur in England wird gedacht, was die Times am 20. Januar 1992 geschrieben hat — das Projekt sei „von sozialistischen Mitgliedern des Europäischen Parlaments ersonnen worden", die auf diese Weise ihr sozialistisches Weltbild verbreiten wollten.

Der Ausweg aus dem Dilemma kann natürlich nicht darin liegen, den europäischen Völkern, sei es aus Brüssel oder anderswoher, eine Einigungs-Idee vorzugeben. Der „europäische Weg" kann nur darin liegen, daß sich diese Idee aus einer gemeineuropäischen Diskussion herausbildet. Dafür fehlen aber noch nahezu alle Voraussetzungen — eine konkrete Vorstellung vom Umfang des europäischen Raumes (unten 2.) wie auch eine europäische Öffentlichkeit (unten 3.).

2. *Der Europäische Raum*

Offen ist schon die Frage nach der politischen Definition Europas. Klar eingegrenzt ist mit dem Abschluß des entsprechenden Abkommens[5] der Europäische Wirtschaftsraum. Seine Grundlage findet er in „gemeinsamen Regeln und glei-

---

[3] *W. Leisner,* a. a. O.

[4] Sie wird von *F. Hassel,* in: Die Zeit, Nr. 39 v. 18.9.1992, S. 54, anschaulich geschildert.

[5] Text BT-Ds. 12/3202.

chen Wettbewerbsbedingungen"; von einer Öffnung für die Länder Osteuropas ist nichts zu lesen. Nach dem Ende des Ost-West-Konfliktes ist die Berechtigung dafür aber entfallen, sich quasi selbstverständlich auf die Länder Westeuropas zu beschränken. Historisch und kulturell hat das stets eine enorme Verarmung bedeutet. Geographisch stellt aber „Europa" seit langem keine eindeutige Kategorie mehr dar. Längst wurde die Geographie in den Dienst der Politik gestellt, schon vor Hitlers „Kreuzzug Europas" stand das „Konzept Mitteleuropa" gegen die Mächte der Entente im Ersten Weltkrieg.

Politisch ist heute kaum zu bestreiten, daß die Länder Osteuropas zu „Europa" zu zählen sind[6]. So klar das ist, so selbstverständlich ist auf der anderen Seite die jüngere Geschichte nicht mit einem Schlag ungeschehen zu machen, so leicht sind nicht alle Länder Europas unter einem Dach zusammenzuführen. Zu groß sind die ökonomischen und die Bewußtseinsunterschiede zwischen Ost und West als daß eine sofortige und volle Einbeziehung des europäischen Ostens[7] nach dem Vorbild der deutschen Einigung denkbar wäre. Das deutsche Beispiel zeigt eindringlich, welche Erwartungen mit einem solchen Schritt geweckt würden, welche gigantischen Finanzmittel mobilisiert werden müßten und — vor allem! — wie die politischen Strukturen in den Köpfen der Menschen Spuren hinterlassen haben, die nicht über Nacht beseitigt werden können. Was die Völker und Regierungen im Osten von der EG erwarten, das ist Unterstützung bei ihrem eigenen Bemühen um wirtschaftliche und politische Neuordnung. Gewährung einer sofortigen Mitgliedschaft in der EG wäre kaum die geeignete Methode, diesen Ländern auf ihrem schweren Weg in die Demokratie und Marktwirtschaft wirklich zu helfen. Hier also ist es wirklich unvereinbar — ein Europa der *zwei* Geschwindigkeiten, das weitgehend integrierte Europa des europäischen Wirtschaftsraums und sein derzeit zu sich selbst findender östlicher Teil.

3. Das Fehlen einer „europäischen Öffentlichkeit"

Eine europäische Herrschaftsidee kann sich nur in einem Raum europäischer Öffentlichkeit entwickeln, der aber bisher praktisch vollständig fehlt. Immerhin wird sein Fehlen inzwischen da und dort ausdrücklich festgestellt, seine Bedeutung für die Entscheidungsprozesse der EG betont und die Entwicklung einer gesamteuropäischen öffentlichen Meinung gefordert[8].

Wo sonst sollten die Leitideen der Einigung auch entwickelt und gesamteuropäisch diskutiert werden? Das Europäische Parlament wird diesen Raum auf längere Sicht weder selbst bilden noch ihn ersetzen können.

---

6 Vgl. *H.-P. Schwarz*, Auf dem Weg zum post-kommunistischen Europa, Europaarchiv 1989, S. 319 ff. / 327; *B. v. Staden*, Das ganze Europa muß es sein . . . , Außenpolitik 1990, S. 24 ff., 31.

7 Dazu näher *G. Seele*, Der Kreis aus europäischer Sicht, S. 11.

8 Vgl. *A. v. Brünneck*, Die öffentliche Meinung in der EG als Verfassungsproblem, EuR 1989, S. 249 ff.

Innerhalb der Mitgliedstaaten sind es vor allem die Medien und die Parteien, die die politische Diskussion bestimmen und nicht so sehr die parlamentarischen Debatten, die kaum irgendwo im Westen noch wirklich groß sind und eine entsprechende Ausstrahlung haben. So sehr man Medien und Parteien auch kritisieren mag, in ihrer Funktion sind sie unverzichtbar für das Funktionieren einer modernen Demokratie. Ohne europäische Medien, ohne europäische Parteien kann es eine solche europäische Öffentlichkeit nicht geben.

a) Zwar haben sich die nationalen Parteien in der Mitte der siebziger Jahre auf europäischer Ebene zusammengeschlossen[9]. Das mag die Verbindung unter den Parteien verstärkt haben[10] (wobei die Sprachbarriere insgesamt doch eher Skepsis nahelegt) —über parteiinterne Verbindungen hinaus haben diese Zusammenschlüsse *öffentliche* Wirkung aber kaum gezeitigt. Der Ertrag ihrer regelmäßigen Kongresse besteht vor allem in einem offenen Meinungsaustausch zu europäischen Fragen[11]. Spürt man den „europäischen Inhalten" in den Parteiprogrammen der nationalen Parteien nach, so erhält man ein buntes Bild von sowohl pro- als auch antieuropäischen Aussagen.

b) Im europäischen Parlament haben sich multinationale Fraktionen gebildet[12] (vgl. Schaubild 1). Dort ist also in der Tat ein europäisches Forum entstanden, das aber nach wie vor zu wenig Kompetenzen hat, um in die europäische Öffentlichkeit hineinzuwirken. Daran haben alle Reformen bis zu den Maastrichter

---

[9] *N. Resch*, Transnationale Parteienzusammenarbeit in der EG, Baden-Baden 1978; *F. Horner*, Konservative und christdemokratische Parteien in Europa, München 1981; *H.-J. Veen*, Christdemokratische und Konservative Parteien in Westeuropa, 2, München 1983; *R. Hrubek*, Parteienbünde: Unterbau EP-Fraktionen und unverzichtbares Element einer funktionsfähigen Infrastruktur der EG, Zeitschrift für Parlamentsfragen, 1976, S. 179 ff.; *O. Niedermayer*, Die Entwicklung der europäischen Parteienbünde, Zeitschrift für Parlementsfragen, 1984, S. 359 ff.; *D. Th. Tsatsos*, Parteienrecht im europäischen Wandel, EuGRZ 1992, S. 133 ff.; *M. Pipenscheider*, Die europäischen Parteienzusammenschlüsse, in: W. Weidenfeld / W. Wessels (Hg.), Jahrbuch der europäischen Integration, 1990 / 91, S. 253ff.

[10] Vgl. etwa aus dänischer Sicht *P. Vesterdorf*, in: D. Th. Tsatsos / D. Schefold / H.-P. Schneider (Hg.), Parteienrecht im europäischen Vergleich, Baden-Baden 1990, S. 73 / 84 f.; aus Luxemburger Sicht *G. Wivenes*, in: Tsatsos / D. Schefold / H.-P. Schneider (Hg.), S. 435 / 443; gelegentlich wird die Zusammenarbeit nationaler Parteien mit verwandten Parteien in Europa auch in anderen Beiträgen in diesem Band erwähnt.

[11] Vgl. dazu *H.-P. Schneider* in dem von ihm mitherausgegebenen Band (Fn. 10) S. 169 f.

[12] — Sozialistische Fraktion (SOZ)
— Fraktion der Europäischen Volkspartei (Christlich-Demokratische Fraktion) (EVPCD)
— Fraktion der Europäischen Demokraten (ED)
— Liberale und Demokratische Fraktion (LIB)
— Sammlungsbewegung der Europäischen Demokraten (SdED)
— Regenbogen-Fraktion (REG)
— Fraktion der Vereinigten Europäische Linken (VEL)
— Fraktion Die Grünen im Europäischen Parlament (Grüne)
— Technischen Fraktion der Europäischen Rechten (ER)
— Koalition der Linken (KdL).

Schaubild 1

Die Fraktionen des Europäischen Parlaments

(Stand: Juli 1989)

	B	DK	D	GR	E	F	IRL	I	L	NL	P	GB	EUR 12
Sozialisten	8	4	31	9	27	22	1	14	2	8	8	46	180
EVP (Christdemokraten)	7	2	32	10	16	6	4	27	3	10	3	1	121
Liberale und Demokraten	4	3	4		6	13	2	3	1	4	9		49
Europäische Demokraten		2									32	34	
Grüne im Europäischen Parlament	3		8		1	8		7		2	1		30
Vereinigte Europäische Linke		1		1	4		22						28
Sammlungsbewegung der Europäischen Demokraten				1		13	6						20
Technische Fraktion der Europäischen Rechten	1		6			10							17
Koalition der Linken				3		7	1				3		14
Regenbogenfraktion	1	4			2	1	1	3				1	13
Fraktionslose					4	1		5		1		1	12
Insgesamt	24	16	81	24	60	81	15	81	6	25	24	81	518

Die 518 Mitglieder des Europäischen Parlaments (MdEP) kommen aus fast 80 Parteien und politischen Gruppierungen in den zwölf Mitgliedstaaten der EG. Sie haben sich im EP — bis auf wenige Ausnahmen, die Fraktionslosen — zu zehn europäischen Fraktionen zusammengeschlossen. Ähnlich wie im Bundestag bemühen sich die Abgeordneten in den EP-Fraktionen um eine gemeinsame Haltung zu Fragen der europäischen Politik, über die das Europäische Parlament dann berät und beschließt.

Verträgen nichts ändern können. Zwar sind dem Parlament neue und komplizierte Beteiligungsrechte eingeräumt worden; wo es aber mehrseitiger Übersichten bedarf[13], um diese verschiedenen Rechte einigermaßen übersichtlich darzustellen, da ist es von vornherein ausgeschlossen, daß aus solchen technokratischen „Mitwirkungrechten" eine große europäische öffentliche Diskussion entsteht.

Am unmittelbarsten würden europäische Parteien meinungsbildend wirken, die auf dem ganzen Gebiet der EG oder jedenfalls auf größeren Teilen tätig sind und Kandidaten aufstellen. Derartige europäische Parteien existieren bisher aber, soweit ersichtlich, nicht. So bleibt der neue Art. 138 a EG-V (Maastrichter Vereinbarung) nur eine — richtige — Absichtserklärung. Programmatisch heißt es dort:

13 Vgl. *M. Nentwich*, Institutionelle und verfahrensrechtliche Neuerungen im Vertrag über die Europäische Union, EuZW 1982, S. 235 ff.; *M. Schweitzer* / *W. Hummer*, Europarecht, 3. Aufl., 1990, S. 250 f.; *R. Streintz*, Europarecht, Heidelberg 1992, S. 127 ff.

„Politische Parteien auf europäischer Ebene sind wichtig als Faktor der Integration in der Union. Sie tragen dazu bei, ein europäisches Bewußtsein herauszubilden und den politischen Willen der Bürger der Union zum Ausdruck zu bringen".

Solange solche Parteien in der politischen Praxis nicht existieren, mögen Europa-Wahlen vieles bedeuten — eine Abstimmung über Ideen sind sie nicht; das hat bisher auch noch niemand in ihnen gesehen.

c) Ähnliches gilt für die Medien.

Auf dem Zeitschriftenmarkt ist es zwar nicht mehr ungewöhnlich, wenn deutsche Verleger mit neuen Blättern im Ausland Erfolg haben. Stets aber bleibt der Markt für Print-Medien im großen und ganzen auf *einen* Mitgliedstaat beschränkt. Dafür sorgt schon die Sprachbarriere, die einen gemeinsamen großen europäischen Pressemarkt verhindert, auch wenn schon *ein* Stellenangebot auf fünf im Durchschnitt in Europa die Beherrschung einer oder zweier Fremdsprachen verlangt — Frankreich an der Spitze mit 38 % der Stellenangebote, Großbritannien am Ende der Skala.

Das Fernsehen überschreitet die Grenzen zwar ohne größere Hindernisse, ohne damit aber zu einem großen europäischen Meinungsforum zu werden. Dieses ist aber unverzichtbar[14]. Es bleibt in der Regel bei der Möglichkeit, via Satellit ausländische Programme direkt zu empfangen, soweit die Sprachkenntnisse das zulassen.

Gemeinschaftsunternehmen wie der neue Kulturkanal ARTE sprechen von vornherein nur einen kleinen Teil der Zuschauer an und es hat fast den Anschein, als sei der Kampf um die Anteile selbst derart kleiner Unternehmungen größer als die Bemühung, wirklich ein europäisches Forum zu schaffen. Dem steht vor allem wohl noch im Wege, daß in relevanten Fragen eine „europäische Sicht" eher die Ausnahme darstellt.

4. Neugeburt Europas in einem Bundesstaat?

Leitidee der Europäischen Einigung ist auch nicht mehr die Vorstellung von einem europäischen Bundesstaat, so wie sie von Graf *Coudenhove-Kalergi* in seiner Schrift „Paneuropa" (1923) entwickelt wurde und nachfolgend in der paneuropäischen-Bewegung (unter Ausschluß Englands und Rußlands) politischen Einfluß zwischen beiden großen Kriegen gewann[15].

---

[14] Sein Fehlen wird inzwischen verstärkt gerügt; vgl. *A. Bleckmann*, Chancen und Gefahren der europäischen Integration, JZ 1990, S. 301; *M. Seidel*, Umweltrecht der Europäischen Gemeinschaft — Träger oder Hemmnis des Fortschritts, DVBl. 1989, S. 441 / 444; vertieft dazu bisher nur *A. v. Brünneck*, Die öffentliche Meinung in der EG als Verfassungsproblem, Europarecht 1989, S. 249 ff.

[15] Vgl. die Nachw. b. *Th. Oppermann*, Europarecht, S. 6 und M. Schweitzer / W. Hummer, Europarecht, 3. Aufl., S. 38 ff.

Auch nach dem Zweiten Weltkrieg war die Notwendigkeit, die europäischen Völker und Staaten zu einen, politisch allgemein anerkannt und im Bewußtsein der europäischen Völker verankert[16]. In Deutschland wurde vor allem die 1946 gegründete Europa-Union Träger der Idee der Vereinigten Staaten von Europa. Überall in Europa, auch in England, bildeten sich vergleichbare „Europa-Verbände", die Ende 1947 in einem Internationalen Komitee der Bewegung für die Einheit Europas (ab 1948 „Europäische Bewegung" und als solche seither Dachorganisation für die verschiedenen Europaverbände) koordiniert wurden.

In den amtlichen Dokumenten war das Ziel eines europäischen Bundesstaats zuletzt im Entwurf des EVG-Vertrags enthalten, an dessen Scheitern am 30.8.1954 heute im Zusammenhang mit dem Schicksal der Maastricht-Verträge häufig erinnert wird. In Art. 38 des Entwurfs des EVG-Vertrages war vorgesehen, daß die Versammlung ein Organisationsstatut in der Weise ausarbeiten sollte, daß die Organisation „den Bestandteil eines späteren bundesstaatlichen oder staatenbündischen Gemeinwesens bilden kann"[17]. Bezeichnenderweise ist das bundesstaatliche Ziel hier schon sehr stark relativiert. In dem berühmt gewordenen Werk *Walter Hallsteins* „Der unvollendete Bundesstaat"[18] hat die Bundesstaatsidee eines der letzten literarischen Denkmale erhalten. Es lag durchaus in der Logik der Entwicklung, daß der französische Staatspräsident *de Gaulle* 1960 den Vorstellungen von einem Europäischen Bundesstaat sein „Europa der Vaterländer" entgegenstellte. So plastisch dieses Bild war, so wenig schien es Überzeugungskraft und juristische Aussagefähigkeit zu besitzen. Denn es war bereits unstreitig, daß die Europäischen Gemeinschaften mehr darstellen als einen herkömmlichen Staatenbund, daß sie vielmehr durchaus Elemente einer Staatlichkeit aufwiesen. Das zeigt sich

— schon im Umfang der Kompetenzen, die den Gemeinschaftsorganen übertragen worden sind;

— in der grundsätzlich unumstrittenen Vorstellung von der Einheitlichkeit und Geschlossenheit der Gemeinschaftsrechtsordnung, die auf ihr Funktionieren, auf ihre Vollständigkeit hin interpretiert wird, eine Methode, die dem allgemeinen Völkerrecht fremd ist;

— in der Berechtigung der EG-Organe, Recht zu setzen, das in den jeweiligen Mitgliedstaaten unmittelbar gilt und zugleich Vorrang vor dem nationalen Recht hat. Nach einer langwährenden Entwicklung hat sich dieser Vorrang heute sowohl gegenüber der deutschen Grundrechtssensibilität wie auch gegenüber französischen Souveränitätsvorstellungen weitgehend durchgesetzt.

---

16 Vgl. die Nachw. u. a. auf die Zürcher Rede Churchills v. 19.9.1946 bei *Th. Oppermann,* a. a. O., S. 7 f.

17 Zitiert nach *R. Bieber,* in: Beutler / Bieber / Pipkorn / Streil, Die Europäische Gemeinschaft — Rechtsordnung und Politik, 3. Aufl., Baden-Baden 1987, S. 551.

18 erschienen 1969.

Hier zeigen sich also durchaus „föderative Elemente" der Gemeinschaftsrechtsordnung, wie sie aus Bundesstaaten vertraut sind.

Konsequenterweise ist in der Literatur auch schon die Forderung erhoben worden, die „Allgemeine Staatslehre" müsse eine „neue Kategorie bilden, um das sich in den 90er Jahren entwickelnde Gebilde zu erfassen"[19].

In neuester Zeit werden allerdings gerade von Deutschland verschiedene Initiativen unternommen, um die Bundesstaatslösung wieder stärker zu fördern: Auf ihrer Jahreskonferenz in München im Oktober 1987 haben die Regierungschefs der deutschen Länder „ Zehn Münchener Thesen zur Europapolitik" aufgestellt, die die Forderung enthalten, den Aufbau der EG an föderalen Grundsätzen auszurichten[20]. In der Folgezeit haben die Länder wiederholt diesen Beschluß bekräftigt und konkretisiert. Die in Vigoni, einem von den Goethe-Instituten in Rom und Mailand geschaffenen Forum, im Herbst 1991 erarbeitete „Deklaration" votiert für den Bundesstaat Europa[21].

Der CDU-Parteitag im Oktober 1992 hat sich ebenfalls mit großer Mehrheit für ein bundesstaatliches Europa ausgesprochen[22]. Auch das Europäische Parlament hat in Ziffer 10 seiner Entschließlung von 1990 den Bundesstaat als das anzustrebende Ziel bezeichnet.

Doch die Widerstände gegen die Bundesstaatslösung bleiben beträchtlich:

— Zu verschieden sind die Vorstellungen, die sich mit dem Föderalismus verknüpfen. In Frankreich sieht man in föderalistischen Modellen nach wie vor eher separatistische Tendenzen[23], die sich verbinden mit einer Schwächung der Staatsgewalt, wie sich das bis zu Proudhon zurückverfolgen läßt[24]. Demgegenüber steht in Deutschland der Integrationseffekt im Vordergrund, eine Form des „Gleichgewichtsföderalismus", wie ihn schon *Carl Schmitt* in seiner Verfassungslehre 1928[25] entwickelt hatte. Aber auch wir Deutschen, die wir als einziges Volk in der Europäischen Gemeinschaft eine gewisse praktische Erfahrung mit einem föderativen Staatsaufbau haben, können nicht ohne weiteres darauf vertrauen, daß der Föderalismus ein zuverlässiger Garant sei

---

[19] *P. Häberle,* Verfassungsrechtliche Fragen im Prozeß der europäischen Einigung, EuGRZ 1992, S. 429 / 435.

[20] Vgl. *M. Borchmann,* Doppelter Föderalismus in Europa — die Forderung der deutschen Länder zur politischen Union, Europa-Archiv 1991, S. 340 / 341.

[21] Nachw. bei *P. Häberle,* a. a. O.

[22] Vgl. SZ Nr. 249 v. 28. 10. 1992, S. 2; die am nächsten Tag in der SZ veröffentlichte ganzseitige Information des Presse-und Informationsamtes der Bundesregierung schwächt das allerdings wieder ab; als Ziel wird angegeben eine „föderal organisierte Politische Union".

[23] Vgl. *Th. Wiedmann,* Föderalismus als europäische Utopie, AöR 117 (1992), S. 46 / 56.

[24] Hinweis auf sein Werk bei *P. Lerche,* VVDStRL Bd. 21.

[25] *C. Schmitt,* Verfassungslehre, München / Leipzig 1928.

für die Bewahrung der Eigenart der Mitgliedstaaten. Bei aller Meinungsverschiedenheit im Detail besteht Einigkeit, daß sich die bundesstaatliche Struktur in Deutschland in den vergangenen Jahrzehnten erheblich verändert hat. Unübersehbar sind die Kompetenzverschiebungen zugunsten des Bundes, die Tendenz, gewachsene Unterschiede einander anzugleichen; zugleich eine Verarmung des Landesverfassungsrechts, die weniger zwingend ist, früh schon moniert wurde[26], aber dennoch nicht aufgehalten werden konnte. So hat man den deutschen Föderalismus schon zu einem bloßen „Beteiligungsföderalismus" ausgetrocknet gesehen[27]. Wenn man dann die Erosion hinzunimmt, welche die Länderrechte mit dem Zusammenwachsen der EG hinnehmen müssen[28] durch die ungenügende Beteiligung der Länder auf EG-Ebene, so wird die Lage in der Tat dramatisch.

— Aber nicht nur diese unterschiedlichen Auffassungen vom und die verschiedenen Erfahrungen mit dem Föderalismus haben zum Niedergang der Idee vom europäischen Bundesstaat geführt. Es fehlen vielmehr ganz wesentliche Voraussetzungen:

Das beginnt bei der fehlenden einheitlichen Sprache; aus französischer Sicht wird immer wieder beklagt, daß sich die deutsche und französische Sprache nicht zusammenschließen zu einem Kampf gegen die wachsende Bedeutung der englischen Sprache auch auf dem alten Kontinent[29]. Aus europäischer Sicht ist das zu bedauern. Das Beispiel der Schweiz kann hier nicht wirklich entgegengesetzt werden, einmal weil der deutsche Sprachanteil deutlich überwiegt und zum anderen wegen der ganz exzeptionellen Integrationschance der Schweiz aus ihrer Geschichte und durch ihre ökonomische Sonderrolle.

Die Sprengkraft unterschiedlicher Sprachen trotz nationaler Gemeinsamkeiten zeigt sich in Belgien[30] und Kanada, wo sich die Vision eines weltoffenen, den internen Sprachenstreit durch polyglotte Urbanität überwindenden Landes zunehmend als Illusion erweist. Die flämische Forderung nach Teilung des Landes hat v. a. durch die Ereignisse in der Tschechoslowakei Auftrieb erhalten.

---

26 Vgl. *W. Leisner*, Die Bayerischen Grundrechte, Wiesbaden 1968.

27 *G. Kisker*, Ideologische und theoretische Grundlagen der bundesstaatlichen Ordnung in der Bundesrepublik Deutschland, S. 29.

28 Vgl. die Nachw. von *W. Graf Vitzthum*, Der Föderalismus in der europäischen und internationalen Einbindung der Staaten, AöR 115 (1990), S. 281 / 285 ff.; M. *Schröder*, Bundesstaatliche Erosionen im Prozeß der europäischen Integration, JöR n. F. Bd. 35 (1986), S. 83 ff.

29 Vgl. zuletzt Le Monde v. 29. September 1992, S. 22.

30 *P. Hort*, Freundlich zu anderen, aber nicht zu sich selbst — In Belgien hat der Föderalismus Gräben vertieft, FAZ Nr. 209 v. 8.9.1992, S. 3, wo *Hort* eine Umfrage unter Wallonen und Flamen zitiert, die zeigte, daß 26,5 % aller Befragten „sehr stolz", 48 % „verhältnismäßig stolz" darauf sind, Belgier zu sein.

Wenig spricht also dafür, daß der Bundesstaat das Ziel der europäischen Einigung heute realistisch beschreibt.

5. Europa als Rechtsgemeinschaft?

Was Europa bis heute vorangebracht hat und wovon auch in Zukunft wesentliche Anstöße zu erwarten sind, das sind die Kräfte der Wirtschaft, die auf eine Vereinheitlichung des großen Europäischen Marktes drängen und diesen zu einem guten Teil bereits erreicht haben und die Initiativen der Europäischen Administration und des Europäischen Gerichtshofs zur Vervollständigung der Rechtsgemeinschaft.

Integration durch Verrechtlichung lautet das Stichwort[31]. Doch so verdienstvoll und unverzichtbar diese Leistungen sind — eine Leitidee der europäischen Einigung können sie nicht ersetzen. So stark ist auch im Westen das Vertrauen auf die integrative Kraft des Rechts nicht mehr. Zu offen liegt auch für die Bürger der Verlust an Steuerungskraft des Rechts zutage; viel zu sehr ist das Recht im allgemeinen, aber auch das Europarecht im besonderen spezielles, nur Fachleuten zugängliches Recht. Europarecht ist nicht das Recht der Verträge, sondern die unüberschaubare Masse von Rechtsverordnungen und Richtlinien. Von ihnen kann eine integrative Kraft nicht erwartet werden, zumal nicht einmal Einigkeit darüber besteht, daß die Harmonisierung der Rechtsordnungen in Europa im Regelfall keine Angleichung verlangt, sondern auf der Basis der gegenseitigen Anerkennung erfolgen kann (vgl. dazu näher unten B VI 2).

Was die Verträge selbst angeht, so ist die sprachliche Qualität des Maastrichter Vertragswerkes von *Hans-Magnus Enzensberger* zu Recht in vernichtenden Worten gegeißelt worden[32]. Das ist kein Wunder, weil diese Texte nicht mehr einen, sondern eine Vielzahl von Autoren haben. Das Vertragswerk von Maastricht ist in neun Sprachen und in jeder einzelnen Sprache von einer Vielzahl von Autoren konzipiert und in einem vielfältigen Übersetzungsprozeß zusammengefügt worden. Zu stark wiegt die jeweils unterschiedliche nationale Geschichte, durch die das gemeinsame Erbe der Antike und des christlichen Mittelalters abgewandelt wurde, als daß die formale Klammer der *Rechtsunion* verknüpfen könnte, was inhaltlich längst nicht mehr eins ist.

Daran krankt wohl auch der dem Juristen sympathische Vorschlag von *Stolleis*, Europa solle auf den formalen Universalismus des römischen Rechts aufbauen und die Wirtschaftsunion aus einer Rechtsunion heraus legitimieren[33]. Daran ist

[31] Vgl. dazu beispielhaft *W. Fiedler*, Die Funktion des Rechts in der Europäischen Einigungsbewegung; die Verrechtlichung — Weg oder Irrweg der Europäischen Integration, JZ 1986, S. 60 ff.

[32] In die gleiche Richtung geht die Kritik von *Allain Raoux* und *Allain Terrenoire*, L'Europe et Maastricht: le pour et le contre, Le Cherche-Midi éditeur, 1992.

[33] Vgl. FAZ Nr. 226 v. 28.9.1992, S. 33

viel Überzeugendes; aber allein tragfähig für die Einigung Europas ist diese Idee nicht, ganz zu schweigen von einem „Europa der Bürger", das immer wieder versprochen (vgl. unten 3.) und neuerdings von den Bürgern auch mit immer größerem Nachdruck eingefordert wird.

6. Die Leerformel von der politischen Union

Mit der Formel von der *„Europäischen Union"* wird heute üblicherweise das Ziel der europäischen Einigung beschrieben.

a) Während der Begriff des Bundesstaates jedenfalls in den amtlichen Plänen seit dem Ende der fünziger Jahre nicht mehr auftaucht, war schon seit Beginn der fünfziger Jahre eine davon irgendwie zu unterscheidende „Europäische Union" Gegenstand von Plänen, Memoranden und Reformüberlegungen[34].

Offiziell hat dieser Begriff seit 1962 als Kompromißformulierung Verwendung gefunden. Während Art. 1 der beiden Entwürfe des französischen Botschafters *Fouchet*[35] von „Staatenunion" sprach, führte der Alternativentwurf der übrigen Verhandlungspartner die Bezeichnung „Europäische Union" (als „Union Europäischer Staaten und Völker") ein[36]. In einem gemeinsamen Text wurden diese Formulierungen miteinander verknüpft; Art. 1 lautet in dieser Fassung:

„Durch diesen Vertrag wird eine ‚Staatenunion' (Union europäischer Staaten und Völker) gegründet, die nachstehend ‚Europäische Union' genannt wird."

Man gebrauchte im folgenden ganz bewußt eine Terminologie, die *sowohl* auf den Bundesstaat *als auch* auf den Staatenbund paßte. Das ist bis heute so geblieben. Auch inhaltlich verdeckte dieser Begriff die Unsicherheit, was diese Union eigentlich ausmachen und wie weit sie reichen sollte. Bestimmend blieb die Absicht, „die Grundlagen für einen immer engeren Zusammenschluß der Europäischen Völker zu schaffen" (Präambel des EWGV). Über welche Stufen dieser „immer engere Zusammenschluß" führen und vor allem wo er sein Ende finden sollte, das blieb ganz bewußt im Dunkeln.

Daran änderte sich weder etwas, als 1969 nach dem Rücktritt von Staatspräsident *de Gaulle* auf der Haager Gipfelkonferenz der Regierungschefs das „Gesamtziel" einer „Europäischen Union" formuliert wurde, noch als *Leo Tindemans* in seinem Bericht[37] seine Überlegungen folgendermaßen zusammenfaßte:

---

[34] Vgl. *H. P. Kraußer*, a. a. O., S. 96.

[35] v. 2.11.1961 und v. 18.1.1962, abgedr. in: Die politische Union, Dokumentensammlung des Politischen Ausschusses des Europaparlaments bzw. Nachw. b. *H. P. Kraußer*, a. a. O.

[36] Dazu und zum folgenden vgl. neben den Lehrbüchern von *Th. Oppermann* und *M. Schweitzer / W. Hummer* auch *S. Magiera*, Die EEA und die Fortentwicklung der Europäischen Gemeinschaft zur Europäischen Union, in: W. Fiedler / G. Ress (Hg.), Verfassungsrecht und Völkerrecht, Gedächtnisschrift für W. K. Geck, Köln 1989, S. 507 / 520 ff.; *R. Bieber*, in: Beutler / Bieber / Pipkorn / Streil, Die Europäische Gemeinschaft — Rechtsordnung und Politik, Baden-Baden, 3. Aufl., 1987, S. 552 ff.

„Die Europäische Union ist für mich ein neuer Abschnitt auf dem Weg zur Einigung Europas, die nur das Ergebnis eines kontinuierlichen Prozesses sein kann. Daher ist es auch schwierig, schon heute den Zeitpunkt der Vollendung der Europäischen Union zu bestimmen“.

Bei diesem kontinuierlichen Prozeß eines „immer engeren Zusammenschlusses der Völker und Mitgliedstaaten der Europäischen Gemeinschaft“ bleibt es auch im folgenden:

— bei der feierlichen Deklaration zur Europäischen Union auf der Tagung des Europäischen Rates in Stuttgart am 19.6.1983[38] bis hin zu

— Art. A Abs. 2 des Vertragswerkes von Maastricht über die Europäische Union (der Vertrag als „eine neue Stufe bei der Verwirklichung einer immer engeren Union der Völker Europas“).

b) Europäische Union in diesem Sinne bedeutet also die Ausweitung der „gemeinsamen Politiken“, insbesondere auf eine gemeinsame Außen- und Sicherheitspolitik sowie die Ausweitung und Verstärkung der Tätigkeiten der Gemeinschaften[39]. Hier sind vor allem die sozialen Rechte, der wirtschaftliche und soziale Zusammenhalt, die Verstärkung des Umweltschutzes, Aktivitäten im Gesundheitswesen und in der Energiepolitik usw. angesprochen. Längst ist die Beschränkung auf „nur“ wirtschaftliche Ziele überschritten, ohne daß eine Grenze sichtbar werden würde auf dem Weg zur Allzuständigkeit, die nur einem Staat zukommt.

Auf den ersten Blick scheint es, als könnte das *Subsidiaritätsprinzip*, das in diesem Zusammenhang auch immer wieder ausdrücklich angesprochen wird[40], in idealer Weise die Grenze für das Zusammenwachsen bestimmen. Aber der erste Anschein trügt: Inwieweit Sozialpolitik, Gesundheitspolitik, Forschungspolitik usw. besser auf der Gemeinschaftsebe gemacht werden kann als in den einzelnen Mitgliedstaaten, das läßt sich ohne weiteres gar nicht bestimmen, weil eine *Gemeinschafts*-Gesundheitspolitik etc. etwas grundsätzlich anderes darstellt als die entsprechende nationale Politik.

---

37 BT-Ds. 7 / 1969, angef. im Auftrag der Konferenz der Staats-und Regierungschefs der Mitgliedstaaten am 10. und 11. Dezember 1974 in Paris.

38 Europa-Archiv 1983, S. D 420 ff. (421).

39 Vgl. dazu *G. Seele,* Der Kreis aus europäischer Sicht, Köln 1991, S. 34 f. sowie *L. Stavenhagen,* Europäische politische Union — aus der Sicht der Bundesregierung, Bitburger Gespräche, Jahrbuch 1991 / 1, München 1991, S. 19.

40 Vgl. *S. Alber,* Subsidiaritätsprinzip und Europäische Union: Zur Verfassungsdebatte in der EG, in: Vogel / Oettinger (Hg.), Föderalismus in der Bewährung, Deutscher Gemeindeverlag 1992, S. 131 („Eines der wichtigsten konstitutiven Elemente der Europäischen Union soll dabei das Subsidiaritätsprinzip sein. Damit sind Nebelbegriffe innig miteinander verbunden, denn jeder kann sich unter der Europäischen Union vorstellen, was er will, und jeder kann durch das Subsidiaritätsprinzip“ . . . „eine glühende Leidenschaft für Europa vortäuschen“.)

Das Subsidiaritätsprinzip kann als Grenze erst dann greifen, wenn das *Ziel* eindeutig ist — etwa nur die Wirtschaftsunion oder auch die Sozialunion (bei gebührender Festlegung, was darunter zu verstehen ist) oder die Währungsunion. Die Europäische Wirtschaftsgemeinschaft hat in weiten Bereichen gut funktioniert ohne eine Währungsunion; hier sind sich die Ökonomen einig. Dieser Umstand sollte nachdrücklich betont werden; daß die vertragliche Vereinbarung und Herbeiführung einer solchen Union zu einer „besseren" Währungspolitik führt, das wird man so sicher nicht sagen können. „Besser" ist sie allenfalls in dem Sinne, als daß sie nationale Unterschiede ausgleicht bzw. aufhebt. Aus nationaler Sicht kann diese Gemeinschaftspolitik dann aber weitaus schlechter sein.

Woran es also vor allem krankt — das ist die Einigung über das Ziel! Hier ist die Aussage „immer engerer Zusammenschluß" viel zu vage. Alle bisherigen Definitonen der politischen Union sind weitgehend „gegriffen". Die Formel von der „Europäischen Union" dient lediglich dazu, diese inhaltliche Unbestimmtheit zu verdecken. Derartige Verhüllungsstrategien mögen nach wie vor erforderlich sein, um Fortschritte im einzelnen auf den verschiedensten Sachgebieten zu ermöglichen. Doch diese Fortschritte bleiben Angelegenheit der Experten; eine Breitenwirkung werden sie ebensowenig entfalten wie etwa die Organisation des Außenhandels. Daher hat die „Europäische Union" bei den europäischen Völkern bisher so wenig Zugkraft. Daran ändert auch nichts der neuerdings häufigere Hinweis auf die „friedensstiftende Kraft" der EG[41], die ohne Zweifel am Beginn der europäischen Einigung steht und zu den Grundlagen der Europaidee zählt[42]. Jugoslawien jedenfalls kann nicht mehr (wie in dem Art. von *Brok* geschehen) als Beweis für die friedenserhaltende Kraft der EG nach außen angeführt werden. Leider! Hat nicht überhaupt das Anliegen der *Machterhaltung* Europas gegenüber anderen Kontinenten[43], der Machterhaltung seiner führenden Nationen, das alte Anliegen der *Friedenssicherung* überlagert?

c) Unbestimmt bleibt der Inhalt der „Europäischen Union" auch mit dem zweiten, neueren Inhalt, der sich seit der Initiative der beiden Außenminister *Genscher* und *Colombo* aus dem Jahre 1981 mit diesem Stichwort („Colombo-Initiative") und mit ihrer Vorstellung verbindet, EG und Europäische Politische Zusammenarbeit (EPZ) als „Vorform" der Europäischen Union miteinander zu verzahnen[44]. Die Europäische Politische Zusammenarbeit kennzeichnet die Kooperation der Außenminister bzw. der Regierungschefs der Mitgliedstaaten in der Außenpolitik. Sie entstand aus dem Wunsch, nach der weitgehenden

---

41 Vgl. etwa *E. Brok,* Das Machbare machen — Was wird aus Europa? Undeutlichkeit der Ziele hat auch ihr Gutes, FAZ v. 15.8.1992.

42 Vgl. entsprechende Hinweise auch in den Lehrbüchern des Europarechts, z. B. im Lehrbuch von *M. Schweitzer / W. Hummer,* Europarecht, 3. Aufl., 1990, S. 33 f.

43 So durchaus zutreffend das Lehrbuch von *M. Schweitzer / W. Hummer,* a. a. O., S. 35.

44 EA 1982, D 39 ff. / 50 ff.

Vollendung der Zoll- und Wirtschaftsunion weitere Bereiche und Formen der Zusammenarbeit zu erschließen.

Angestoßen wurde die EPZ auf der EG-Gipfelkonferenz 1969 im Haag. Auf späteren Konferenzen erhielt sie im Wege von Vereinbarungen ohne unmittelbare rechtliche Bindung einen gewissen organisatorischen Rahmen. Eine ausdrückliche Rechtsgrundlage hat die EPZ erst 1986 in Art. 30 der Einheitlichen Europäischen Akte (EEA) gefunden. Mehr und mehr hat sich seit der EEA das Verständnis von der Europäischen Union als „Dachkonstruktion" durchgesetzt, so wie sie schon in Ziffer 2 der feierlichen Deklaration zur Europäischen Union[45] angedeutet war:

> „Die Verwirklichung der Europäischen Union vollzieht sich durch die Vertiefung und Erweiterung des Bereichs europäischer Tätigkeiten, so daß diese sich zusammenhängend, wenn auch auf unterschiedlichen Rechtsgrundlagen, auf einen immer größeren Teil der Beziehungen zwischen den Mitgliedstaaten und ihrer Außenbeziehungen erstrecken"

und in Art. 1 der EEA vom 28.2.1986 ausdrücklich verankert wurde:

> „Die Europäischen Gemeinschaften und die Europäische Politische Zusammenarbeit verfolgen das Ziel, gemeinsam zu konkreten Fortschritten auf dem Wege zur politischen Union beizutragen".

Dabei blieb es auch in Art. A Abs. 3 des Maastrichter Vertragswerkes:

> „Grundlage der Union sind die Europäischen Gemeinschaften, ergänzt durch die mit diesem Vertrag eingeführten Politiken und Formen der Zusammenarbeit. Aufgabe der Union ist es, die Beziehungen zwischen den Mitgliedstaaten sowie zwischen ihren Völkern kohärent und solidarisch zu gestalten".

Zu diesem Zweck werden der Union Ziele gesetzt, die schon für sich betrachtet der Auslegung einen weiten Spielraum lassen. Viel zu vage sind auch noch die Ziele, die das Europäische Parlament in seinem eigenen Verfassungsentwurf formuliert hat[46]. Es sind dies:

— die harmonische Entwicklung der Gesellschaft (auf der Grundlage des wirtschaftlichen, sozialen, wissenschaftlichen und kulturellen Fortschritts, der Vollbeschäftigung, der Beseitigung der regionalen Ungleichgewichte und des Schutzes der Umwelt);

— die Schaffung eines Wirtschaftsraumes ohne Grenzen und ohne unterschiedliche Behandlung der Bürger unter Beachtung der Solidarität;

— die Friedenssicherung und die internationale Zusammenarbeit sowie

— der Beitrag Europas zur harmonischen und gerechten Entwicklung der Völker der Welt.

---

45 Vgl. Europa-Archiv 1983, S. D 420 ff. (421).

46 Vgl. *S. Alber*, s. Fn. 40, S. 135.

Formal mag daher die Vorstellung von der Europäischen Union der Forderung der deutschen Länder entgegenkommen, wie diese sie im November 1990 in einer Entschließung des Bundesrats zum föderativen Aufbau Europas aufgestellt haben[47]. Danach muß die Europäische Union dreistufig aufgebaut sein und drei Ebenen klar unterscheiden: die *europäische* Ebene als Feld einer künftigen europäischen Ordnungs- und Strukturpolitik zur Lösung übergreifender Aufgaben, die *nationalstaatliche* Ebene als Bereich der nationalen Gesetzgebung und Ordnung sowie die *regionale* Ebene als Bereich für die Gestaltung der vielfältigen und differenzierten Lebensbedingungen der Bürger[48].

Insgesamt vermittelt die Formel von der „politischen Union" aber sicher nicht das umfassende Leitbild, das erforderlich wäre, um aus diesen juristischen Konstruktionen eine Union zu machen, in der sich die europäischen Völker wirklich geeint sehen[49]. Diese Leerformel erhält den Eurokraten eine vielleicht notwendige Flexibilität; sie schneidet sie aber in gleichem Maße ab von der politischen Basis, die eine europäische Einigung letztlich tragen muß.

7. Zusammenfassung

Die europäische Einigung leidet unter dem Mangel einer großen Leitidee, in deren Namen sich die Europäer zusammenschließen könnten.

Eine Renaissance Europas wird man kaum aus der reichen Tradition erwarten dürfen. „Zu viele Netze sind zerrissen" *(W. Leisner)*. Unklar ist heute ja schon der geographische Raum, den die Gemeinschaft ausfüllen kann und / oder ausfüllen sollte.

Immer schmerzlicher wird auch bewußt, daß eine „europäische Öffentlichkeit" fehlt, in der die möglichen Leitideen eines künftigen Europas oder auch nur die Ziele der Europäischen Union diskutiert werden können. Die bisher vorhandenen Ansätze bei den Parteien und bei der Fraktionsbildung des Europäischen Parlaments reichen hierfür bei weitem nicht aus. Die Medien scheitern schon an der Sprachbarriere.

Klar schien eine Zeit lang, daß der Bundesstaat nicht mehr das erklärte Ziel des europäischen Zusammenschlusses ist. Das wird in neuerer Zeit, vornehmlich in Deutschland, wieder anders gesehen. Doch die Widerstände gegen die Bundesstaatslösung bleiben beträchtlich, schon weil sich zu unterschiedliche Vorstellungen mit dem Föderalismus-Konzept verbinden.

---

[47] BR-Ds. 780 / 90 — Beschluß.

[48] Vgl. näher *M. Borchmann*, Doppelter Föderalismus in Europa — Die Forderung der deutschen Länder zur politischen Union, Europaarchiv 1991, S. 340 / 341.

[49] So auch *R. Bieber*, in: Beutler / Bieber / Pipkorn / Streil, S. 555; *H. P. Kraußer* (a. a. O., S. 97) spricht von „tautologischen Erwägungen" anstelle einer hinreichend exakten Umschreibung, „um sich bewußt einen größtmöglichen Grad an Flexibilität im Europäischen Einigungsprozeß zu erhalten".

Die Hoffnungen auf ein Europa als Rechtsgemeinschaft sind dem Juristen sicher sympatisch; ein Europa der Bürger könnte sich auf diese Weise nur dann konstituieren, wenn diese Rechtsgemeinschaft sich auf Prinzipien beschränken und mit dieser Einschränkung gemeineuropäische Traditionen fortführen würde. Doch die Entwicklung des Gemeinschaftsrechts geht in der Praxis ganz andere, immer bürgerfernere Wege.

So darf es nicht verwundern, daß der Mangel einer europäischen Leitidee von der Leerformel der „politischen Union" verdeckt wird, die offen ist für die unterschiedlichsten inhaltlichen Interpretationen und schon daher vorzüglich dazu geeignet, die Frage nach dem Ziel der europäischen Integration offenzuhalten. Solange aber nicht klar ist, wie die Europäische Union konkret aussehen soll, solange ist auch das Subsidiaritätsprinzip in seiner Konkretisierungsaufgabe behindert, wenn nicht paralysiert.

Immerhin hat sich im Namen des so häufig gescholtenen Subsidiaritätsprinzips so etwas wie eine gesamteuropäische Diskussion entzündet über die Ziele der Einigung und den sinnvollsten Weg dorthin. Insofern dient die Subsidiarität — ganz „subsidiär" — solange als Leitidee für die europäische Einigung, bis eine inhaltliche Entscheidung erfolgt ist und das Subsidiaritätsprinzip sich wieder auf seine instrumentalen Funktionen zurückziehen kann, Hilfestellung zu leisten auf dem Wege zu einer so konkretisierten Einigung.

II. Subsidiarität als Leitlinie für die Regionalisierung

1. Subsidiarität als Rückweg zur Bürgernähe

Vielleicht ist es kein Zufall, daß das Subsidiaritätsprinzip besonders häufig mit den Konstruktionen der Europäischen Union verbunden wird. Auch muß man das nicht so negativ sehen, wie es in der Literatur einmal sehr plastisch ausgedrückt worden ist: „So wie manche beim Meineid die Hand fest an die Hosennaht legen, klammern sich einige an das Subsidiaritätsprinzip, wenn sie als Hurra-Europäer rhetorisch unterwegs sind"[1]. Die erstaunliche Resonanz, die das Subsidiaritätsprinzip in allen Ländern Europas in den vergangenen Monaten gefunden hat, könnte sich daraus erklären, daß dieser Begriff bei all seiner Unbestimmtheit als eine Chance gesehen wird, den Einigungsprozeß in eine größere Bürgernähe zu führen.

Das Maastrichter Vertragswerk bezeichnet sich in Art. A Abs. 2 ausdrücklich als eine „neue Stufe bei der Verwirklichung einer immer engeren Union der Völker Europas, in der die Entscheidungen *möglichst bürgernah* getroffen werden" (Herv. v. Verf.).

[1] So *S. Alber*, Subsidiaritätsprinzip und Europäische Union, S. 131.

Daran hat der Europäische Rat am 26. und 27. Juni 1992 in Lissabon[2] ausdrücklich festgehalten. Unter Nr. 4 heißt es unter der Überschrift „Eine bürgernahe Union", das Konzept des Vertrags von Maastricht bestehe darin, „den Prozeß der Europäischen Einigung bürgernäher zu gestalten und die Bedeutung der Identität der Nationen, die der Union angehören, zu bekräftigen"; es sei erforderlich, „den Dialog mit den Bürgern Europas über den Vertrag von Maastricht und seine Durchführung zu intensivieren".

Die Debatte in Frankreich, die ganz überwiegend personalisiert geführt worden ist, oder die nur zögernde Auseinandersetzung mit dem Vertrag in Deutschland geben eine beredte Antwort auf die Frage nach seiner Bürgernähe. Verträge, deren technischer Regelungsinhalt so kompliziert ist, daß er sich selbst einem im Europarecht einigermaßen eingearbeiteten Juristen nur auf den zweiten oder dritten Blick (wenn überhaupt) erschließt, haben nicht die leiseste Chance, selbst vom intelligenteren Teil der Bevölkerung verstanden zu werden. Ein Referendum über das Vertragswerk von Maastricht grenzt daher an Demagogie. Der „normale" stimmberechtigte Bürger ist vollständig außerstande, das Werk zu beurteilen.

Den Parteien, die sich der Sisyphusarbeit annehmen würden, die wesentlichen Inhalte in knapper und verständlicher Weise zusammenzufassen, müßte der Bürger nahezu blind vertrauen. Aber die Parteien stellen sich dieser Arbeit schon gar nicht.

So markiert das Vertragswerk von Maastricht vielleicht einen Wendepunkt in der Europäischen Einigungspolitik: Leicht könnte es zu einer Absage an die Fortsetzung einer Kabinettspolitik im schlechtesten Stil kommen und die Diskussion darüber aufbrechen, wie weit eine Integration eigentlich sinnvoll ist. Weitestgehende Einigkeit besteht im Bereich des Gemeinsamen Marktes; daher hat der (juristisch ebenso fragwürdige wie inhaltsarme) Art. 8 a EWG-V eine so enorme praktische Wirkung ausgelöst. Bei der Währungsunion werden heute die Zweifel vielleicht am entschiedensten vorgetragen; hier sind die fehlenden Voraussetzungen offenkundig, die Auswirkungen auf die Mitgliedstaaten für den Bürger sichtbar und die grundsätzliche Notwendigkeit für das Funktionieren des Gemeinsamen Marktes besonders umstritten.

Zweifel werden aber auch auf anderen Gebieten geäußert, sogar bei der Sozialunion, auf breitester Front bei der Kulturpolitik. So könnte sich zeigen, daß ein europäischer Zusammenschluß ohne Verankerung im Bewußtsein der Bürger unmöglich ist. Und es könnte sich ebenso zeigen, daß das Wort der Subsidiarität, das — der Europäischen Union vergleichbar — bisher eher in Beschwichtigungsabsicht, in der Absicht, Gegensätze zu verdecken, gebraucht worden ist, daß dieses Wort auch ohne bewußte Tradition in anderen Mitgliedstaaten geeignet ist, einen *Konsens der Bürger* herbeizuführen in dem Sinne, daß sie eine Einigung nur billigen und zulassen, soweit sie ihnen wirklich eine bessere Lebensqualität beschert.

---

2 Text der Schlußfolgerungen im Europa-Archiv 1992, S. D 489 ff.

Das aber bedeutet nichts anderes als eine Konkretisierung der Regel des Subsidiaritätsprinzips: nicht Erhaltung und Ausbau der europäischen Strukturen um jeden Preis, sondern so viel europäische Struktur, wie es dem Bürger dient! Dann muß aber vor allem über die Ziele der Einigung und über die Verteilung der Kompetenzen neu gesprochen werden. Das Subsidiaritätsprinzip bietet hierfür Entscheidungshilfen (vergleiche unten III).

So ist die Subsidiarität mehr als die Formel von der politischen Union geeignet, Widerhall bei den europäischen Völkern zu finden und der Europäischen Gemeinschaft zugleich die erforderliche Einigungsdynamik zu liefern wie auch den Maßstab für ihre Grenzen.

Sie ist auch besser geeignet als das Schlagwort vom „Europa der Regionen“, auf das sich zur Zeit so viele Hoffnungen richten, die aber nur zum Teil berechtigt sind (vgl. unten 2 und VII 1).

2. „Europa der Regionen“ — nur in Verbindung mit dem Subsidiaritätsprinzip ein Weg in die richtige Richtung

Dient die Formel von der „Europäischen Union“ eher dazu, den Verhandlungspartnern einer bürgerfernen Kabinettspolitik alle Optionen offen zu lassen, so hat es den Anschein, das Wort vom „Europa der Regionen“, das immer wieder in politischen Reden beschworen wird, könnte einen erfolgversprechenden Ansatz für die Neuorganisation Europas bieten. Doch auch hier gibt es skeptische Töne, wird die Vorstellung von einem „Europa der Regionen“ als „föderalistische Utopie“ bezeichnet[3]. Was ist richtig?

Die Befürchtung ist nicht von der Hand zu weisen, daß dieses Stichwort nichts anderes kennzeichnet als eine Dezentralisierungslösung, verbunden mit weitreichenden Eingriffsmöglichkeiten für die Gemeinschaftsorgane.

a) Das Bild von einem „Europa der Regionen“ bedarf der Präzisierung, denn von „Regionen“ wird in ganz unterschiedlicher Weise gesprochen[4].

Der Begriff dient einmal dazu, in relativ grobflächiger Abgrenzung geographische Räume zu umreißen, in denen es auf Grund unterschiedlicher ethnischer Zusammensetzung zu Unruhen kommen kann.

Beispielhaft sei hierzu eine Typologie der regionalistischen Bewegungen in Westeuropa angeführt (vgl. *Schaubild 2*).

---

[3] *Th. Wiedmann*, Föderalismus als europäische Utopie, AöR 117 (1992), S. 69.

[4] Regionen unterscheidet sehr anschaulich *J. G. Kellas* in ökonomischer, kultureller und politischer Hinsicht: European Integration and the Regions, Parliamentary Affaires, London, Vol. 44, N° 2, April 1991, S. 227 ff.; ebenfalls *R. Hrbek*, Bundesländer und Regionalismus in der EG, in: S. Magiera / D. Merten, Bundesländer und Europäische Gemeinschaft, Schriftenreihe der Hochschule Speyer, Bd. 103, 1988, S. 136 f.; M. Mols, Regionalismus, in: Staatslexikon, Bd. 4, 7. Aufl., Herder, Freiburg 1988, Sp. 774 ff.

Schaubild 2

Typologie regionalistischer Bewegungen in Westeuropa

Politische Reichweite regionalistischer Bewegungen	Programmatik regionalistischer Bewegungen		
	Autonomisten	Föderalisten	Separatisten
Intellektuell geprägte „außerparlamentarische Opposition“	elsässischer und okzitanischer Regionalismus (mit ökologischer Tendenz)	an Proudhon orientierte südfranzösische Regionalisten	Südtiroler und elsässische Rechtsradikale mit dem Ziel: Angliederung an Deutschland oder Österreich
Soziale Bewegung ohne institutionale Einbindung	korsischer Nationalismus (UPC) (heute jedoch Tendenz zur Parteibildung)	Föderalistische Union Europäischer Volksgruppen (FUEV)	Untergrundbewegung ETA (bask.) und FLNC (kors.), IRA (nordir.) mit Ziel: Angliederung an die Republik Irland
Soziale Bewegung mit institutionaler Repräsentation	Südtiroler Volkspartei (SVP), walisische, flämische und bretonische Nationalisten, Baskische Nationalpartei (PNV) und übrige Regionalbewegungen in Spanien	bayerischer Föderalismus, Teile der katalanischen, galizischen und andalusischen Regionalisten	Minderheit flämischer und wallonischer Nationalisten, Schottische Nationalpartei (SNP), Rassemblement Jurassien, baskische Herri Batasuna

Quelle: Dirk Gerdes (Hrsg.), Aufstand der Provinz. Regionalismus in Westeuropa. Campus Verlag Frankfurt / New York 1980.

„Regionalisierung“ haben wir aber auch kennengelernt als eine Form der Dezentralisierung bzw. Dekonzentration der Staatsgewalt in den Mitgliedstaaten (vgl. oben A III.). Mit diesem Sinngehalt wird der Begriff neuerdings vom Europäischen Parlament verwendet (vgl. unten b), bb)).

Als rechtstechnischer Begriff ist die „Region“ im deutschen öffentlichen Recht vor allem im Raumordnungs- und Landesplanungsrecht bekannt. Art. 13 des Bayerischen Landesplanungsgesetzes i. d. F. v. 4.1.1982[5] schreibt in Abs. 2 Nr. 1 vor, daß im Landesentwicklungsprogramm die Einteilung des Staatsgebietes

[5] BayRS 230 — 1 — U.

in „Regionen" zu erfolgen habe. Was eine „Region" im Sinne dieser Vorschrift ist, bestimmt das Gesetz selbst nicht[6]. Da die Landesplanung aber ausdrücklich zur Staatsaufgabe erklärt wurde (z. B. Art. 1 Abs. 2 BayLplG), ist der Begriff nach den Planungsinteressen des Staates zu bestimmen.

Bei der Verwendung des Begriffs „Region" ist also von vornherein darauf zu achten, *in welchem Zusammenhang* man diesen Begriff gebraucht. Diese Einsicht ist wichtiger als eine allgemeine Definition, die wie folgt aussehen kann:

Region als eine territoriale Einheit, die den lokalen bzw. kommunalen Bereich übersteigt, aber nur Teil einer größeren Gesamteinheit ist. Regionen sind danach auch grenzüberschreitend denkbar.

Hier liegt ihre besondere Bedeutung für einen Aufbau Europas von unten nach oben (vgl. dazu unten VII 1)

Allgemein wird die Region bestimmt[7] durch

— geographische Gegebenheiten und / oder

— ethnische, sprachliche, kulturelle und religiöse Gemeinsamkeiten und / oder gemeinsame historische Vergangenheit und / oder

— die wirtschaftliche Struktur bzw. durch gemeinsame ökonomische und kulturelle (auch Umwelt-)Interessen.

Art. 1 Nr. 1 der „Gemeinschaftscharta der Regionalisierung" definiert die Region als „ein Gebiet, das aus geographischer Sicht eine deutliche Einheit bildet, oder aber ein gleichartiger Komplex von Gebieten, die ein in sich geschlossenes Gefüge darstellen und deren Bevölkerung durch bestimmte gemeinsame Elemente gekennzeichnet ist, die die daraus resultierenden Eigenheiten bewahren und weiterentwickeln möchte, um den kulturellen, sozialen und wirtschaftlichen Fortschritt voranzutreiben".

Für den Juristen ist daher der methodische Ansatz klar: Was eine „Region" konkret bedeuten soll, das ergibt sich aus dem entsprechenden Vertrags- oder Gesetzestext, der den Begriff verwendet.

---

[6] Eine Legaldefinition enthält z. B. § 14 Abs. 1 des Landesraumordnungsgesetzes für RhPf: „Eine Region erstreckt sich auf das Gebiet eines großflächigen , weitgehend miteinander verflochtenen Lebens- und Wirtschaftsraumes. Eine Region kann sich auf Teile einer benachbarten Region erstrecken.", W. Bielenburg / W. Erbguth, Raumordnungs- und Landesplanungsrecht des Bundes und der Länder, Bielefeld, Stand April 1992.

[7] *R. Hrbek*, (Fn. 4), S. 127 / 136 ff.; *W. Haneklaus*, Zur Frage der funktionsgerechten Regionalisierung einer föderal verfaßten Europäischen Union, DVBl. 181, S. 295 ff.; *K.-H. Millgramm*, Föderalismus und Individuum, DVBl. 1990, S. 740 / 742; *U. Petersen*, Zur Rolle der Regionen im künftigen Europa, DÖV 1991, S. 278 ff.; *F.-L. Knemeyer*, Subsidiarität — Föderalismus, Dezentralisation, Initiative zu einem „Europa der Regionen", DVBl. 1990, S. 449.

b) *Europarechtlich* haben wir zwei Arten von Rechtstexten[8], die sich mit der Regionalisierung befassen[9]: Die eher technischen der Eurostatistik für die Regionalpolitik (aa)) und die politisch ausbaufähigere Position des Europäischen Parlaments (bb)).

aa) Mit Beschluß der Kommission vom 24.6.1988[10] hat die Kommission einen „Beirat der regionalen und lokalen Gebietskörperschaften" eingesetzt. Damit sollten die regionalen und lokalen Gebietskörperschaften stärker als bisher an der Ausarbeitung und Durchführung der Regionalpolitik der Gemeinschaft beteiligt werden. Die Kommission hat damit einem ausdrücklichen Wunsch des Europäischen Parlaments Rechnung getragen[11].

Dieser Beirat besteht aus 42 Mitgliedern, die auf regionaler oder lokaler Ebene ein Wahlmandat innehaben. Sie werden in persönlicher Eigenschaft von der Kommission auf den gemeinsamen Vorschlag der Versammlung der Regionen Europas, des Internationalen Gemeindeverbandes und des Rates der Gemeinden und Regionen Europas für einen Zeitraum von drei Jahren bestellt[12].

Dieser Beirat *kann* von der Kommission zu allen Fragen der regionalen Entwicklung, insbesondere bei der Ausarbeitung und Durchführung von der Regionalpolitik von der Kommission angehört werden. Es war von Anfang an die erklärte Absicht der EG-Kommission, die regionalen und lokalen Gebietskörperschaften stärker als bisher an der Ausarbeitung und Durchführung der Regionalpolitik der Gemeinschaft zu beteiligen. „Sie suchte — unter den argwöhnischen Blicken der Regierung manches Mitgliedstaates — den direkten Dialog mit den lokalen und regionalen Gebietskörperschaften. Sie schuf in dem Beirat dieser Gebietskörperschaften ein Konsultativorgan für die Regionalpolitik und einen direkten Kontakt zu den unmittelbar Begünstigten und Betroffenen"[13].

---

8 Vgl. *G. Seele,* Der Kreis aus europäischer Sicht, S. 127 ff. Seele unterscheidet *drei* verschiedene Weisen, von „Regionen" zu sprechen, weil er neben der europäischen Regionalstatistik und dem Sprachgebrauch der europäischen Institutionen auch bereits die kommunalen Einrichtungen auf europäischer Ebene (die ständige Konferenz der Gemeinden und der Regionen beim Europarat und der Rat der Gemeinden und Regionen Europas) hierher rechnet.

9 „Textstufen" der Regionalismus-Idee sind die frühe Europa-Konferenz der Gemeinden und Regionen (1970), die Erklärung von Galway (1975) und vor allem die Erklärung von Bordeaux (1978); hierzu und zu weiteren regionalistischen Ansätzen und Texten vgl. *P. Häberle,* Föderalismus, Regionalismus, Kleinstaaten — in Europa, Die Verwaltung 25 (1992), S. 1 / 15 ff.

10 ABl. Nr. L 247 / 23 f. v. 6.9.1988.

11 Entschließung des Europäischen Parlaments v. 13.4.1984, ABl. Nr. C 127 v. 14.5.1984, S. 240.

12 Siehe zu diesen Organisationen *G. Seele,* Der Kreis aus europäischer Sicht, Bd. 8, Stuttgart / Köln 1991.

13 *H. Siedentopf,* Föderalismus und Regionalismus in der europäischen Integration, Der Landkreis 1991, S. 239 / 241.

Was eine „Region" ist, wird in diesem Beschluß ebensowenig bestimmt, wie in dem (durch den Maastrichter Vertrag neu eingefügten) Art. 198 a, mit dem ein „beratender Ausschuß aus Vertretern der regionalen und lokalen Gebietskörperschaften, nachstehend „Ausschuß der Regionen" genannt, errichtet" wird[14].

Was Region im Sprachgebrauch der EG-Administration bedeutet, das ist eher aus der EG-Regionalpolitik sowie aus der Berichterstattung der Kommission darüber zu entnehmen. Nach einer „Systematik der Gebietseinheiten für die Statistik (NUTS)"[15] wird jeder Mitgliedstaat in drei hierarchisch gegliederte Ebenen eingeteilt (vgl. *Schaubild 3)*.

Diese régions communautaires (Gemeinschaftsregionen) oder régions européennes (europäische Regionen) korrespondieren oft nicht mit der ökonomischen Geographie, so daß sie als Gegenstand oder Mittel ökonomischer Analyse unbedeutend sind. *Merciai* und *Saint-Ouen* (Universität Genf) sprechen davon[16], man sei versucht, die régions communautaires européennes als Einheiten anzusehen, *die jeder anderen als statistischen Realität entkleidet sind;* in mehreren Fällen, z. B. in Italien, sei die Aufteilung und Zusammenstellung der bestehenden Regionen weder aus Gründen der Ökonomie noch aus solchen der Geographie gerechtfertigt (a. a. O.).

Die „Europäische Region" nach diesem Sprachgebrauch ist eine rein statistisch / administrative Untergliederung zur Erleichterung von Fördermaßnahmen der EG-Instanzen. Trotzdem sind in die Regionalpolitik „von oben" her subsidiäre Elemente eingegangen: Das in den Strukturfonds aufgenommene Konzept der „Partnerschaft" begründet nämlich ein Mitspracherecht der Kommission:

> „Die Idee der Partnerschaft beruht auf der Erkenntnis, daß nur ein abgestimmtes Zusammenwirken der verschiedenen politischen und administrativen Ebenen zu greifbaren Fortschritten für die Entwicklung der Regionen führt ... Partnerschaft in diesem Sinne entspricht daher sowohl dem Bestreben nach mehr Effizienz als auch nach dem für die politische Gesamtstruktur der Gemeinschaft wichtigen Prinzip der Subsidiarität"[17].

---

[14] Für die vier großen Mitgliedstaaten Deutschland, Frankreich, Italien und das Vereinigte Königreich sind je 24 Sitze vorgesehen, über deren Verteilung zwischen Bund und Ländern in Deutschland heftig gestritten wird (vgl. FAZ v. 17.3.1992, Nr. 65, S. 8). Im alten Beirat der Kommission sind die deutschen lokalen und regionalen Gebietskörperschaften vertreten, während die Länder im neuen Regionalausschuß die Sitze für sich beanspruchen, bzw. den Kommunen allenfalls drei Sitzen überlassen wollen.

Die Kommission aber will den alten Beirat nicht mehr fortführen, sobald das Ratifizierungsverfahren der Maastricht-Verträge abgeschlossen und der neue Regionalausschuß tätig sei.

[15] Vgl. Eurostat.: Regionen, Systematik der Gebietseinheiten für die Statistik, Luxemburg 1990; w. Nachw. b. *A. Schink,* Die europäische Regionalisierung, DÖV 1992, S. 385 ff.

[16] *P. Merciai / F. Saint-Ouen,* Chronique administrative sur la notion juridique de région, RDP 1987, p. 1297 / 1322.

[17] EG-Kommissar *Schmidhuber* 1988, zitiert nach H. Siedentopf, a. a. O., S. 241.

Schaubild 3: **Übereinstimmung zwischen NUTS-Ebenen und nationalen Verwaltungsgliederungen in der Gemeinschaft**

Mitgliedstaat	NUTS I		NUTS 2		NUTS 3	
Belgique / Belgie	Regions	3	Provinces	9	Arrondissements	43
Danmark[a])	—	1	—	1	Amter	15
BR Deutschland[b])	Länder	11	Regierungsbezirke[c])	31	Kreise	328
Ellada	Groups of development regions[d])	4	Development regions	13	Nomoi	51
España	Agrupacion de comunidades autonomas	7	Comunidades autonomas + Mellila y Ceuta	18	Provincias	52
France	Zeat	8	Régions	22	Départements	96
	+ D.O.M.	1		4		4
Ireland	—	1	—	1	Planning regions	9
Italia	Gruppi di reggioni[d])	11	Regioni	20	Provincie	95
Luxembourg	—	1	—	1	—	1
Nederland	Landsdelen	4	Provincies	12	C.O.R.O.P.-Regio's	40
Portugal	Continente + Regioes autonomas	3	Comissaoes de coordenaçao regional + Regioes autonomas	7	Grupos de Concelhos	30
United Kingdom regions	Standard regions	11 65	Group of counties[e])	35	Counties / Local	authority
EUR 12		66		174		

[a]) In den meisten Tabellen und Karten wird eine Unterteilung in 3 Regionen verwendet.
[b]) Ohne Regionen der früheren Deutschen Demokratischen Republik (5 Länder, 15 Bezirke, 218 Kreise).
[c]) 26 Regierungsbezirke + 5 Länder. die nicht in Regierungsbezirke untergliedert sind.
[d])Einteilung für Gemeinschaftszwecke.

Quelle: Die Regionen in den 90er Jahren, KOM (90) endg., Brüssel 1991, S 84. Die Tabelle ist auch abgedruckt bei *A. Schink*, Die europäische Regionalisierung, DÖV 1992, S. 385 / 389 sowie bei *P. Merciai* / *F. Saint-Ouen*, Chronique administrative sur la notion juridique de région, RDP 1987, p. 1297/1323.
Zur Erklärung:
R.C.E. bedeutet: régions communautaires européennes
U.A.B. bedeutet: unités administratives de base
S.U.A.B. bedeutet: subdivisions des unités administratives de base.

Der Begriff „*Euregio*" hat nichts mit dem hier verwendeten Begriff der „Europäischen Region" gemein; er wird bereits seit 1965 verwendet und kennzeichnet eine der Formen grenzüberschreitender Regionen, die sich zuerst am 15.4.1978 formell konstituiert hat als eine kommunale Arbeitsgemeinschaft zwischen zwei niederländischen und einem deutschen Gemeindeverband[18](zu diesen vergleiche unten).

bb) Eine andere, politische Bedeutung gewinnt der Begriff der Region in der Entschließung des Europäischen Parlaments zur Regionalpolitik der Gemeinschaft und zur Rolle der Regionen vom 18. November 1988[19]. Auch diese Entschließung dient zunächst dazu, die Regionalpolitik der Gemeinschaft zugunsten ihrer Entwicklung und des wirtschaftlichen Zusammenhalts zu fördern; in Ziffer 21 der Entschließung äußert das Europäische Parlament dann aber die Ansicht, daß die erforderliche Stärkung der Gemeinschaftsbefugnisse sowie die schrittweise Übertragung von Zuständigkeiten auf die Gemeinschaftsinstitutionen „einhergehen müssen mit der Dezentralisierung bestimmter, nicht nur verwaltungstechnischer Funktionen, sondern auch der Mitbestimmungs- und Mitentscheidungsfunktionen auf Regionalbehörden, die den Volkswillen repräsentieren"; die somit hergestellte Beziehung zwischen der Gemeinschaft und den Regionen würde folgendes ermöglichen:

— die Information und Miteinbeziehung der europäischen Bürger in die Gemeinschaftspolitiken und zwar in der Überzeugung, daß die Erstrebung der politischen Einheit Europas sich nicht auf die Zusammenarbeit zwischen staatlichen Strukturen beschränken darf, sondern auch auf den regionalen Gemeinschaften und der Anerkennung sowie Stärkung ihrer Eigenständigkeit beruhen muß,

— die Achtung der den Regionen vorbehaltenen Zuständigkeiten durch die internen Rechtsordnungen der einzelnen Staaten,

— eine größere Effizienz bei der Verwirklichung der Gemeinschaftsaktionen und eine „optimale Aufteilung der öffentlichen Funktionen auf der Grundlage gemeinsamer Ziele".

Hier wird erstmals deutlich, daß die Region eine neue, eine politische Dimension erlangen könnte[20]. In der EG spielten Überlegungen zur Dekonzentration bisher kaum eine Rolle. Das ist ganz einleuchtend damit erklärt worden[21], daß dies von einer Organisation nicht erwartet werden könne, die erst durch Kompetenztransfer entstanden sei.

[18] Vgl. dazu *W. Lang,* Die normative Qualität grenzüberschreitender Regionen, Archiv des Völkerrechts, 1989, S. 253 / 270 ff.

[19] ABl. Nr. C 326 v. 19.12.1988, S. 289; abgedr. auch in: Europa der Regionen, hrsg. v. *J. Bauer,* Schriften zum Europäischen Recht, Bd. 9, Berlin 1991, S. 23 ff.

[20] Diesen politischen Aspekt der Regionalisierung unterstreicht insbesondere *J. G. Kellas,* European Integration and the Regions, Parliamentary Affaires, London, Vol. 44, N° 2, Arpil 1991, S. 226.

[21] Vgl. *J.-P. Jacquet,* Außenwirtschaft, 1991, S. 469.

Das Europäische Parlament hat hier also den Wendepunkt definiert, von dem an die Gemeinschaftsorgane nicht mehr nur am Zuwachs ihrer Kompetenzen interessiert sein, sondern im Interesse einer optimalen Wahrnehmung auch ihre (teilweise) (Rück-)Delegation von Fall zu Fall erwägen sollten. Die „Wahrung des Integrationsstandes", die zu einem europäischen Dogma zu werden droht, darf nicht das letzte Wort sein. Eine Rückdelegation muß vielmehr dann ins Auge gefaßt werden, wenn sich zeigt, daß eine Angelegenheit auf der Gemeinschaftsebene nicht besser, sondern eher schlechter erfüllt wird; oder, wenn die Erfüllung auf der Gemeinschaftsebene nicht mehr erforderlich ist; oder — auch dies sollte möglich bleiben! — wenn sich der Konsens über die Integrationsziele verändert. Die Rückdelegation von Kompetenzen und nicht das Gebot, den Integrationsstand nicht anzutasten, erhält der Europäischen Gemeinschaft die Flexibilität, die sie braucht, wenn sie politisch überleben will.

Der Entschließung des Europäischen Parlaments ist in der Anlage eine „Gemeinschaftscharta der Regionalisierung" angefügt, in deren Art. 2 die Mitgliedstaaten der EG aufgefordert werden, „unter Berücksichtigung des Bevölkerungswillens, der geschichtlichen Tradition und der Notwendigkeit einer effizienten und ihrer Aufgaben entsprechenden Verwaltung (besonders im Bereich der wirtschaftlichen Entwicklungsplanung) auf ihren Hoheitsgebieten Regionen im Sinne von Art. 1 dieser Charta zu institutionalisieren bzw. beizubehalten, wo sie bereits bestehen".

Danach sollen demnach nicht mehr die Europäischen Gemeinschaften selbst diese Regionen bilden, sondern die Mitgliedstaaten selbst, während die EG lediglich an diese anknüpft. Dieser Vorrang der innerstaatlichen Organisationsgewalt[22] entspricht in vollem Umfang dem Subsidiaritätsprinzip[23].

Dem Subsidiaritätsprinzip entspricht es ferner auch, daß den Regionen „volle Rechtspersönlichkeit" zugestanden wird (Art. 3 Nr. 3). Schließlich werden (in Art. 11) den Regionen das Recht der Selbstverwaltung sowie (mit gewissen Einschränkungen) auch Gesetzgebungsbefugnisse belassen. Ferner werden ihnen finanzielle Eigenständigkeit und eigene Mittel zuerkannt (Art. 17). Die Lösung von Kompetenzstreitigkeiten zwischen den Regionen oder zwischen Staat und Region wird unabhängigen Instanzen, vorzugsweise Gerichten anvertraut (Art. 15).

---

22 Mit dem *W. Haneklaus*, DVBl. 1991, S. 295 / 296 l. Sp., den Vorrang zutreffend begründet.

23 Ganz anders Europa — Visionen, wie sie z. B. der holländische Bierbrauer Alfred Heineken, gestützt auf Ideen des Österreichers *Leopold Kohr* und des Engländers *T. N. Parkinson* erarbeiten ließ: anstelle der Nationen sollte Europa in 75 überschaubare Regionen mit bürgernaher Verwaltung aufgeteilt werden. Vgl. Der Spiegel 3 1993 S. 146 f. Das vereinte Deutschland würde danach in 11 Regionen aufgeteilt; von Bayern wäre Franken abzutrennen.

Art. 23 bestimmt, daß die Mitgliedstaaten der EG und ihre Regionen die „grenzübergreifende Zusammenarbeit auf allen Ebenen und insbesondere zwischen den Regionen" fördern.

Art. 24 ff. sieht schließlich eine Beteiligung der Regionen an den Entscheidungen der Mitgliedstaaten und der Europäischen Gemeinschaft vor.

Insgesamt gesehen enthält diese Gemeinschaftscharta wichtige Ansätze für eine Regionalisierung, die zu einer echten politischen Untergliederung der Gemeinschaften und der Mitgliedstaaten führen würde. Gegenwärtig scheint diese Charta aber weder bei den Gemeinschaftsorganen noch auch in allen Mitgliedstaaten Aussicht auf Zustimmung zu haben.

Vor allem in Frankreich wird in einer so verstandenen Regionalisierung eine Art „interner Föderalisierung" der Mitgliedstaaten gesehen und — aus französischer Sicht — für verfassungswidrig gehalten[24].

3. Zusammenfassung

Das Wort vom „Europa der Regionen" ist — jedenfalls gegenwärtig — weniger verläßlich als die Leitidee der Subsidiarität. Denn zwei Konzepte der Regionalisierung konkurrieren derzeit im europäischen Recht:

— Die Region als bloße dezentralisierte Verwaltungseinheit, geschnitten nach den Erfordernissen der Regionalpolitik ohne entscheidende Berücksichtigung geographischer und kultureller Zusammengehörigkeit.

— Zum anderen der Versuch, über die Regionalisierung eine echte Föderalisierung der Gemeinschaft durchzuführen. Dabei ist allerdings schon der Anschein zu vermeiden, daß eine solche Struktur den anderen Mitgliedstaaten vom Europäischen Parlament auferlegt werden soll. Denn damit würden nationale Widerstände geweckt und ein Prozeß der Regionalisierung, wie er in den Mitgliedstaaten selbst im Entstehen ist (vgl. oben A III), behindert.

Das Subsidiaritätsprinzip gebietet es, auf europäischer Ebene anzuknüpfen an Dezentralisierungstendenzen, die aus den Mitgliedstaaten selbst kommen und von den Bürgern dort getragen werden. Auf diese Weise wüchse der EG eine demokratische Basis zu, deren Notwendigkeit zu Recht zunehmend gefordert wird[25].

---

[24] Vgl. Conseil Constitutionnel v. 25.2.1982, JO v. 3.3.1982; vgl. dazu näher *Th. Wiedmann*, Föderalismus als europäische Utopie, AöR 117 (1992), S. 46 / 57 ff.

[25] Vgl. grundlegend dazu *G. Ress*, Über die Notwendigkeit der parlamentarischen Legitimierung der Rechtsetzung der Europäischen Gemeinschaften — Überlegungen zum Europäischen Gemeinschaftsrecht und deutschem Verfassungsrecht, GS f. W. K. Geck, hrsg. W. Fiedler / G. Ress, Köln, Berlin, Bonn, München 1989, S. 625 ff.; *U. Everling*, Zur Aufteilung der Kompetenzen in einer föderal gegliederten Europäischen Union, in: W. Weidenfeld (Hg.), Wie Europa verfaßt sein soll — Materialien zur politischen Union, Gütersloh 1991, S. 41 f.

Regionalisierung, soll sie wirklich ein „Europa der Bürger“ im Sinne der Subsidiarität von unten nach oben aufbauen helfen, darf nicht begonnen werden wie eine große europäische Gebietsreform, auch wenn man für eine solche Form manche Argumente der Regierung -und der Verwaltungseffizienz anführen kann. Im Widerstreit beider Ansätze kann kein Zweifel bestehen, daß am Beginn die politische Legitimität und erst danach die Effizienz steht; aus Effizienzgesichtspunkten allein wird der Europäischen Gemeinschaft die notwendige demokratische Legitimation sicher nicht zuwachsen.

III. Subsidiarität als Leitlinie für die Kompetenzverteilung

Kompetenzfragen gehören in jeder innerstaatlichen Rechtsordnung zu den zentralen Fragestellungen. Auch im Europäischen Gemeinschaftsrecht bekommen diese Fragen mehr und mehr Gewicht. Noch vor wenigen Jahren wäre es kaum vorstellbar gewesen, daß der EuGH in seinen Urteilen ausführlich die Frage prüft, ob in Vertragsbestimmungen eine streitige Maßnahme eines Gemeinschaftsorgans ihre Grundlage findet. Das rührt vor allem von der größeren Sensibilisierung des Parlaments her, darüber zu wachen, daß die Gemeinschaftsorgane die richtige Ermächtigungsggrundlage wählen von der sowohl die erforderliche Mehrheit wie auch das vom Parlament einzuhaltende Verfahren abhängt. Mit der Anerkennung eines Klagerechts des Parlaments durch den EuGH im Jahre 1990 ist es notwendig geworden, sich im Streitfall über die richtige Kompetenzbestimmung klar zu werden. Im Interesse der Rechtsstaatlichkeit der Gemeinschaftsordnung ist das zu begrüßen, auch wenn die Probleme von einer Lösung noch weit entfernt sind.

1. Die verfassunggebende Gewalt der Mitgliedstaaten

Schon über die Zuordnung der verfassunggebenden Gewalt wird seit langem und bis heute gestritten.

a) Die in Maastricht von den Staats- und Regierungschefs vereinbarte Europäische Union soll auf „drei Säulen“ ruhen, die von einer Präambel überwölbt und zusammengehalten werden. Die erste Säule besteht aus den EG-Verträgen in der beschlossenen erweiterten Form; die zweite Säule mit der gemeinsamen Außen- und Sicherheitspolitik wurde begründet durch Art. 30 der besonderen vertraglichen Vereinbarung der EEA (jetzt aufgehoben und durch Art. J des Vertrages über die Europäische Union ersetzt); die dritte Säule wird gebildet von den verschiedenen Formen der Zusammenarbeit zwischen den zwölf EG-Mitgliedern vor allem in der Einwanderungs- und Asylpolitik sowie beim Kampf gegen das organisierte Verbrechen und das Rauschgiftunwesen.

Seit vielen Jahren ist der Weg der gleiche: Das Europäische Haus soll gebaut werden auf der Grundlage völkerrechtlicher Vereinbarungen zwischen den Staaten, die von den Staats-und Regierungschefs ausgehandelt und von den nationalen Parlamenten isoliert ratifiziert werden.

Die Diskussion um die Maastrichter Vereinbarungen sollte deutlich gemacht haben, daß dieser Weg letztlich nicht zum Ziele führen wird. Sie sollte auch gezeigt haben, daß die Mitgliedstaaten gerade in der Europa-Frage von ihren Parlamenten nicht wirklich repräsentiert werden. Es ist kein Zufall, daß die Ratifikation im Parlament weitgehend unproblematisch, eine Volksabstimmung in dieser Frage aber mit einer hohen Unsicherheit belastet ist.

b) Eine Europäische Verfassung kann ihre Legitimität nur auf dem Wege über das Europäische Parlament[1] oder durch Volksabstimmungen in den Mitgliedstaaten erhalten. Die deutsche Einigung hat Gelegenheit dazu gegeben, alle (durchaus berechtigten) Einwände und Bedenken gegen Volksabstimmungen vorzubringen. Doch beide Vorgänge, die deutsche und die europäische Einigung, sind in diesem Punkt nicht vergleichbar. Das gilt für die zu lösenden Probleme; es gilt aber auch und vor allem für die ganz unvergleichbare Rolle der Parlamente: Das europäische ist nach wie vor einem nationalen Parlament in seinem realen Einfluß auf die politische Gestaltung nicht zu vergleichen; die dort geleistete Arbeit ist in Anbetracht der vielfältigen juristischen Fesseln beachtlich. Trotzdem haben die Ergebnisse dieser Arbeit oft nur eine sehr begrenzte Publizität. Seine Billigung eines Verfassungsentwurfs kann daher nicht einmal auf den Konsens der Mitgliedstaaten rechnen, geschweige denn diesen Konsens selbst vermitteln.

c) Eine internationale und interdisziplinäre Arbeitsgruppe führender Europaexperten hat auf Einladung der Bertelsmann-Stiftung ein Memorandum erarbeitet „Wie Europa verfaßt sein soll". Darin hat die Arbeitsgruppe zum Verfahren der Verfassunggebung ausgeführt, nur ein Verfahren, das „die wichtigen politischen Machtzentren einbindet und eine breite demokratische Grundlage besitzt, wird erfolgreich sein können. Sinnvoll ist ein dreistufiges Verfahren zur Ausarbeitung und Verabschiedung einer europäischen Verfassung, das den bestehenden Mechanismus der Vertragsrevision mit ... Elementen verbindet, die ihm eine größere Legitimation verleihen[2]": In der ersten Phase arbeitet das Europäische Parlament einen Entwurf aus, der in der zweiten Phase die Grundlage bildet für eine „Vierer-Konferenz von Europäischem Parlament, EG-Kommission, Ministerrat und nationalen Parlamenten, die den endgültigen Verfassungstext erarbeitet". In der dritten Phase wird dann die Verfassung der Europäischen Union „von den Mitgliedstaaten nach dem dort geltenden Recht angenommen".

Dieses Verfahren zeigt die Komplexität des Verfassunggebungs-Prozesses; es zeigt aber auch den einzigen Weg, der am Ende Erfolg verspricht.

[1] So dezidiert z. B. *W. Graf Vitzthum*, Der Föderalismus in der europäischen und internationalen Einbindung der Staaten, AöR 115 (1990), S. 287.

[2] Vgl. *W. Weidenfeld* (Hrsg.), Wie Europa verfaßt sein soll, S. 36.

Im *Ergebnis* liegt die verfassunggebende Gewalt also bei den Völkern der Mitgliedstaaten und nicht in Brüssel oder Luxemburg[3], vorerst auch nicht in Straßburg[4].

2. *Das Problem der Verteilung der Rechtsetzungskompetenz*

Das Kernproblem bei der Verteilung der Kompetenz zwischen Union und Unionsstaaten ist die Rechtsetzung (vgl. unten 3).

a) Der *Vollzug* soll auch künftig grundsätzlich bei den Unionsstaaten bleiben[5]. Darüber besteht im ganzen Einigkeit. Die beiden klassischen Bereiche hierfür sind das Agrarrecht und das Zollrecht. Auch die Gemeinschaftsbeihilfen werden in der Regel von den Behörden der Mitgliedstaaten vergeben. Eine solche Regelung entspricht in vollem Umfang dem Subsidiaritätsprinzip.

Die wichtigsten Bereiche eines Verwaltungsvollzugs durch Gemeinschaftsorgane unmittelbar sind im Falle der EWG vor allem folgende[6]: der „gemeinschaftsinterne" Bereich (Personalangelegenheiten, Haushalt, interne Organisation, usw.); das Wettbewerbsrecht (vgl. Art. 87 Abs. 2, 89, 90 Abs. 3, 93 EWGV); die Verwaltung des Sozialfonds (Art. 124 Abs. 1 EWGV) sowie im Bereich der Handelspolitik Maßnahmen der Ein- und Ausfuhrkontrolle und -beschränkung (Art. 113, 115 EWGV). Das Subsidiaritätsprinzip verlangt es, daß die eigenen Vollzugsbefugnisse der Kommission auf Maßnahmen beschränkt bleiben, die sinnvollerweise von den Mitgliedstaaten nicht selbst vollzogen werden können.

Eine Stärkung der Position der Kommission, die durchaus im Sinne des Subsidiaritätsprinzips liegt, hat die Änderung des Artikels 145 EWGV durch die EEA gebracht, die den Erlaß von Durchführungsbestimmungen zu Ratsverordnungen für den Regelfall der Kommission überträgt; nur in besonderen Fällen kann sich der Rat vorbehalten, die Durchführungsvorschriften selbst zu erlassen[7].

b) Für die Kompetenzen der Union gilt *bisher* das Prinzip der Einzelzuweisung[8], bzw. das Prinzip der begrenzten Zuständigkeit. Diese theoretische Aussage

---

3 Wie das etwa der Kommissionspräsident *Gaston Thorn* ausdrücklich in Anspruch genommen hatte — vgl. Bul. EG 1984 — 2, S. 28 f.

Zur Verfassunggebung allgemein vgl. *W. Leisner,* Staatsrenaissance, Berlin 1987, S. 168 ff.

4 Ebenso *E. Klein,* VVDStRL 50 (1991), S. 22.

5 Darin ist zurecht ein Ausdruck des Subsidiaritätsprinzips gesehen worden: *Langer,* DÖV 1991, S. 123 / 129 f.; *Chr. Engel,* Die Einwirkungen des Europäischen Gemeinschaftsrechts auf das Deutsche Verwaltungsrecht, Die Verwaltung 1992, S. 437 / 443; *Schweitzer / Hummer,* Europarecht, 3. Aufl. 1990 S. 125 ff.; *B. Becker,* Zur föderalen Konstruktion des Vollzugs (Verwaltung) in der Bundesrepublik Deutschland, in den Vereinigten Staaten von Amerika und in der Europäischen Gemeinschaft — Vergleichende Skizze, in: Jahrbuch des öffentlichen Rechts der Gegenwart n. F. 39 (1990) S. 67 ff.

6 Vgl. *Schweitzer / Hummer,* a. a. O. S. 126.

7 Vgl. dazu *Bruha / Münch,* Stärkung der Durchführungsbefugnisse der Kommission NJW 1987, S. 542; *Glaesner,* Die Einheitliche Europäische Akte, EuR 1986 S. 119.

entspricht der „allgemeinen Ansicht“[9]. Zuständigkeiten besitzen die Gemeinschaftsorgane also nur nach Maßgabe der Gründungsverträge.

aa) Das Prinzip der begrenzten Einzelzuweisung wird aber in der Praxis schon dadurch ausgehöhlt, daß die im Vertrag vorgesehenen Ermächtigungen zum Teil außerordentlich weit gefaßt sind (vgl. etwa Art. 43 EWGV als Grundlage für die Rechtsetzung der Agrarpolitik oder Art. 100 und 100 a EWGV als Grundlage für die Rechtsangleichung auf dem Gebiet des Wirtschaftsrechts) und daß die Ausnahmeklausel des Art. 235 EWGV äußerst extensiv ausgelegt worden ist.

bb) Hinzu kommt, daß die Gründungsverträge die Rechtsetzungsbefugnisse nicht in der bei Bundesstaaten üblichen Weise systematisieren (etwa: ausschließliche, konkurrierende oder Rahmen- bzw. Grundsatzkompetenzen); sie folgen vielmehr einem ganz anderen Prinzip: Nicht bestimmte Gesetzgebungsmaterien werden aufgeteilt, sondern Kompetenzen werden den Gemeinschaftsorganen zur Erfüllung der ihnen übertragenen Aufgaben eingeräumt[10]. Diese *Ziel-*[11] oder *Aufgabenorientierung* der EG-Kompetenzen, der „Plancharakter“ der EG-Verfassung[12] hat den Aufbau der Gemeinschaftsrechtsordnung ohne Zweifel befördert, die klare Abgrenzung der Unionskompetenzen von denjenigen der Unionsstaaten aber erschwert.

c) Nachdem seit den späten siebziger Jahren die Gemeinschaftsregelungen aber sprunghaft zugenommen haben, ist diese Kompetenzlage zunehmend zu einem Problem geworden, weil sie den Mitgliedstaaten die notwendigen Freiräume zu beschneiden droht. Die Gemeinschaftsregelungen können inzwischen „zu Zentralisierung, Gleichmacherei und Bürgerferne führen. Ein Raum, der fast ganz Westeuropa mit 320 Mio. Bürgern umfaßt, kann nicht zentralistisch regiert werden. Die Gemeinschaft und erst recht die Union müssen den nationalen und regionalen Bindungen und den Besonderheiten der jeweiligen Lebensformen Rechnung tragen, um nicht als anonymer Herrschaftsträger auf Ablehnung zu stoßen“[13]. Die Gemeinschaft ist vielmehr darauf verwiesen, den Grundkonsens der Bürger zu suchen; anders kann sich ein „Gemeinschaftsbewußtsein“ *(Everling)* nicht bilden. Dafür ist es erforderlich, daß die Gemeinschaft den nationalen, regionalen und lokalen Instanzen ausreichende Handlungsspielräume läßt.

Eine Neuaufteilung der Kompetenzen ist also unabweislich geworden. Darüber bestehen kaum Meinungsverschiedenheiten.

---

[8] Vgl. dazu *H. P. Kraußer*, Der Grundsatz der begrenzten Kompetenz, Berlin 1991.

[9] *U. Everling*, a. a. O., S. 42.

[10] *U. Everling*, a. a. O.

[11] Vgl. *W. Möschel*, Politische Union für Europa: Wunschtraum oder Alptraum?, JZ 1982, S. 877 ff.; *D. Grimm*, Subsidiarität — nur ein Wort, FAZ v. 17.9.1992; *Z. O. Lenz*, Im Lichte der Rechtsprechung, EG magazin 1992 Nr. 9, S. 16 ff; *E. Steindorff*, Grenzen der EG-Kompetenzen, Heildelberg 1990, S. 29 f.

[12] Vgl. *Z. O. Lenz*, a. a. O.

[13] *U. Everling*, a. a. O., S. 41.

3. Die Aufnahme des Begriffs der „konkurrierenden Rechtsetzungsbefugnis" in das Gemeinschaftsrecht

Mit der Aufnahme des Begriffs „konkurrierende" Gemeinschaftskompetenz in den neuen Art. 3 b EG-V wird eine neue Art der Kompetenzabschichtung fortgeführt, die schon mit dem Erlaß der Einheitlichen Europäischen Akte 1986 Eingang in den EWGV gefunden hat: Damals wurden zum ersten Mal Kompetenzbereiche, die der Gerichtshof bei der Anwendung zielorientierter Rechtsgrundlagen (Art. 100, 235 EWGV) für die Gemeinschaft „gewonnen" hatte, durch eine ausdrückliche Aufnahme in das Primärrecht abgesichert.

Auf diesem Wege positiver Kompetenzzuweisung kommt in die Verträge ein Kompetenzabschichtungsmodell nach Materien hinein. In der EEA waren das vor allem die Kompetenzen für das Umweltrecht (Art. 130 r ff. EWGV) und für Forschung und Technologie (Art. 130 f ff. EWGV).

Dieser „Trend" setzt sich in den Maastrichter Vereinbarungen fort für folgende Materien:

— Bildungspolitik (Art. 126 EG-V),

— Berufsbildungspolitik (Art. 127 EG-V),

— Kulturpolitik (Art. 128 EG-V),

— Gesundheitspolitik (Art. 129 EG-V),

— Verbraucherschutz (Art. 129 a EG-V),

— Transeuropäische Netze (Art. 129 b ff. EG-V).

Ausdruck der zunehmenden Orientierung der Kompetenzverteilung an Materien ist auch die „Umgestaltung" der Gliederung des Dritten Teils des EG-V mit der Aufzählung der „Politiken der Gemeinschaft" in den neuen Titeln I bis XVII.

4. Das Problem der Ermittlung konkreter konkurrierender Rechtsetzungsbefugnisse

Die Abgrenzung der Kompetenzen der Gemeinschaftsorgane von denjenigen der Mitgliedstaaten ist damit nicht leichter, sondern eher unklarer geworden.

Durch die Gemeinschaftsverträge sind den Gemeinschaften bestimmte Aufgaben übertragen und die dafür erforderlichen, begrenzten Kompetenzen zugewiesen worden. Hier standen und stehen in Mittelpunkt die Kompetenzen zur Realisierung der Grundfreiheiten des EWG-Vertrages. Daneben sind in zunehmendem Umfang andere Kompetenzen getreten (auf dem Gebiet der Forschung, der Technologie, des Umweltschutzes, der Entwicklungshilfe und auf anderen Gebieten), die sich ihrer Struktur nach von den ersten Kompetenzen grundlegend unterscheiden.

Erst aus der jeweiligen Kompetenzbestimmung muß ermittelt werden, ob diese Kompetenz ausschließlich der Gemeinschaft zukommen soll (wie z. B. die Festlegung des einheitlichen Zolltarifs oder — nach allerdings bestrittener Auffassung — die Festlegung der Handelspolitik nach Art. 113 EWGV) oder ob es sich nur um eine konkurrierende Kompetenz handelt, bei der die Unionsstaaten das Recht zur Gesetzgebung jedenfalls nicht vollständig verloren haben.

Daher hat die Kommission in ihrer Mitteilung zur Verwirklichung des Subsidiaritätsprinzips [14] die Notwendigkeit festgestellt, ein gemeinsames Konzept zu erarbeiten, um ständige Abgrenzungskonflikte zwischen ausschließlichen und konkurrierenden Zuständigkeiten zu vermeiden. Sie hat in ihrer Mitteilung den Standpunkt eingenommen, daß der Begriff der ausschließlichen Zuständigkeit „zwei kumulative Elemente . . . umfaßt":

— *„ein funktionales Element:* Die Verpflichtung der Gemeinschaft, als allein zuständige Instanz bei der Wahrnehmung bestimmter Aufgaben tätig zu werden. Die Verpflichtung zum Tätigwerden muß sich klar aus dem Vertrag selbst ergeben — zum Beispiel aus Art. 8 a („Die Gemeinschaft trifft die erforderlichen Maßnahmen, um bis zum 31. Dezember 1992 den Binnenmarkt schrittweise zu verwirklichen"), oder aus Art. 40 („wird eine gemeinsame Organisation der Agrarmärkte geschaffen"). Der Vertrag sieht im übrigen ein Verfahren vor, das die Nichterfüllung dieser Verpflichtung durch eine Untätigkeitsklage sanktioniert [15]".

— *„Ein materielles Element:* Die Mitgliedstaaten haben nicht das Recht, einseitig tätig zu werden. Sie können allerdings Gesetze beschließen, wenn die Gemeinschaft das akzeptiert — beispielsweise bei bestimmten Aspekten der Handelspolitik — oder wenn sie Rahmenregelungen für nationale Maßnahmen erläßt".

Das „funktionale Element" wird man aber nur dann im Sinne einer Verpflichtung (und nicht nur einer Berechtigung zum Handeln) verstehen dürfen, wenn sich das aus den Vertragsvorschriften eindeutig ergibt.

Nicht aus jeder Verpflichtung der Gemeinschaft zum Handeln „im gegenwärtigen Stadium des gemeinschaftlichen Aufbauwerks" [16] kann aber eine ausschließliche Zuständigkeit der Gemeinschaft mit den daraus folgenden Konsequenzen rechtlich abgeleitet werden. Denn *„historisch* hat sich der Begriff „ausschließliche Zuständigkeit" im Gemeinschaftsrecht zunächst aus der Verpflichtung heraus entwickelt, den *„Gemeinsamen Markt"* zu verwirklichen. Diese Verpflichtung wurde ganz besonders zwingend formuliert, insbesondere auch dadurch, daß in die Einheitliche Akte eine Zeitvorgabe aufgenommen wurde" [17]. Trotzdem fallen

---

[14] v. 27.10.1992.

[15] So hat der Gerichtshof die Untätigkeit des Rates im Verkehrsbereich festgestellt.

[16] Mitteilung der Kommission, Anlage, S. 6.

[17] Mitteilung der Kommission, S. 7.

nicht alle hierfür erforderlichen Rechtsakte in die ausschließliche Rechtsetzungskompetenz der Union (wie das allerdings in der Anlage zur Mitteilung der Kommission (S. 7) angenommen wird. Dort wird zur ausschließlichen Zuständigkeit gerechnet „die Beseitigung der Hindernisse, die der Freizügigkeit sowie dem Waren-, Kapital- und Dienstleistungsverkehr entgegenstehen; (Art. 8 a)“).

5. Die Notwendigkeit einer grundsätzlichen Kompetenzabgrenzung — Leitlinien der Subsidiarität

Eine Europäische Union, deren Kompetenzen sachgerecht von denjenigen der Unionsmitglieder abgegrenzt sind und die zugleich im Gemeinschaftsbewußtsein der Bürger der Unionsstaaten verankert ist, kann nicht in Einzelschritten entstehen, die von den Notwendigkeiten des Tages bestimmt werden. Ein solches Europa verlangt eine Konzeption, die sich an der Wirklichkeit bewähren muß; sie kann nicht allein aus den Erfordernissen der Wirklichkeit entstehen.

Dieses Bewußtsein ist inzwischen allgemein. Mehrere Entwürfe für eine Europäische Verfassung sind vorgelegt worden[18], und es ist vor allem die Verteilung der Kompetenzen, die eine vertiefte Betrachtung verdient. In dem schon mehrfach zitierten Band von Weidenfeld hat *Ulrich Everling* die mit der Aufteilung der Kompetenzen in einer föderal gegliederten Europäischen Union zusammenhängenden Probleme in vorzüglicher Weise dargestellt[19].

Folgende *Leitlinien für eine Neuabgrenzung* der Kompetenzen zwischen Union und Unionsstaaten können unter Berücksichtigung des Subsidiaritätsprinzips, das auf dieser Ebene auch nach dem neuen Art. 3 b EG-V nicht unmittelbar gilt, das aber als Orientierungshilfe und als Korrekturmaßstab unverzichtbar ist, gegeben werden.

a) Die Gemeinschaftsverfassung muß sich auf die Verteilung der Kompetenzen zwischen Union und Unionsstaaten beschränken. Über die Aufteilung der bei den Mitgliedstaaten liegenden Kompetenzen zwischen diesen und ihren Untergliederungen, also Ländern, Regionen, Departements, Gemeinden und Gemeindeverbänden darf nicht die Gemeinschaft entscheiden, so sehr sie auch an einer Dezentralisierung interessiert sein mag. Das muß vielmehr den Verfassungen der Mitgliedstaaten überlassen bleiben[20].

---

18 Vgl. die Arbeitsgruppe „Europäische Verfassung“, die Vorschläge von *R. Luster* / *G. Pfennig* u. *F. Fugmann*, Bundesstaat Europäische Union — ein Verfassungsentwurf sowie den Entschließungsantrag des Europäischen Parlaments zu den verfassungsmäßigen Grundlagen der Europäischen Union (Bericht: E. Colombo) v. 13. 11. 1990, allesamt abegedr. in W. Weidenfeld, Wie Europa verfaßt sein soll, Bertelsmann-Stiftung, Gütersloh 1991.

19 a. a. O, S. 41 ff.

20 So zutreffend *U. Everling*, a. a. O., S. 44.

b) Unabweislich ist auch die Notwendigkeit, bei der Verabschiedung einer Europäischen Verfassung einen Weg vorzusehen, auf dem der Union im Bedarfsfall neue Kompetenzen übertragen werden können.

Solange nicht geklärt ist, wer in welchem Verfahren die europäische Verfassung zu beschließen hat, hängen Vorschläge zur Verfassungsänderung noch in der Luft. Die Einräumung der Kompetenz-Kompetenz für die Union, wie sie dem Bundesstaatsmodell entspricht, ist weder erforderlich noch — nach der Aufgabe des Bundesstaats als Einigungsziel — wünschenswert. Eine „Evolutivklausel" entsprechend Art. 235 EWGV[21], die den Gemeinschaftsorganen also Blankovollmacht erteilt für alle die Fälle, in denen ein Tätigwerden der Gemeinschaft zur Erreichung eines ihrer Ziele erforderlich ist, hat zwar in der Aufbauphase der Gemeinschaft eine wichtige Funktion wahrgenommen; diese Möglichkeit sollte aber nicht unbegrenzt weiter eingeräumt werden.

Auch der Weg, mit *R. Luster / G. Pfennig / F. Fugmann*[22] „ein Unionsgesetz zur Zuständigkeit- und Befugniserweiterung" mit qualifizierter Mehrheit vorzusehen für den Fall, daß „erforderliche Gesetzgebungsbefugnisse in dieser Verfassung nicht vorgesehen" sind, erscheint zu einfach.

Auf der anderen Seite ist einzuräumen, daß das Verfahren der Verfassunggebung dann jedenfalls sehr langwierig werden kann, wenn die Verfassung — wie hier vertreten — vom Europäischen Parlament unter Mitwirkung (Ratifikation) der Unionsstaaten erlassen werden soll.

c) Alle bisher vorgelegten Entwürfe setzen vor allem auf das Institut der *Rahmengesetzgebung*. Es ist auch im deutschen Recht bekannt (Art. 75 GG[23]), doch damit ist nicht jeder Streit ausgeräumt. Stets bedarf es im Einzelfall der Auslegung, ob eine Regelung noch einen der Ausfüllung zugänglichen Raum läßt, ob sie also einen bloßen Rahmencharakter behält oder ob sie selbst schon eine vollständige Regelung darstellt. Die Tendenz jedes Unionsgesetzgebers, eine Befugnis zur Rahmenziehung intensiv zu nutzen, wird man in die Überlegungen einbeziehen müssen. Die Probleme der Kompetenzabgrenzung werden sich mit der Rahmengesetzgebung allein aber sicher nicht lösen lassen. Es wird Bereiche

---

21 Die *U. Everling*, a. a. O., S. 45, als wohl unverzichtbar ansieht.

22 in: *W. Weidenfeld*, Wie Europa verfaßt sein soll, Bertelsmann-Stiftung, Gütersloh 1991, S. 105 / 121.

23 Danach hat der Bund unter den Voraussetzungen des Art. 72 GG (Bedürfnis für eine Bundesregelung) das Recht, Rahmenvorschriften zu erlassen über

1. die Rechtsverhältnisse der öffentlichen Bediensteten mit Ausnahme des Versorgungs- und Besoldungsrechts, das nach Art. 74 a in die konkurrierende Gesetzgebung des Bundes fällt;
2. die allgemeinen Grundsätze des Hochschulwesens;
3. die allgemeinen Rechtsverhältnisse der Presse und des Films;
4. das Jagdwesen, den Naturschutz und die Landschaftspflege;
5. die Bodenverteilung, die Raumordnung und den Wasserhaushalt;
6. das Melde- und Ausweiswesen.

geben, in denen der Union die ausschließliche Kompetenz zustehen muß, so wie es auch andere Bereiche geben wird, in denen je nach Bedarf zu entscheiden ist, ob die Union oder der Unionsstaat die Regelung treffen muß (konkurrierende Kompetenz).

d) *Das Prinzip ist klar:* Die ausschließliche Kompetenz der Gemeinschaftsorgane muß die aus der Natur der Sache begründbare Ausnahme bleiben. Soweit die Unionsverfassung dazu nicht ausdrücklich ermächtigt, bleibt die Kompetenz bei den Unionsstaaten. Das entspricht dem Grundsatz der Subsidiarität und ist wohl prinzipiell auch nicht streitig.

Als Beispiel für die ausschließlichen Rechtsetzungszuständigkeiten für die Union nennt *U. Everling*[24] folgende Sachbereiche:

— Zölle, Zollrecht sowie Zollrechtsverfahren, soweit es zur einheitlichen Erhebung der Zölle erforderlich ist;

— Handelspolitik einschließlich mengenmäßiger Beschränkungen, Schutzmaßnahmen und Abschluß von Handelsabkommen;

— landwirtschaftliche Marktordnungen, Fischerei.

Streiten wird man vor allem über den Umfang der „Handelspolitik". Seit längerem stehen sich hier die Auffassungen des Rates (entscheidend sei die Zweckbestimmung einer Maßnahme zur Beeinflussung des Handelsvolumens bzw. der Handelsströme) und der Kommission (entscheidend sei, ob ein Instrument zur Regelung des internationalen Handels eingesetzt werde) gegenüber.

Ganz grundsätzlich macht *Everling* für die ausschließlichen Kompetenzen der Gemeinschaft zwei Einschränkungen, die im Sinne der Subsidiarität zu begrüßen und die auch schon in Dokumente der Kommission eingegangen sind:

— Solange die Gemeinschaft von ihrer ausschließlichen Kompetenz keinen Gebrauch gemacht hat, bleiben die mitgliedstaatlichen Regeln in Kraft.

— Ferner können die Unionsvorschriften die Mitgliedstaaten dazu ermächtigen, bestimmte Regelungen auch künftig selbst zu treffen. Von dieser Möglichkeit sollte in weitestmöglichem Umfang Gebrauch gemacht werden.

Andere Entwürfe sehen demgegenüber weit umfassendere ausschließliche Unionsgesetzgebungsbefugnisse vor[25].

---

24 a. a. O., S. 46.

25 Etwa derjenige von *R. Luster / G. Pfennig / F. Fugmann;* der ausschließlichen Kompetenz der Union sollen danach unterliegen insbesondere.
— die auswärtigen Angelegenheiten sowie die Sicherheit einschließlich der Rüstungskoordinierung und des Schutzes der Zivilbevölkerung;
— das Unionsbürgerrecht und das Einbürgerungs-, Aufenthalts- und Niederlassungsrecht der Ausländer;
— die Freizügigkeit, die Niederlassungs- und Dienstleistungsfreiheit, die Ein- und Auswanderung und die Auslieferung;

e) Soweit die Kompetenz der Unionsorgane nicht als ausschließliche und auch nicht als eine Rahmenkompetenz ausdrücklich bezeichnet ist, tritt der *Regelfall* der Unionskompetenz ein — die *konkurrierende Kompetenz.*

Hier stellen sich zwei Probleme: Einmal die Frage nach ihrem Umfang; denn auch sie sollen in einer Unionsverfassung die begründete Ausnahme bleiben; zum anderen die Frage nach den Bedingungen für ihre Ausübung. Nur bei der Antwort auf diese zweite Frage soll nach der Entscheidung des Art. 3 b EWGV das Subsidiaritätsprinzip von Bedeutung sein.

aa) In ihrer Mitteilung zur Verwirklichung des Subsidiaritätsprinzips brauchte die Kommission keinen Katalog der konkurrierenden Kompetenzen aufzustellen, weil bei der Auslegung des geltenden Rechts jede Kompetenz, die nicht als ausschließlich anzusehen ist, eine konkurrierende darstellt. Anders ist das natürlich bei der Überlegung für eine künftige europäische Verfassung[26].

bb) Umstritten ist heute schon die Frage nach den rechtlichen Voraussetzungen für die Kompetenzausübung. Hier soll nach dem neuen Art. 3 b EWGV das Subsidiaritätsprinzip zwingend beachtet werden. Art. 72 Abs. 2 GG, mit dem eine Art „Subsidiaritätsklausel für die konkurrierende Gesetzgebung des Bundes“[27] geschaffen werden sollte, hat sich bekanntlich als weitgehend wirkungslos erwiesen. Freilich hat das Bundesverfassungsgericht zur Erosion der Länderbefugnisse in Deutschland dadurch beigetragen, daß es dem Bundesgesetzgeber bei der Beurteilung der Voraussetzungen des Art. 72 Abs. 2 GG einen weiten Ermessensspielraum eingeräumt hat. Der Europäische Gerichtshof würde sicher ebenso vorgehen.

Die „Subsidiaritätsbremse“ bei der Ausübung einer konkurrierenden Zuständigkeit der Union formuliert *U. Everling* folgendermaßen:

„Sie darf Zuständigkeiten nur in Anspruch nehmen, wenn und soweit eine gemeinsame Regelung

— das Währungs-, Geld- und Münzwesen, Maße, Gewichte und Normen sowie die Zeitbestimmung;
— das Recht der Wirtschaft soweit es vom Vertrag über die EWG erfaßt ist, einschließlich des Rechts, gesetzliche Maßnahmen zur Erhaltung, Förderung und Sicherung eines an den Stabilitätszielen orientierten Konjunkturverlaufs und zur Erzielung einer größeren Konvergenz mit Wirkung auf die Haushalts-, Steuer-, Kapital- und Geldmarktpolitik der Union und der Unionsstaaten zu erlassen; in diesem Bereich kann das Unionsgesetz Leistungen der Union an die Unionsstaaten von der Beachtung der von ihm vorgeschriebenen Ziele abhängig machen;
— das Wettbewerbsrecht;
— das Recht der Montanindustrie und Kernenergie usw., *W. Weidenfeld,* Wie Europa verfaßt sein soll, S. 120.

26 *U. Everling* macht (a. a. O.) hierfür einen Vorschlag, der eine gute Diskussionsgrundlage abgibt.

27 *U. Everling,* a. a. O., S. 44.

— zur Beseitigung von Hindernissen des freien Verkehrs von Waren, Personen, Dienstleistungen und Kapital zwischen den Mitgliedstaaten,

— zur Vermeidung von Wettbewerbsverzerrungen zwischen den Unternehmen verschiedener Mitgliedstaaten,

— zur Bewältigung von Aufgaben, die wegen ihres Ausmaßes oder wegen ihrer die Grenzen überschreitenden Auswirkungen von den Mitgliedstaaten nicht angemessen erledigt werden können, erforderlich ist".

Ob diese Erforderlichkeit im Einzelfall gegeben ist, darüber wird man im Einzelfall verschiedener Auffassung sein können.

6. Zusammenfassung

Artikel 3 b EG-V schreibt die Anwendung des Subsidiaritätsprinzips bisher nur für die Ausübung konkurrierender Gesetzgebungkompetenzen der Union vor.

Damit gewinnt die — keineswegs geklärte — Frage enorm an Bedeutung, welche Kompetenzen im Vertrag (nur) konkurrierende und welche ausschließliche Gemeinschaftskompetenzen darstellen.

Das Prinzip ist klar: Die ausschließliche Gemeinschaftskompetenz muß die aus dem Gegenstand heraus begründbare Ausnahme bleiben. Insbesondere können nicht alle Maßnahmen, die zur Verwirklichung des Binnenmarktes erforderlich sind, hierunter gefaßt werden.

Zu begrüßen ist, daß die Kommission Anregungen im Schrifttum folgt, auch im Bereich der ausschließlichen Gesetzgebungbefugnisse der Gemeinschaften Rechtsetzungsakte der Mitgliedstaaten zuzulassen, soweit der Gemeinschaftsgesetzgeber das bestimmt und die Gemeinschaft das in anderer Weise akzeptiert.

Bei den Diskussionen um eine Verfassung für die Europäische Union müssen auch die konkurrierenden Rechtsetzungskompetenzen unter der Beachtung des Subsidiaritätsprinzips aufgelistet werden. Daran ist mit Nachdruck festzuhalten.

IV. Subsidiarität als Organisationsprinzip

1. Die Aufwertung des europäischen Parlaments und die Beteiligung einer zweiten Kammer

Ein *Europäisches Parlament* mit umfassender Gesetzgebungsbefugnis und eine *zweite Kammer*, in der die Mitwirkung der Mitgliedstaaten an der europäischen Gesetzgebung gewährleistet wird, sind Ziel der europäischen Integration, wie sie die Bundesregierung versteht[1].

[1] Das erklärt die Regierung in ihrer Antwort (BT-Ds. 11 / 5615) v. 14.11.1989 auf eine Große Anfrage der SPD-Fraktion (BT-Ds. 11 / 4220) zu den innenpolitischen Folgen der EG.

a) In der Theorie besteht darin weitgehend Übereinstimmung. Daß praktisch die Bemühungen, die Bedeutung des Europäischen Parlaments aufzuwerten, über Jahrzehnte hinweg nur von kleinen und bescheidenen Erfolgen gekrönt waren, die zudem das Gesetzgebungsverfahren eher undurchsichtig und komplizierter gemacht haben, das liegt vor allem an der nach wie vor ungeklärten Frage der Kompetenzaufteilung (s. oben III). Solange die damit verbundenen Souveränitätsverluste der Mitgliedstaaten nicht in einer Verfassungsentscheidung klar definiert sind, müssen alle Versuche scheitern, das Europäische Parlament zur entscheidenden Instanz im Rechtsetzungsverfahren zu machen.

Vermutlich wird man dennoch den bisher begangenen Weg weiter beschreiten, immer neue Beteiligungsformen zu finden und da und dort Zugeständnisse bei den Finanzmitteln zu machen. Der notwendige Durchbruch wird auf diese Weise nie erreicht werden. Angeblich sollen gerade die Deutschen „in großer Mehrheit" kein Interesse daran haben, dem Straßburger Parlament ein größeres Mitspracherecht zu gewähren[2]. Wie dem auch sein mag — ein solcher Befund ist weder verwunderlich noch wohl ein deutsches Spezifikum, weil es eine gesamteuropäische Debatte bisher nicht gibt, die Ziele der Gemeinschaft bewußt im Unklaren gehalten werden und die Beteiligungsrechte des Parlaments nur schwer durchschaubar sind. Würde sich hier Grundlegendes ändern, dann fände das Europäische Parlament ohne Zweifel auch eine größere Resonanz in der Öffentlichkeit. Beim derzeitigen Stand ist es nicht verwunderlich, wenn über die künftige Rolle des Europäischen Parlaments nicht vertieft diskutiert wird. Die Forderungen sind klar; klar sind allerdings auch ihre Realisierungschancen.

b) Weit lebhafter sind demgegenüber die Diskussionen über die *künftige* Struktur des *Ministerrats,* der — obgleich aus Regierungsmitgliedern als Vertretern der Mitgliedstaaten zusammengesetzt — derzeit nach wie vor das entscheidende Gemeinschaftsorgan für die Rechtsetzung ist. Alle Vorschläge, den Ministerrat zu einer Art „Staatenkammer" umzuwandeln mit der Aufgabe, eine „föderale Balance" herzustellen[3], kranken daran, daß sie eine Aufwertung des Europäischen Parlaments zu einer echten Rechtsetzungskammer voraussetzen. Soweit im Rahmen von umfassenderen Konzepten zu einer Verfassungs-Neuordnung der EG auf die Rolle des Ministerrats eingegangen wird, sind die Vorschläge an bundesstaatlichen Organisationsschemata ausgerichtet, in denen die verschiedenen Elemente der Staatlichkeit von Gliedstaaten und Zentralstaat in einer Balance gehalten werden sollen[4]. Derartige Anleihen an bundesstaatliche Gebilde sind ohne

---

[2] Vgl. den Allensbach-Monatsbericht, FAZ v. 8.10.1992, S. 5.

[3] Vgl. *W. Weidenfeld* (Hrsg.) (Fn. 2), S. 21 ff.

[4] Vgl. über *Weidenfeld* hinaus *Graf Kielmansegg,* Einige historische Bemerkungen zum Thema „Föderation", in: W. Weidenfeld (Hrsg.), Wie Europa verfaßt sein soll, S. 50 ff.; *G. Müller-Brandeck-Bocquet,* Ein föderalistsches Europa? Zur Debatte über die Föderalisierung und Regionalisierung der zukünftigen Europäischen Politischen Union, Aus Politik und Zeitgeschichte, B 45 / 1991, S. 13 ff.

weiteres möglich, auch wenn eine volle Verwirklichung des Bundesstaates nicht mehr angestrebt wird.

Sobald die Zeit reif dafür ist, dem europäischen Parlament die ihm nach demokratischen Prinzipien zukommende Rolle zuzugestehen, fehlt es an Modellen für eine Neuorganisation des Ministerrats nicht[5]: Das bekannteste plädiert für eine Besetzung mit Vertretern der nationalen Parlamente; vor allem Frankreich und Großbritannien befürworten dieses Modell. Dem steht die von Giscard d'Estaing favorisierte Bundesratslösung nach deutschem Muster gegenüber; danach sollte die Staatenkammer mit von den Regierungen der Mitgliedstaaten ernannten Vertretern der verschiedenen Gruppierungen der Gesellschaft beschickt werden.

Infolge der derzeitigen Aussichtslosigkeit einer so grundlegenden Aufwertung des europäischen Parlaments brauchen diese Überlegungen vorerst nicht weiterverfolgt zu werden. *Übergangsweise* fordern die Regierungschefs der deutschen Länder[6] folgende Änderung von Art. 2 Abs. 1 FusV:

> „Soweit der Rat über Angelegenheiten berät oder entscheidet, die innerstaatlich in die ausschließliche Zuständigkeit von Ländern oder Regionen fallen, deren wesentliche Interessen berühren, kann ein weiterer Vertreter entsandt werden. Die Entsendung und die Stimmführerschaft richten sich nach innerstaatlichem Recht".

Mit der Neufassung des Art. 146 Abs. 1 EG-V in Verbindung mit Art. 23 GG n. F. wäre diesem Anliegen zum Teil Rechnung getragen.

2. *Subsidiarität und Kommission*

Die Kommision hat vor allem die Aufgabe, für die Anwendung des Vertrags und für die Durchsetzung des Rechts zu sorgen (Art. 155 S. 2 EWG-V). Ihre Beschlüsse werden von den ressortmäßig (nach dem Vorbild der historisch gewachsenen Ministerialorganisation fachlich aufgeteilt) organisierten Generaldirektionen vorbereitet. Ob diese Form der im EWG Vertrag (anders als im Verfassungsrecht der Mitgliedstaaten, z. B. im Art 65 GG) *nicht* vorgeschriebenen Art der Organisation noch zeitgemäß ist, sei hier dahingestellt. Das Subsidiaritätsprinzip verlangt lediglich, darüber zu wachen, daß Wachstum und Ausbau der Organisation den notwendigen Aufgaben korreliert und nicht umgekehrt für eine aus anderen Gründen (z. B. der nationalen Parität) wachsende Behörde Aufgaben geschaffen werden. Am Prinzip der grundsätzlich mitgliedstaatlichen Vollziehung ist festzuhalten. In einer künftigen Verfassung ist das auch — zusammen mit den Fällen eines ausnahmsweisen gemeinschaftsunmittelbaren Vollzugs — ausdrücklich festzuschreiben.

---

[5] Vgl. dazu näher *G. Müller-Brandeck-Bocquet*, a. a. O., S. 17 ff.

[6] *M. Borchmann*, Doppelter Föderalismus in Europa — die Forderungen der deutschen Länder zur Politischen Union, EA 1991, S. 340 / 342.

Bedeutung kommt der Kommission über den bloßen Vollzug hinaus auch durch eigene Rechtssetzungsbefugnisse zu, die ihr im EWG-Recht nur ausnahmsweise im Vertrag selbst (Art 97 Abs. 2 EWG-V), häufig aber in Rechtsakten des Rates eingeräumt werden[7]. Im Rechtssetzungverfahren der Kommission haben sich allerdings Formen entwickelt, die nichts mit dem Subsidiaritätsprinzip zu tun haben, sondern die gebotene Zuständigkeitstrennung zwischen Gemeinschaftsorganen und mitgliedstaatlichen Organen verwischen. Schon früh wurden im Agrarsektor Verwaltungsausschüsse, die sich aus Vertretern der Mitgliedstaaten zusammensetzen, in das Rechtsetzungsverfahren der Kommission einbezogen[8]. Diese Verfahren wurden später ausgeweitet und in dem sogenannten „Komitologie-Beschluß" des Rates vom 13.7.1987 auf eine formelle Grundlage gestellt. Soweit diese Ausschüsse entscheidende Mitwirkungsbefugnisse haben, ist das (wegen der fehlenden Transparenz) mit der Rechtsstaatlichkeit kaum vereinbar und jedenfalls zur Verstärkung demokratischer Strukturen sicher nicht geeignet[9]. Das Subsidiaritätsprinzip verstärkt hier die Anforderungen des Rechtsstaatsprinzips, weil auch die Subsidiarität auf einer klaren Zuständigkeitsteilung aufbaut. Subformen der Verwaltungsorganisation, wie sie sich in den Anfangsjahren der Europäischen Gemeinschaften sowohl beim Rat als auch bei der Kommission in viel zu reichem Maße gebildet haben, müssen entweder zurückgeschnitten oder den Gemeinschaftsorganen eingegliedert werden.

Auch hier könnte das Subsidiaritätsprinzip dazu beitragen, erst einmal das öffentliche Interesse zu wecken, das bisher an den Organisationsproblemen der Gemeinschaftsexekutive ganz vorbeigegangen ist, obgleich jedenfalls gegenwärtig die nationale Vielfalt sehr viel stärker durch die Kommission als durch das Parlament bedroht ist. Deswegen ist es auch illusionär, Hilfen zur Durchsetzung des Subsidiaritätsprinzip von der Kommission zu erwarten, vor deren Expansionsdrang — sachlich und organisatorisch — dieses Prinzip gerade schützen soll.

Unschuldig sind freilich auch die Mitgliedstaaten nicht, weil die Einrichtung national besetzter Ausschüsse ihnen eine vom Vertrag nicht vorgesehen Möglichkeit gibt, den Integrationsfortschritt in der Hand zu behalten[10]. Vor allem der Widerstand der Mitgliedstaaten gegen ein stärkeres Europäisches Parlament ist einer der Gründe dafür, daß in Brüssel „eine Konzentration administrativer Kräfte

---

[7] Ausführlich dargestellt etwa von *R. Streinz*, Europarecht, Heidelberg 1992, S. 130 ff.

[8] Art. 25 und 26 der VO Nr. 19 des Rats vom 4.4.1962, Bl 133 ff.

[9] Eine Klage des Europäischen Parlaments gegen diesen Beschluß wurde vom EuGH mit zweifelhafter Begründung als unzulässig abgewiesen RS 302 / 87, Rspr 1988, S. 5615 ff.

[10] *M. Bach*, Eine leise Revolution durch Verwaltungsverfahren — bürokratische Integrationsprozesse in der Europäischen Gemeinschaft, Zeitschrift für Soziologie 21 (1992), S. 16 ff, schätzt die von ihm „Transnationale Fusionsbürokratie" genannte Mischbürokratie der Gemeinschaft und Mitgliedstaaten auf ca. 35000 Personen, von denen nur 10 000 bei den eigentlichen europäischen Institutionen beschäftigt sind. „Hauptbegegnungspunkte" sind die mehr als 800 Fach- und Verwaltungsausschüsse sowie Arbeitsgruppen und Verwaltungskommissionen der EG.

entstanden ist, die Europa genau jene Intransparenz verschafft, welche die Bürger Europas mit Recht fürchten"[11].

3. Neuorientierung des EuGH

Einer grundlegenden Umgestaltung bedarf, auch das ist weitgehend unstreitig, der *Europäische Gerichtshof* (EuGH). Bisher ist er das einzige Rechtsprechungsorgan der Europäischen Gemeinschaft mit dem umfassenden Auftrag, „die Wahrung des Rechts bei der Auslegung und Anwendung" der Gemeinschaftsverträge zu sichern (Art. 164 EWGV, 31 EGKSV, 136 EAGV). Das auf der Grundlage der Einheitlichen Europäischen Akte errichtete „Gericht Erster Instanz" hat diese Umgestaltung noch nicht eingeleitet; es ist kein zusätzliches Gemeinschaftsorgan, sondern lediglich ein „eigenständiger Spruchkörper" zur Entlastung des EuGH von gewissen Materien (vor allem von Beamtensachen) oder von Streitsachen geringerer Bedeutung.

Eine entscheidende organisatorische Änderung verlangt einen Wechsel der Blickrichtung: Während sich der EuGH in den vergangenen Jahrzehnten vor allem als Motor der Integration verstanden und auch bewährt hat, soll ihm bei dem erreichten Stand der Entwicklung nunmehr zunehmend die Aufgabe zufallen, eher „auf ein ausgewogenes Verhältnis zwischen der Union und den Mitgliedstaaten sowie auf die Beachtung des Subsidiaritätsprinzips hinzuwirken"[12]. Die verschiedenen Vorschläge[13] für eine Verfassungsreform stimmen darin überein, daß der EuGH sich zunehmend zu einem Verfassungsgericht entwickelt, während das Gericht Erster Instanz die Funktionen der Fachgerichtsbarkeit auf den Gebieten des Bürgerlichen Rechts, des Verwaltungsrechts sowie der anderen Fachgebiete des Rechts zu erfüllen habe[14].

Eine derartige Neuordnung der Rechtsprechung wird ohne ausdrückliche Vertragsänderung nicht möglich sein; sie entspräche allerdings dem Subsidiaritätsprinzip. Die expansive Rolle des EuGH ist seit langem kritisiert worden; auf Dauer kann sie sich auch nicht positiv auf eine europäische Verfassungsentwicklung auswirken. Zwar hat die Verfassungsrechtsprechung in allen Mitgliedstaaten

---

[11] *B.-O. Kuper,* Freie Wohlfahrtspflege in Europa, Soziale Arbeit 1992, S. 23.

[12] Bericht der Arbeitsgruppe „Europäische Verfassung", in: *W. Weidenfeld* (Hrsg.), Wie Europa verfaßt sein soll, S. 30; *C. Stewing,* Subsidiarität und Föderalismus in der Europäischen Union, Köln usw. 1992, S. 137 ff., der die zentripetal und zentrifugal wirkenden Elemente klar herausstellt.

[13] Vgl. über *Weidenfeld* hinaus etwa *S. Langer,* Unitarismus und Föderalismus im künftigen Europa — Zur Bedeutung zweier Integrationsprinzipien für die Organisationsentwicklung in den Europäischen Gemeinschaften, DÖV 1991, S. 823 / 828.

[14] Trotzdem wird man das nicht so aufspalten können, wie das in der Literatur (von *S. Langer,* a. a. O., S. 828 r. Sp.) vertreten worden ist: Danach sollte das Gericht Erster Instanz die Einheit des Europäischen Rechts (Rechtseinheit), die Rechtsprechung des Europäischen Gerichtshofs selbst dagegen die Einheit der Gemeinschaftsverfassung (Verfassungseinheit) wahren.

eine zentrale Bedeutung; schon dies wird durchaus kritisch gesehen, besonders beim deutschen Bundesverfassungsgericht, dem mehr und mehr die Entscheidung eigentlich politischer Fragen zugewiesen wird. In keinem der Mitgliedstaaten aber hat die Rechtsprechung eine dem EuGH vergleichbare Stellung. So verdienstvoll die prätorischen Leistungen des EuGH waren und sind — sinnvoll sind sie in dieser Form nur in einer Übergangszeit bzw. in der Aufbauphase der Gemeinschaft.

4. Regionalkammer und Europäischer Rat

Ergänzt werden sollen die Organe der EG nach unten wie nach oben — nach unten durch eine *Regionalkammer*, nach oben durch den *Europäischen Rat*.

a) Die *Regionalkammer* (oder Regionalausschuß), die den „Beirat der regionalen und lokalen Gebietskörperschaften" (vgl. oben I) ersetzen soll, repräsentiert die Ebene unterhalb der Mitgliedstaaten. Die Verbindung mit dem Subsidiaritätsprinzip ist offenkundig; je nach der Art der Besetzung und der Befugnisse kann sie unterschiedlich stark sein. Die Einrichtung einer solchen Kammer soll die Entscheidungen wirklichkeitsnäher gestalten. Nach der Vorstellung der Regierungschefs der deutschen Länder soll dieses besondere „Regionalorgan" in den Gemeinschaftsverträgen ausdrücklich verankert werden[15] und an der Wahrnehmung der der Gemeinschaft zugewiesenen Aufgaben mitwirken, soweit ihre Rechte oder wesentlichen Interessen berührt sein könnten.

Seine Aufgabe stellt also vor allem die Beratung im Rechtsetzungsverfahren dar; gebildet wird der Regionalrat aus Vertretern der Länder, der Regionen, der Provinzdepartements oder sonstigen Gebietskörperschaften. Er soll 172 Mitglieder haben, die auf die einzelnen Mitgliedstaaten nach einem bestimmten Schlüssel (Art. 148 Abs. 2 EG-V) verteilt würden. Die Bildung dieser Körperschaften und die Verteilung der auf die Mitgliedstaaten entfallenden Sitze auf die zugehörigen Regionen und die Entsendung der Regionalvertreter soll, jedenfalls nach der Vorstellung der Regierungschefs der deutschen Länder, Angelegenheit der Mitgliedstaaten bleiben.

b) *Über* den bisher bestehenden Organen soll der *Europäische Rat* stehen. Er ist vom „Rat" im Sinne der Art. 145 ff. EWGV, Art. 1 ff. FusV zu unterscheiden. Seit der „Feierlichen Erklärung von Stuttgart" wird dem Europäischen Rat die Rolle zugeschrieben, politische Impulse innerhalb der Gemeinschaft zu geben. Rechtlich verankert wurde er in Art. 2 Abs. 1 der Einheitlichen Europäischen Akte.

Der Europäische Rat hat, wie bisher, die Funktion, die Grundsatzpolitik der Gemeinschaft sowie ihre grundsätzliche Orientierung zu diskutieren und festzule-

---

[15] Vgl. dazu *M. Borchmann*, Doppelter Föderalismus in Europa — die Forderungen der deutschen Länder zur Politischen Union, EArch 1991, S. 340 / 342.

gen; er ist das „föderative Leitungsorgan der Gemeinschaft“, wie das schon im Genscher / Colombo-Plan 1981 vorgesehen war. Darüber hinaus soll ihm ausdrücklich die Aufgabe übertragen werden, die Politik der Union mit den Politiken der Mitgliedstaaten zu koordinieren. Besondere Befugnisse stehen ihm dazu aber nicht zur Verfügung.

Auf die Verhältnisse der Bundesrepublik übertragen wird die Tätigkeit des Europäischen Rates verglichen mit Einrichtungen, wie sie sich im bundesdeutschen Föderalismus zunehmend gebildet haben und unter dem Stichwort „kooperativer Bundesstaat“ klassifiziert werden. An erster Stelle sind dabei zu nennen die „Konferenzen der Regierungschefs von Bund und Ländern“; sie entsprechen funktional in etwa der Einrichtung des Europäischen Rats auf Gemeinschaftsebene[16].

5. Zusammenfassung

Das Subsidiaritätsprinzip spielt eine gewichtige Rolle bei den Überlegungen zur Reform der Organisation der Gemeinschaftsorgane. Der Schwerpunkt liegt hier auf einer Neuorientierung von Kommission und EuGH. Zunächst ist am Prinzip der grundsätzlich mitgliedstaatlichen Vollziehung von Gemeinschaftsrechtsakten festzuhalten. In einer künftigen europäischen Verfassung muß das auch ausdrücklich festgeschrieben werden. Die Kommission besitzt eine ganze Reihe von eigenen Rechtsetzungsbefugnissen, die zum Teil im Vertrag, häufig aber in Rechtsakten des Rates eingeräumt werden. Im Rechtsetzungverfahren der Kommission haben sich Misch- und Subformen einer organisatorischen Verknüpfung des Gemeinschaftsorgans mit national besetzten Komitees unterschiedlichster Art gebildet, die dem Subsidiaritätsprinzip schon insofern widersprechen, als dieses auf einer klaren Zuständigkeitsteilung aufbaut. Diese Formen müssen entweder zurückgeschnitten oder den Gemeinschaftsorganen eingegliedert werden.

Die Diskussion über das Subsidiaritätsprinzip hat auch in diesem Punkt erst einmal das öffentliche Interesse an Organisationsproblemen der Gemeinschaft geweckt. Illusionär wäre es, die Durchsetzungs dieses Prinzips von der Kommission zu erwarten, vor deren Expansionsdrang dieses Prinzip gerade schützen soll. Freilich haben auch die Mitgliedstaaten ein „außervertragliches“ Interesse an solchen, die Zuständigkeit eher verschleiernden Mischformen.

Einer grundlegenden Umgestaltung im Sinne der Subsidiarität bedarf sowohl die Rechtsprechung wie auch die Organisation des Europäischen Gerichtshofs. Der EuGH muß zunehmend zu einem echtem Verfassungsgericht der Gemeinschaft werden; dem Gericht der Ersten Instanz ist die Aufgabe des Obersten Fachgerichts der Gemeinschaft zuzuweisen.

---

16 So zutreffend *S. Langer*, a. a. O., S. 828.

Eine Umorientierung verlangt auch die Rechtsprechung: Während sich der EuGH in den vergangenen Jahrzehnten vor allem als Motor der Integration verstanden und auch bewährt hat, soll ihm bei dem erreichten Stand der Entwicklung künftig eher die Aufgabe zufallen, auf ein ausgewogenes Verhältnis zwischen der Union und den Mitgliedstaaten sowie auf die Einhaltung des Subsidiaritätsprinzips zu achten.

Bei der neu zu errichtenden Regionalkammer, die den „Beirat" der regionalen und lokalen Gebietskörperschaften" ersetzen soll, ist die Verbindung mit dem Subsidiaritätsprinzip offenkundig. Je nach Art ihrer Besetzung und Befugnisse kann sie unterschiedlich stark sein.

Der Europäische Rat, der vom „Rat" im Sinne der Art. 145 ff. EWGV, Art. 1 ff. FusV zu unterscheiden ist, ist aus deutscher Sicht Einrichtungen zu vergleichen, wie sie sich im bundesdeutschen Föderalismus zunehmend herausgebildet haben und wie sie unter dem Stichwort „kooperativer Bundesstaat" klassifiziert werden (etwa Konferenzen der Regierungschefs von Bund und Ländern).

V. Subsidiarität und Wirtschafts- und Währungsunion

1. Die wesentlichen Elemente einer Wirtschafts- und Währungsunion

Eine Wirtschafts- und Währungsunion ruht (stark vereinfacht ausgedrückt) auf sechs Säulen[1]: auf

— einem freien Waren-, Personen- und Dienstleistungsverkehr,

— eventuellen flankierenden Maßnahmen (Finanzausgleich durch eine europäische Regional- und Strukturpolitik; europäische Wettbewerbspolitik usw., wobei sich freilich schon bei diesen Maßnahmen immer wieder Subsidiaritätsprobleme stellen!),

— einer einheitlichen Wirtschafts- vor allem Finanzpolitik,

— einem freien Kapitalverkehr,

— unwiderruflich festen Wechselkursen und

— einer einheitlichen Geldpolitik.

Die ersten drei Säulen bilden die Wirtschaftsunion, die weiteren drei eine Währungsunion.

In der Sache besteht hier weitgehende Einigkeit. Die Merkmale einer Währungsunion werden im Delors-Bericht (1989) weitgehend übereinstimmend mit dem Werner-Bericht aus dem Jahre 1970 beschrieben.

---

[1] Zitiert nach dem Abdruck eines Vortrages von *C. Köhler,* Die Europäische Wirtschafts- und Währungsunion, Deutsche Bundesbank — Auszüge aus Presseartikeln, Nr. 88 vom 9.12.1992, S. 8.

Unbestritten sind die Voraussetzungen der vollen Konvertibilität der beteiligten Währungen (die bei den Mitgliedstaaten der EG im großen und ganzen gegeben ist) und der völligen Freiheit des Geld- und Kapitalverkehrs, zu deren Verwirklichung eine EG-Richtlinie erlassen ist, sowie eine unwiderrufliche Festschreibung der Wechselkurse zwischen den Währungen in der Währungsunion[2].

Umstritten ist lediglich die Notwendigkeit institutioneller Änderungen und ihr Ausmaß sowie die Notwendigkeit der Einführung einer einheitlichen Währung. Daß die Entscheidung für die Schaffung einer Europäischen Währung politische, ökonomische und institutionelle Voraussetzungen hat, ist selbstverständlich[3].

2. *Die Entscheidung für eine Wirtschafts- und Währungsunion in Europa*

a) Notwendig im Sinne der Subsidiaritätskriterien für den weiteren Bau des „Europäisches Hauses" ist die Errichtung einer Wirtschafts- und Währungsunion nicht. Auch ohne Vertragsänderung hat die Europäische Gemeinschaft über einen ausreichenden institutionellen Rahmen verfügt, der eine überzeugende gemeinsame Wirtschafts- und Währungspolitik ermöglichte. Hier wird vor allem auf den Rat der Europäischen Finanzminister und den Rat Europäischer Notenbankgouverneure sowie auf den Währungsausschuß hingewiesen[4], in dem die Stellvertreter der nationalen Notenbankpräsidenten zusammenarbeiten.

In diesem institutionellen Rahmen sind Fortschritte bei der Koordinierung der Wirtschafts-, Finanz- und Geldpolitik auch heute schon möglich und notwendig.

Im Sinne der Subsidiarität liegt die Entscheidung für eine Wirtschafts- und Währungsunion also nicht ohne weiteres. Das hindert die Politik rechtlich an ihrer Einführung natürlich nicht. Ebensowenig muß aber das Subsidiaritätsprinzip als Beurteilungskriterium für die Strukturen einer dennoch geschaffenen Währungsunion dann ausscheiden.

b) Ansätze zur Errichtung einer Wirtschafts- und Währungsunion wurden mehrfach gemacht. Nach dem Scheitern des Versuchs vom März 1971, sie stufenweise zu verwirklichen, erfolgte der nächste politische Schub durch den Beschluß des Europäischen Rates vom 5. 12. 1978 in Brüssel, ein Europäisches Währungssystem (EWS) einzurichten, das dann in einem Vertrag der europäischen Notenbanken vom 13.3.1979 verwirklicht wurde. In diesem Vertrag haben die Notenbanken ihre wechselseitigen Rechte und Pflichten in diesem System geregelt[5]. Die Entscheidung über Wechselkursänderungen blieb allerdings bei

---

2 Vgl. *H. Tietmeyer,* Europäische Währungsunion, Bitburger Gespräche, Jahrbuch 1991 / 1 S. 37 ff.

3 Die Voraussetzungen sind näher dargelegt im Vortrag von *H. Schlesinger* vor der interfraktionellen Arbeitsgruppe „Europäische Währung" in Straßburg am 18.11.1992, vgl. Deutsche Bundesbank — Auszüge aus Presseartikeln Nr 85 vom 1.12.1992 S. 1 ff.

4 *K. O. Pöhl,* Auf dem Weg zu einer Europäischen Währungsunion, Deutsche Bundesbank — Auszüge aus den Presseartikeln Nr. 52 vom 28.6.1989, S. 1.

den Regierungen, die ihrerseits in enger Konsultation mit ihren Notenbanken handelten. Realignementverhandlungen sind beim gegenwärtigen juristischen Stand nach Regierungskonferenzen; ökonomisch sinnvoll ist es natürlich, die Wechselkursanpassungen der künftigen europäischen Zentralbank zu übertragen. Im übrigen kommt das System mit einem Minimum an Institutionen, eigentlich nur mit dem Fonds für währungspolitische Zusammenarbeit aus.

In den EWGV ist die Wirtschafts- und Währungsunion 1987 beim Erlaß der EEA aufgenommen worden, die dem Titel II (Wirtschaftspolitik) ein aus dem Artikel 102a allein bestehendes neues Kapitel 1 (Zusammenarbeit in der Wirtschafts- und Währungspolitik (Wirtschafts- und Währungsunion)) einfügte. Diese Vorschrift beschränkt sich auf die Verpflichtung der Mitgliedstaaten, zusammenzuarbeiten, um die für die weitere Entwicklung der Gemeinschaft erforderliche Konvergenz der Wirtschafts- und Währungspolitiken zu sichern. Für eventuell notwendige institutionelle Veränderungen wird in Absatz 2 des Art. 102a ausdrücklich auf Art. 236, also auf die Vorschrift über Vertragsänderungen, verwiesen.

Die Beschlüsse des Europäischen Rates von Maastricht erweitern nun den EWG-Vertrag im ersten, den Grundsätzen der Gemeinschaft gewidmeten Teil um ein weiteres Ziel, nämlich „die unwiderrufliche Festlegung der Wechselkurse im Hinblick auf die Einführung einer einheitlichen Währung" (Art. 3 a Nr. 2 EG-V).

Art 4 a kündigt die neuen Institutionen an — die Europäische Zentralbank (EZB) (Direktorium und Zusammenschluß der Präsidenten der nationalen Zentralbanken; Art. 109 a)[6] und das Europäische System der Zentralbanken (ESZB, ein Zusammenschluß der Europäischen Zentralbank und der nationalen Zentralbanken; Art. 106 Nr. 1).

Inhaltlich soll die Einrichtung der Wirtschafts- und Währungsunion in einem 3-Stufenplan verwirklicht werden, den die im Auftrag des Europäischen Rates vom 21.6.1988 im sog. Delors-Ausschuß vereinten Notenbankpräsidenten zusammen mit dem EG-Präsidenten und drei wirtschaftswissenschaftlichen Experten Mitte April 1989 entwickelt hatten. Danach ist die erste Stufe am 1.7.1990 in Kraft getreten, mit der acht der zwölf Mitgliedstaaten ihren Kapitalverkehr völlig liberalisiert haben.

Nach Art 109 e Nr. 1 beginnt die zweite Stufe am 1.1.1994, mit der das Europäische Währungsinstitut zur Vorbereitung des ESZB gegründet und die weitere Liberalisierung des Kapital- und Zahlungsverkehrs durchgeführt werden soll.

---

[5] Vgl. dazu näher *O. Issing*, Über das EWS zur Währungsunion?, in: *O. Issing* (Hrsg.), Wechselkursstabilisierung, EWS und Weltwährungssystem, Hamburg, 1988 S. 57 ff.

[6] Vgl. dazu übersichtlich *U. Häde*, Europäische Wirtschafts- und Währungsunion, EuZW 1992 S. 171 ff.

Der entscheidende Schritt wird dann beim Inkrafttreten der dritten Stufe vollzogen, für die Art. 109 j einen Beschluß des Europäischen Rats (spätestens am 31.12.1996) darüber vorsieht, ob eine Mehrheit der Mitgliedstaaten die notwendigen Voraussetzungen für den Eintritt in die Wirtschafts- und Währungsunion erfüllen. Das Europäische Währungsinstitut wird dann durch EZB und ESZB ersetzt; danach werden die Umrechnungskurse der Währungen der Mitgliedstaaten ebenso unwiderruflich festgelegt wie der Kurs, zu dem diese Währungen durch den Ecu ersetzt werden; gleichzeitig soll der Ecu zu einer eigenständigen Währung werden (Art 109 l).

Die Mechanismen, vor allem die Automatik des Eintritts in die dritte Stufe, werfen eine Fülle von auch juristischen Fragen auf, die hier nicht zu vertiefen sind.

Ebensowenig kann es hier darum gehen, zu den Kriterien für das Zusammenwachsen und zur ökonomischen Zweckmäßigkeit des ganzen Vorhabens Stellung zu nehmen. Im vorliegenden Zusammenhang geht es viel mehr darum, darzulegen, welchen Einfluß das Subsidiaritätsprinzip auf die Ausgestaltung der europäischen Wirtschafts- und Währungsunion hat.

3. Wirtschafts- und Währungsunion unter Beachtung des Subsidiaritätsprinzips?

a) Das Subsidiaritätsprinzip erlaubt nur so viel Gemeinsamkeit, wie zur Erreichung des gemeinsamen Zieles erforderlich ist. Welchem Ziel aber dient die Währungsunion?[7]

Die Vollendung der Wirtschaftsunion kann es schon deswegen nicht sein, weil dafür nach allgemeiner Auffassung die notwendigen Voraussetzungen einer einheitlichen Wirtschafts-, vor allem aber Finanzpolitik nicht gegeben sind. Viel spricht dafür, daß der Währungsintegration eine „Schrittmacherrolle für die Politische Union zugedacht" ist, daß die Währungsintegration insofern lediglich „instrumentalen Charakter" hat[8]. Sicher ist dieser Versuch nicht rechtlich unzulässig; riskant ist er in hohem Maße, da eine eigenständige nationale Geld- und Währungspolitik dann nicht mehr möglich sein wird. In einer Stellungnahme der Deutschen Bundesbank vom September 1990 an die Bundesregierung[9] heißt es: „Die teilnehmenden Volkswirtschaften werden so im Währungsbereich auf Gedeih und Verderb miteinander verbunden. Welche Wirkungen sich daraus — insbesondere auch für den Geldwert — ergeben, wird wesentlich von der Wirtschafts- und Finanzpolitik sowie von dem Verhalten der Tarifpartner in allen Mitgliedsländern beeinflußt. Letzten Endes ist eine Währungsunion damit eine nicht mehr kündbare Solidargemeinschaft, die aller Erfahrung nach für ihren

---

7 Vgl. dazu *O. Issing*, a. a. O.

8 So *Issing*, a. a. O., S. 77.

9 Zitiert nach Deutscher Bundesbank — Auszüge aus Presseartikeln Nr 27 vom 17.4.1991, S. 3.

dauerhaften Bestand eine weitergehende Bindung in Form einer umfassenden politischen Union benötigt".

Der Verdacht liegt also nahe, daß beim Hausbau doch mit dem Dach begonnen wird[10]. Die Beachtung der im Subsidiaritätsprinzip zum Ausdruck kommenden Klugheitsregel mahnt hier zur Vorsicht.

b) Das gilt auch bei der ökonomisch umstrittenen „Notwendigkeit" einer einheitlichen Währung in einer Währungsunion. Wer sie bejaht, muß dann natürlich auch eine Europäische Zentralbank wollen. Hier besteht zumindest die Möglichkeit, daß die einheitliche Währung als Hebel eingesetzt wird zur Begründung der Notwendigkeit eines einheitlichen Zentralbanksystems.

Monnaie unique contre monnaie commune (Einheitswährung gegen das Konzept von der Parallelwährung) — das ist die Frontstellung! Die Vorteile, die für den Ecu als einzige europäische Währung angeführt werden, sind relativ bescheiden. Zwar erleichtern sie Faktor- und Güterbewegungen; die Geschichte zeigt aber, daß „Handel und Wandel unter verschiedenen monetären Rahmenbedingungen blühen können"[11]. Weit schwerer wiegt dagegen, daß kein Grund ersichtlich ist, aus dem der Binnenmarkt zu einem besseren Funktionieren einer Einheitswährung wirklich bedürfte[12].

Wenn es aber zwingende ökonomische Gründe für die Einführung des Ecu als einziger europäischer Währung nicht gibt, dann artikuliert das Mißbehagen, das sich allenthalben in dem europäischen Völkern regt, mehr politische Sensibilität als der Entschluß der Regierungen und Parlamente, auf einem so riskantem Wege die politische Union über die Köpfe der Völker hinweg zu erzwingen.

Der Subsidiarität widerspricht ein solches Verhalten, weil es im institutionellen Bereich eine Vereinheitlichung erzwingt, deren Folgen ökonomisch noch gar nicht abgeschätzt werden können.

c) Wenn nun die Wirtschafts- und Währungsunion wirklich kommen soll, dann konzentriert sich das Interesse auf ihre nähere Ausgestaltung und vor allem auf die Befugnisse der europäischen Notenbank. „Zentralbankfragen sind Schicksalsfragen eines Volkes"[13]. Das gilt auch für eine europäische Währungsunion. Hier soll der Vertrag die europäischen Völker festlegen, ohne daß bisher auch nur die näheren Konturen dieser europäischen Zentralbank deutlich wären.

---

[10] *F. Thoma,* Beim Hausbau nicht mit dem Dach beginnen ... SZ Nr. 16 vom 21 1.1993, S. 26.

[11] *Chr. Watrin,* Europäische Währungsunion: auf dem falschen Weg, Wirtschaftswoche vom 26.5.1989.

[12] *Chr. Watrin,* a. a. O.; ebenso *M. Feldstein,* Wirtschaftliche und politische Aspekte der europäischen Währungsunion, Vortrag anläßlich des Jahrestreffens 1991 der South economic Association im November 1991.

[13] Ein Wort des Altmeisters der Geldtheorie *Rudolf Stucken,* zitiert nach *Chr. Watrin,* a. a. O.

Das Interesse, vornehmlich das der Juristen, hat sich v. a. bisher darauf gerichtet, ob die künftige Zentralbank einen der Unabhängigkeit der Deutschen Bundesbank vergleichbaren Status bekommt[14]. Dabei ist doch daran zu erinnern, daß die Weisungsunabhängigkeit der Organe der Deutschen Bundesbank schon dadurch beeinträchtigt ist, daß sie nach § 12 BBankG „unter Wahrung ihrer Aufgaben" dazu verpflichtet ist, „die allgemeine Wirtschaftspolitik der Bundesregierung zu unterstützen". Auch bei der Bestellung ihrer Mitglieder sind mancherlei Einflüsse möglich; die jüngeren Besetzungen bei den Vorständen der Landeszentralbanken (die im Zentralbankrat vertreten sind) haben das verdeutlicht.

Damit soll nicht bestritten werden, daß sich die deutsche Konstruktion bisher insgesamt bewährt hat. Der Präsident der Deutschen Bundesbank[15] hat daher zu Recht darauf verwiesen, daß die EG-Staaten schon heute einen ganz erheblichen Beitrag zum Aufbau eines Vertrauenskapitals für eine Europäische Zentralbank dadurch leisten könnten, daß sie ihre nationalen Zentralbanken bald in die Unabhängigkeit entlassen[16]. Wenig spricht dafür, daß das in absehbarer Zeit geschieht. Es ist dabei eine Binsenweisheit, daß die Zuerkennung der Unabhängigkeit auf dem Papier für sich allein noch wenig bedeutet, wenn sich hier nicht bereits eine gewisse Tradition gebildet hat. Insofern ist die „bisher noch offene" Frage nach dem Sitz der künftigen Zentralbank vielleicht wichtiger als eine auf dem Papier eingeräumte Unabhängigkeit.

In der Literatur wird die Auffassung vertreten, die Notwendigkeit einer einheitlichen Geldpolitik lasse sich durchaus mit dem „föderalen Subsidiaritätsprinzip" vereinen[17]. Ganz grundsätzlich wird seit geraumer Zeit die Föderalismustheorie auch in ökonomische Dienste gestellt[18]. Für die Frage, wieviel Föderalismus in der Währungsunion Raum finden wird, wird letztlich der Umfang der Befugnisse der Europäischen Zentralbank entscheidend sein. Hier sind dem Vertrag bisher kaum nähere Angaben zu entnehmen. Schon früh ist darauf verwiesen worden, daß eine europäische Notenbank trotz aller Beschwörungen ihres föderalistischen

---

14 *H. J. Hahn, / J. Siebelt,* Zur Autonomie einer künftigen Europäischen Zentralbank, DÖV 1989 S. 1233 ff.

15 In seinem Vortrag vor der interfraktionellen Arbeitsgruppe „Europäische Währung" in Straßburg.

16 Vgl. *H.-H. Bremer,* Paris stellt Unabhängigkeit der EG-Zentralbank in Frage; Mitterand nennt sie ausführendes Organ für die Politik der Regierungschefs, Stuttgarter Zeitung vom 5.9.1992, zitiert nach Deutsche Bundesbank — Auszüge aus Presseartikeln Nr. 61 vom 9.9.1992, S. 1; in diesem Heft der Auszüge aus Presseartikeln sind weitere Stimmen mit gleichem Tenor angeführt.

17 So *R. Jochimsen,* Subsidiarität im Felde der Europäischen Wirtschafts und Währungsunion — 12 Thesen, Vortrag beim ersten Jacques Delors Colloquium des Europäischen Instituts für Öffentliche Verwaltung am 21. / 22.3.1990 in Maastricht, zitiert nach Deutsche Bundesbank — Auszüge aus Presseartikeln Nr. 40 vom 31.5.1991, S. 4 / 10.

18 *R. L. Frey,* Zwischen Föderalismus und Zentralismus, Bern / Frankfurt 1977; *M. Frenkel,* Föderalismus und Bundesstaat, Bd. I Föderalismus, Bern usw. 1984; *E. Thöni,* Politische und ökonomische Theorie des Föderalismus, Baden-Baden 1985.

Charakters kaum weniger zentralistisch sein könne als das amerikanische Federal Reserve System[19], dessen Geschichte belegt, daß die Währungspolitik für den ganzen Wirtschaftsraum in einer Hand sein muß. Bisher besteht nicht einmal Klarheit über die regionale Struktur des späteren Systems Europäischer Zentralbanken.

Vor allem aber ist die Verteilung der weiteren Befugnisse zwischen der europäischen Zentralbank und den nationalen Notenbanken völlig offen. Welche Funktionen den nationalen Notenbanken verbleiben sollten, ist schwierig zu beantworten[20]. Pöhl verweist darauf, daß hier der Grundsatz der Subsidiarität gelten müsse, daß also nur diejenigen Aufgaben auf die Gemeinschaftsinstanz übertragen werden sollten, die auf nationaler Ebene nicht befriedigend erfüllt werden können, soweit dadurch nicht die Erfordernisse einer einheitlichen Geldpolitik „aus einem Guß" tangiert werden. Er nennt „in erster Linie alle Entscheidungen über Zinsen, Liquidität, und Geldmenge, d. h. die Geldpolitik im eigentlichen Sinne". Das müsse „notwendigerweise auch Entscheidungen über Kauf und Verkauf von Drittwährungen (vor allem Dollars) umfassen, weil davon direkt Wirkungen auf Liquidität und Geldmenge ausgehen".

Es gibt aber auch andere Auffassungen, nach denen die Eigenständigkeit der nationalen Notenbanken im ganzen auf den „technisch- organisatorischen" Bereich eingeschränkt wird[21]. „Die nationalen Notenbanken hätten ihren personellen und betriebstechnischen Angelegenheiten in eigener Zuständigkeit zu regeln".

Die Entscheidung der Frage über die Ausstattung einer künftigen europäischen Zentralbank und ihre Abgrenzung von den nationalen Notenbanken kann als Paradebeispiel für die Leistungskraft des Subsidiaritätsprinzips angesehen werden. Das haben die Praktiker der Währungspolitik durchaus erkannt.

So wie das Subsidiaritätsprinzip bei der näheren Ausgestaltung der Wirtschafts- und Währungsunion, insbesondere bei der Verteilung der Kompetenzen zwischen der Europäischen Zentralbank und den nationalen Notenbanken konkrete Vorgaben liefert, so setzt sich seine Wirkung auch in dem organisatorischen Bereich fort, ganz so wie das auch oben bei der Organisation der Vollzugsgewalt festgestellt werden konnte: Unter der Voraussetzung, daß die Ausführungsfunktionen weitgehend auf die eingespielten Apparate der nationalen Notenbanken übertragen werden (Abwicklung des Zahlungsverkehrs, Offenmarktgeschäfte mit Banken, Auftragsgeschäfte für staatliche Institutionen usw.), könnte das ESZB mit einem „vergleichsweise kleinem Stab auskommen, etwa analog zum Board Governors des Federal Reserve Systems"[22]. Das alles ist in sich schlüssig — nur zu

---

[19] *Chr. Watrin,* a. a. O. S. 2.

[20] Vgl. *K. O. Pöhl,* Deutsche Bundesbank — Auszüge aus Presseartikeln vom 16.1.1990, S. 4.

[21] So *R. Jochimsen,* a. a. O. S. 10.

[22] *K. O. Pöhl,* a. a. O.

erzwingen ist es nicht. Es läßt sich auch ein ganz anderes „Szenarium" entwerfen. Niemand kann heute mit einiger Sicherheit vorhersagen, wohin die politische Entwicklung gehen wird.

Der gewachsenen Sensibilität für die Chance der Subsidiaritätsprinzips ist es immerhin zu danken, daß Lösungen in seinem Sinne in die Diskussion wenigstens eingebracht und als Alternativen für zentralistische Lösungen diskutiert werden.

4. Zusammenfassung

Die Bedeutung, die die Subsidiarität für die Wirtschafts- und Währungsunion hat, kann als symptomatisch angesehen werden für ihre Bedeutung im europäischen Recht schlechthin:

Bei den großen Fragen, ob eine Wirtschafts- und Währungsunion wirklich zum besseren Funktionieren der Wirtschaftsgemeinschaft beiträgt und ob es sinnvoll ist, eine Währungsunion noch vor der Verwirklichung der Wirtschaftsunion einzurichten, sind die Kriterien des Subsidiaritätsprinzips nicht berücksichtigt worden, sonst wäre die Entscheidung wohl anders ausgefallen. In die gleiche — aus der Sicht des Subsidiaritätsprinzips falsche — Richtung scheint die Entscheidung zwischen einer monnaie commune und einer monnaie unique zu fallen. Gewisse Vorteile einer einzigen europäischen Währung sind nicht zu bestreiten. Doch dürfte kaum der Nachweis gelingen, daß diese Vorteile die Risiken überwiegen, die in der Einführung einer einheitlichen europäischen Währung ohne die entsprechenden wirtschaftlichen Voraussetzungen liegen.

So ist manches, vielleicht schon zuviel gegen die Direktive des Subsidiaritätsprinzips gelaufen. Aber noch immer bleibt ein wichtiges Anwendungsfeld. Mag auch die Entscheidung selbst gegen das Subsidiaritätsprinzip gefallen sein, so kann dieses Prinzip doch dafür sorgen, daß bei der Verwirklichung der Wirtschafts- und Währungsunion nationale Spielräume gewahrt werden. Das beginnt bei der näheren Ausgestaltung der regionalen Struktur des ESZB; es setzt sich fort vor allem bei der Verteilung der Kompetenzen zwischen der europäischen Zentralbank und den nationalen Zentralbanken und — dementsprechend — dem organisatorischen Zuschnitt der Zentrale. Läßt sie den nationalen Zentralbanken genügend Spielraum, so kann sie sich institutionell und personell stark beschränken. Freilich liegt die Versuchung nahe, daß die Europäische Zentralbank sowohl die entscheidenden wie auch die lukrativen Funktionen an sich zieht und die nationalen Zentralbanken zu reinen Verwaltungsuntergliederungen abwertet. Noch ist hier nichts entschieden. Die Gefahr ist erkannt, und die Praxis hat das Subsidiaritätsprinzip zu ihrer Bekämpfung bereits eingesetzt. Die Kommission wird die Gelegenheit haben, die Übereinstimmung zwischen ihren Grundsatzerklärungen und ihrem praktischen Handeln zu beweisen.

VI. Subsidiaritätsprinzip — Regulativ bei der Kompetenzausübung

Die Bedeutung des Subsidiaritätsprinzips bei der Ausübung von Kompetenzen ist an verschiedensten Stellen schon deutlich geworden; das beginnt mit der Einfügung des Art. 3 b in den EG-Vertrag, der das Subsidiaritätsprinzip grundsätzlich anerkennt, freilich vorerst auf die Ausübung konkurrierender Gemeinschaftsbefugnisse beschränkt. Das setzt sich fort vor allem in dem Kapitel, das der begrenzenden Wirkung der Subsidiarität auf die Organisation der Gemeinschaftsorgane gewidmet ist. Hier zeigt das Subsidiaritätsprinzip Auswirkungen auf die Tätigkeit und Organisation der Kommission, des Rates und des Gerichtshofes.

Im folgenden geht es nur noch darum, den gegenwärtigen Stand bei der Umsetzung des Subsidiaritätsprinzips in die Praxis festzuhalten (unten 1) sowie das besonders bedeutsame Beispiel der Rechtsetzung und Rechtsangleichung gesondert aufzugreifen (unten 2).

1. Der Stand bei der Anwendung des Subsidiaritätsprinzips auf die Kompetenzausübung

Auf seiner Tagung am 11 / 12.12.1992 hat der Europäische Rat in Edinburgh ein Gesamtkonzept für die Anwendung des Subsidiaritätsprinzips und des Art 3 b des Vertrags über die Europäische Union beschlossen[1].

Bei den *Grundprinzipien* wird das Subsidiaritätsprinzip zutreffend in Art 3 b *Abs. 2* EG-V lokalisiert und dessen Kontinuität mit Vorläufern in den bestehenden Gemeinschaftsverträgen bzw. in der Rechtsprechung des Gerichtshofs betont. Ausdrücklich wird festgehalten, daß „die erfolgreiche Anwendung des Subsidiaritätsprinzips und des Art. 3 b . . . eine Verpflichtung für alle Organe der Gemeinschaft (ist), ohne daß dadurch das Gleichgewicht zwischen ihnen berührt werden darf". Aus diesem Grund wird nach wie vor eine interinstitutionelle Vereinbarung zwischen dem Europäischen Parlament, dem Rat und der Kommission zu Verwirklichung des Subsidiaritätsprinzips angestrebt.

Erstmals findet sich (unter I 4) die Aussage, das Subsidiaritätsprinzip könne „nicht als unmittelbar wirksam betrachtet werden". Das sollte jedoch *nicht* dazu veranlassen, den Streit darüber auf breiter Front aufzunehmen. Im Verlaufe der hier angestellten Überlegungen hat es sich vielmehr als fruchtbarer erwiesen, sich auf die Konkretisierungsmöglichkeiten des Subsidiaritätsprinzips zu konzentrieren. In dieser Richtung ist an der Verwirklichung des Gesamtkonzepts weiterzuarbeiten.

Für die Anwendung des Art. 3 b EG-V werden Leitlinien gegeben zur Beurteilung der Frage, ob die jeweiligen Ziele der vorgeschlagenen Maßnahme nicht durch ein Tätigwerden der Mitgliedstaaten, sondern besser durch die Gemein-

---

[1] Anlage 1 zu Teil A der Schlußfolgerungen des „Vorsitzes".

schaft erreicht werden können. Dabei wird einerseits unterstrichen, vom Rat den Nachweis zu verlangen, daß Maßnahmen auf der Gemeinschaftsebene *deutliche* Vorteile gegenüber einem Tätigwerden der Mitgliedstaaten mit sich bringen; auf der anderen Seite wird festgehalten, daß es für sich genommen nicht ausreicht, um Gemeinschaftsmaßnahmen zu rechtfertigen, wenn gegenüber Drittstaaten ein einheitlicher Standpunkt der Mitgliedstaaten vertreten werden soll.

Vage bleiben demgegenüber die Ausführungen (unter III) zu den Verfahren, mit denen Kommission und Rat die Berücksichtigung des Subsidiaritätsprinzips gewährleisten sollen.

In der Anlage 2 zu Teil A werden *Beispiele* aufgelistet für die Überprüfung der derzeit vorliegenden Vorschläge und der geltenden Rechtsvorschriften. Dabei werden Fälle genannt, in denen die Kommission ihre Vorschläge aus Gründen der Subsidiarität zurückgezogen hat (etwa die Richtlinie zur Nährwertkennzeichnung von Lebensmitteln) oder zurückzuziehen beabsichtigt (z. B. betreffend die Haltung von Tieren in Zoos, zu indirekten Steuern auf Geschäfte mit Wertpapieren oder auf die Ansammlung von Kapital). Bei anderen Vorschlägen (v. a. zu vergleichender Werbung oder Haftung von Dienstleistungserbringern) beabsichtigt die Kommission, ihre Vorlagen zu überarbeiten und von Detailvorschriften zu entlasten.

Das Konzept des Rates stellt insgesamt einen sinnvollen weiteren Schritt in Richtung auf die Konkretisierung des Subsidiaritätsprinzips dar. Zu kritisieren bleibt das Verfahren. Mit großer Verwaltungseffizienz haben sich die Gemeinschaftsorgane der Umsetzung dieses Grundsatzes angenommen; die Kommission und nicht die Mitgliedstaaten treibt den Konkretisierungsprozeß voran, unter ausdrücklicher Berufung auf ihr Initiativrecht. Auf diese Weise hat sie auch die Grundlinien der interinstitutionellen Vereinbarung bereits entworfen. Daß die Mitgliedstaaten dem zustimmen, kann die Bedenken an diesem der Subsidiarität genau widersprechendem Verfahren nicht abmildern, weil die Mitgliedstaaten hier durch ihre Regierungschefs und nicht durch ihre Völker vertreten werden. Die Debatte um die Subsidiarität zeigt aber gerade, daß die Vorstellungen der europäischen Regierungen weit entfernt sind von dem Bild, das die Bürger Europas von einer Europäischen Union haben.

2. *Die Bedeutung der Subsidiarität für Rechtsetzung und Rechtsangleichung*

Das unter 1 kurz skizzierte Gesamtkonzept legt bei seinen Anwendungsbeispielen zu Recht den praktischen Schwerpunkt auf die Rechtsetzung.

Es wird anerkannt, daß die *geltenden* Regelungen von einer Überprüfung anhand des Subsidiaritätsprinzips nicht ausgeschlossen sind. Die „Deregulierung“ wird auf europäischer Ebene freilich mit noch größeren Widerständen zu rechnen haben, als das bei vergleichbaren Versuchen der Mitgliedstaaten der Fall ist.

Bei *neu zu erlassenden* Vorschriften werden die Bemühungen über die bisherigen Ansätze hinausreichen müssen. Insbesondere bedarf es hier wie bei der Rechtsprechung des EuGH eines „Strategiewandels"[2]. Das Integrationkonzept der Gemeinschaft war ursprünglich auf eine weitgehende Harmonisierung der Regulierungen in den Mitgliedstaaten abgestellt, um auf diese Weise die vier Grundfreiheiten des EWG-Vertrages voll zu verwirklichen. Leitgedanke war dabei, die nationalen Vorschriften durch einheitliche Regelungen so zu ersetzen, daß im wesentlichen überall die gleichen Vorschriften gelten — „Produktnormen ebenso wie Prüfungsordnungen oder rechtliche Voraussetzungen für die Errichtung von Unternehmen, Ladenschlußregelungen und vieles andere mehr"[3].

Dabei hat diese Harmonisierungsstrategie lange Zeit nicht zwischen wesentlichen und unwesentlichen Hemmnissen für die Integration unterschieden, obgleich nur wesentliche Hemnisse ein Tätigwerden der Gemeinschaft rechtfertigen. Als derartige wesentliche Hemmnisse werden zum Beispiel genannt[4]:

— Regulierungen, die gezielt gegen den Zugang von Waren, Dienstleistungen, Unternehmen oder Arbeitnehmern aus anderen Mitgliedstaaten gerichtet sind;

— Regulierungen, die den innergemeinschaftlichen Wirtschaftsverkehr beeinträchtigen, obwohl sie keine direkte Ausländerdiskriminierung bedeuten (etwa nationale Berufsordnungen) und deren Zweck auch anders erreicht werden kann;

— Regulierungen, die Waren oder Dienstleistungen aus einem anderen Mitgliedstaat so verteuern oder die Unternehmen bzw. Arbeitnehmer mit so hohen Kosten belasten, daß sie faktisch die Freiheitsgarantie durchbrechen.

Inzwischen ist diese Harmonisierungsstrategie aufgelockert; die Rechtsangleichung wird nicht mehr — wie einst[5] — als Integrationsfaktor ersten Ranges gepriesen. Das allein genügt aber nicht. Der Prozeß, der zu einem „Strategiewandel" führen kann, muß vielmehr konsequent und möglichst konkret weiter geführt werden.

In diesem Zusammenhang wird zu Recht gerügt[6], daß es „gemessen am Subsidiaritätsprinzip zweifelhaft erscheint, ob man überhaupt für alle in Art. 3 genannten Aufgaben eine Zuständigkeit der Gemeinschaft begründen kann. Für die Verwirklichung des Binnenmarktes ist vieles aus dem Aufgabenkatalog nicht erforderlich und nicht weniges sogar schädlich". Richtig daran ist, daß sowohl

---

[2] Vgl. dazu eingehend *J. B. Donges, W. Engels, W. Hamm, W. Möschel, M. J. M. Neumann, O. Sievert* (Kronberger Kreis), Einheit und Vielfalt in Europa, Frankfurter Institut für Wirtschaftspolitische Forschung e. V., Schriftenreihe Bd. 25, September 1992, S. 30 ff.

[3] a. a. O. S. 35

[4] a. a. O. S. 33

[5] Vgl. etwa *E. Stein,* Assimilation of National Laws as Function of European Integration, AJIL85 (1964) S. 1 ff

[6] Kronberger Kreis a. a. O. S. 36

der Katalog des Art. 3 (der änlich wie der Gesetzgebungskatalog im Bonner Grundgesetz sukzessive ausgeweitet wird) wie Art. 2, der die Aufgabe der Gemeinschaft umschreibt, aufmerksam betrachtet werden müssen. Vor allem die neue Formulierung der Aufgaben der Gemeinschaft in Art. 2 EG-V[7] verdient eine kritische Analyse. Die Bestimmung häuft unbestimmte Rechtsbegriffe in einem Maße, an dem gemessen sich der ebenso problematische § 1 des deutschen Stabilitätsgesetzes mit seiner Verpflichtung der Wirtschaftspolitik auf das „magische Fünfeck" geradezu bescheiden ausnimmt. Diese Bestimmung steht im Widerspruch zu der „neuen Strategie", zu der sich in einem bewußten und grundsätzlichen Kurswechsel nicht nur der Europäische Rat (im Dezember 1982), sondern auch die Kommission bekannt haben[8]. Technische Instrumente der neuen Strategie sind vor allem[9]

— der Normenverweis und

— die gegenseitige Anerkennung.

Als Beispiel für die Technik des Normenverweises dient die Niederspannungsrichtlinie des Rates vom 19.2.1973, die sich darauf beschränkt, die grundsätzlichen Sicherheitsziele festzulegen und zu deren Konkretisierung auf nicht verbindliche technische Normen zu verweisen, die von privaten europäischen oder nationalen Normungsgremien ausgearbeitet werden.

Diese Technik des Normenverweises soll auf sämtliche Arten industrieller Produktnormen ausgedehnt und privaten europäischen Normungsgremien übertragen werden. Neben einer derartigen Entlastung von Rechtsetzungstätigkeit ist vor allem die Technik gegenseitiger Anerkennung von Normen anzuwenden, die vom Prinzip gegenseitigen Vertrauens getragen sein muß. Hier hat vor allem der vom Europäischen Rat 1984 eingesetzte Ausschuß nationaler Regierungsexperten („ad hoc — Auschuss für das Europa der Bürger") Vorschläge erarbeitet[10]. Mit dem Verfahren der gegenseitigen Anerkennung ist eine „minimale Koordinierung" von Vorschriften nicht unvereinbar; bei Banken und Versicherungen etwa betreffend die Fragen Zulassung, finanzielle Überwachung, Liquidation, usw.

---

7 „Aufgabe der Gemeinschaft ist es, durch die Errichtung eines Gemeinsamen Marktes und einer Wirtschafts- und Währungsunion sowie durch die Durchführung der in Art 3 und 3 a genannten gemeinsamen Politiken oder Maßnahmen eine harmonische und ausgewogene Entwicklung des Wirtschaftslebens innerhalb der Gemeinschaft, ein beständiges, nichtinflationäres und umweltverträgliches Wachstum, einen hohen Grad an Konvergenz der Wirtschaftsleistungen, ein hohes Beschäftigungsniveau, ein hohes Maß an sozialem Schutz, die Hebung der Lebenshaltung und der Lebensqualität, den wirtschaftlichen und sozialen Zusamenhalt und die Solidarität zwischen den Mitgliedstaaten zu fördern".

8 Vgl. die Nachweise im einzelnen bei *Th. Bruha*, Rechtsangleichung in der Europäischen Wirtschaftsgemeinschaft — Deregulierung durch „neue Strategie"? ZaöRV 46 (1986) S. 1 / 6 ff.

9 *Th. Bruha*, a. a. O., S. 9 ff.

10 Nachweise bei *Th. Bruha*, a. a. O., S. 11 f.

Art. 100 b EWG-V, der eine Auflistung der bisher von der Angleichung nicht erfaßten nationalen Vorschriften ebenso vorsieht wie die Möglichkeit, ihre gegenseitige Anerkennung nach dem Verfahren des Art. 100 a EWG-V zu beschließen, zeigt in die richtige Richtung, auch wenn Art 100 b keine unmittelbare rechtliche Neuerung bedeutet.

Nicht zu den Techniken der „neuen Strategie", sondern zu ihren Grundlagen gehört die Überzeugung, daß der Staat nicht alles und jedes regeln muß — weder auf der Ebene der Mitgliedstaaten noch auf der Gemeinschaftsebene. Das Subsidiaritätsprinzip, das die Techniken des Normverweises und der gegenseitigen Anerkennung trägt, begründet auch diese Zurückhaltung des Staates, die nicht so sehr auf die Senkung staatlicher Ausgaben als auf die Stärkung individueller und gesellschaftlicher Selbstverantwortung abzielt.

3. Zusammenfassung

Die Bedeutung des Subsidiaritätsprinzips als Regulativ bei der Kompetenzausübung, die Bemühungen um die Konkretisierungen seiner tatbestandlichen Voraussetzungen und um verfahrensmäßige Garantien für seine Einhaltung werden im Schlußdokument des Europäischen Rats von Edinburgh (11 / 12. 12. 1992) zu einem Gesamtkonzept für die Anwendung des Subsidiaritätsprinzips zusammengefaßt. Dieses Konzept ist weit davon entfernt, alle, vor allem die Verfahrensfragen zu klären; dennoch ist es ein wichtiger Schritt zur weiteren Umsetzung des Art. 3 b EG-V in die praktische Arbeit der Gemeinschaftsorgane.

Im Mittelpunkt des Interesses steht hier das alte und schwierige Problem der Rechtsangleichung in der Gemeinschaft. Viel sprach dafür, daß seit geraumer Zeit ein Umdenken stattgefunden hat. Während das urprüngliche Integrationskonzept der Gemeinschaft darauf abstellte, die nationalen Vorschriften auf breiter Front durch einheitliche Regelungen so zu ersetzen, daß im wesentlichen überall die gleichen Vorschriften gelten, deutete in den letzten Jahren viel (einschließlich der offiziellen Erklärungen der Gemeinschaftsorgane) darauf hin, daß eine „neue Strategie" verfolgt werde, vor allem mit den Instrumenten des Normenverweises (auf private, europäische oder nationale Normungsgremien) und der gegenseitigen Anerkennung. Das entspricht in vollem Umfang dem Subsidiaritätsprinzip; die Rechtsetzungspraxis läßt freilich daran zweifeln, ob vor allem die Kommission sich durchgängig an diese neue Strategie gebunden fühlt.

VII. Stärkung der Selbstverwaltung — eine Forderung der Subsidiarität

Das europäische Gemeinschaftsrecht wirkt zunehmend in alle Rechtsbereiche des nationalen Rechts hinein. Das wird aus nationalem Blickwinkel zum Teil als eine Gefährdung eigener Handlungsspielräume empfunden[1]. Hinzu kommen die Gefahren, die man von einer übersteigerten, aus vordergründig ökonomischen Zweckmäßigkeitsüberlegungen gespeisten Rechtsvereinheitlichung befürchtet.

Diese doppelte Bedrohung wird dort besonders empfunden, wo Selbstverwaltungsrechte dem Zugriff des nationalen Staates Grenzen ziehen.

Das betrifft zunächst einmal die Gemeinden, aber auch andere Selbstverwaltungsträger wie die Kirchen und ihre sozialen Einrichtungen sowie Verbände.

1. Die Sicherung der Selbstverwaltung der Gemeinden

Das Handeln kommunaler Vertretungskörperschaften und der kommunalen Verwaltung wird im zunehmenden Maße durch das Europarecht bestimmt[2]. Diese Situation empfinden die Gemeinden keineswegs nur als bedrohlich, sondern auch als eine Herausforderung und Chance, die sie in mehrfacher Weise annehmen:

a) Einzelne Gemeinden versuchen sich der europäischen Herausforderung dadurch zu stellen, daß sie kommunale Partnerschaften mit Partnergemeinden anderer europäischer Mitgliedstaaten abschließen[3]. Auf sie soll hier nicht näher eingegangen werden.

b) Die nationalen kommunalen Spitzenverbände sind längst auf EG-Ebene präsent; so unterhalten vier bayerische kommunale Spitzenverbände eine eigene Vertretung in Brüssel[4]; daneben unterhalten auch die kommunalen Spitzenverbände auf Bundesebene dort eine eigene Vertretung[5].

Über den Zusammenschluß in nationalen Spitzenverbänden hinaus haben sich eine Reihe von internationalen Verbänden auf europäischer Ebene etabliert, die sich für die gemeindlichen Interessen einsetzen und der Sicherung der kommunalen Selbstverwaltung in Europa dienen[6]. Die deutschen kommunalen Spitzenverbände arbeiten vor allem mit im Rat der Gemeinden und Regionen Europas (RGRE). Dieser Rat koordiniert den europäischen kommunalen Meinungsaustausch und sichert den kommunalen Dialog mit den europäischen Institutionen. Er ist aufgeteilt in nationale Sektionen; der deutschen Sektion gehören die kommunalen Spitzenverbände auf Bundesebene, die kommunalen Vereinigungen der

---

1 Vgl. dazu *Schoch,* Europarechtliche Perspektiven für die kommunale Selbstverwaltung, Verwaltungsarchiv 81 (1990), S. 51 ff., mit dem wohl richtigem Hinweis, daß Artikel 28 II GG nicht „europafest" sei.

2 *P. M. Mombaur / H. G. v. Lennep,* Die deutsche kommunale Selbstverwaltung und das Europarecht. DÖV 1988 S. 189 ff.

3 Vgl. dazu als eine der jüngsten Äußerungen *H. P. Heberlein,* Kommunale Europapolitik, BayVBl 1992, S. 417 ff.

4 Vgl. SZ 22.9.1992.

5 *G. Seele,* Der Kreis aus europäischer Sicht, die übergemeindliche Kommunalverwaltung im Spiegel der nationalstaatlichen Verwaltungsstrukturen und der Europäischen Gemeinschaftspolitik, Stuttgart, 1991, S. 376 ff.

6 Vgl. dazu *P. M. Mombaur / H. G. Lennep,* a. a. O., S. 995 ff.

Parteien sowie über 800 Städte, Gemeinden und Kreise in allen Teilen der Bundesrepublik Deutschland an.

Darüber hinaus sind die kommunalen Spitzenverbände (Deutscher Städtetag, Deutscher Städte- und Gemeindebund, Deutscher Landkreistag) Mitglied des internationalen Gemeindeverbandes (IULA — Europaausschuß der seit 1913 bestehenden internationalen Weltorganisation für die kommunale Verwaltung); die deutsche Sektion wird vom Deutschem Städtetag in Personal- und Sachunion betreut.

c) Die Kommunen arbeiten auf mehreren Ebenen auch in den Institutionen des Europarats und der EG mit. Hier sind vor allem zu nennen:

— die ständige Konferenz der Gemeinden und Regionen im Europarat[7],

— die interfraktionelle Arbeitsgruppe kommunaler und regionaler Mandatsträger im Europäischen Parlament[8],

— der Beirat der regionalen und lokalen Gebietskörperschaften bei der EG-Kommission[9].

Von den Kommunalpolitikern geht bisher also ein sehr viel stärkerer Einigungsimpuls aus als von den Parteien allgemein, ohne daß die kommunale Selbstverwaltung dadurch geopfert würde.

Im Vordergrund des Interesses der gemeindlichen Zusammenarbeit steht die Lösung von Sachproblemen. Dabei ist deutlich geworden, daß es zumindest hilfreich ist, die Eigenständigkeit der Gemeinden auch auf der europäischen Ebene zu sichern. Eine ganze Reihe internationaler Texte ist die Folge dieser Bemühungen. Ihr wichtigster wird (unten d) kurz erwähnt und anschließend (unten e) die Frage danach gestellt, welche Lösung am ehesten der Subsidiarität entspricht.

d) Die internationale Zusammenarbeit der Gemeinden hat zu mehreren grundsätzlichen und deutlichen Bekenntnissen zur kommunalen Selbstverwaltung geführt[10].

Unter diesen Texten ist die „Europäische Charta der kommunalen Selbstverwaltung" hervorzuheben, die die Mitgliedstaaten des Europarats am 15. Oktober 1985 nach jahrzehntelanger Bemühung unterzeichnet haben und die am 1. September 1988 in Kraft getreten ist[11]. Damit besteht erstmals europaweit eine

---

[7] Vgl. *Seele*, S. 414 ff., auch über den Streit um die Zusammensetzung. Tagungsbericht: *W. Leitermann*, der Städtetag 1992, S. 368 ff.

[8] Vgl. *P. M. Mombaur / H. G. Lennep*, a. a. O., S. 995.

[9] Vgl. *P. M. Mombaur / H. G. Lennep*, a. a. O., S. 995 sowie den in Artikel 181 a ff. EG-V vorgesehenen Ausschuß der regionalen und lokalen Gebietskörperschaften.

[10] Vgl. Beispiele in: Der Landkreis 1985, S. 574.

[11] Vgl. dazu *F.-L. Knemeyer*, Die europäische Charta der kommunalen Selbstverwaltung, DÖV 1988, S. 907 ff.

Charta, die die wesentlichen Voraussetzungen und den Inhalt kommunaler Selbstverwaltung umschreibt und das Verhältnis zwischen Staat und Kommunen im Sinne der kommunalen Selbstverwaltung regelt.

Damit knüpfen die Mitglieder des Europarats ausdrücklich an sein Ziel an, eine engere Verbindung zwischen den Mitgliedern herzustellen, um die Ideale und Grundsätze, die ihr gemeinsames Erbe bilden, zu wahren und zu verwirklichen. Die Präambel der Charta weist zurecht darauf hin, daß die kommunalen Gebietskörperschaften eine der wesentlichen Grundlagen jeder demokratischen Staatsform sind und „daß das Recht der Bürger auf Mitwirkung an den öffentlichen Angelegenheiten einer der demokratischen Grundsätze ist, die allen Mitgliedstaaten des Europarats gemeinsam sind".

Der deutsche Bundestag hat dieser Charta mit Beschluß vom 22. 1. 1987 zugestimmt[12].

Den Umfang der kommunalen Selbstverwaltung umschreibt Artikel 4 der Charta folgendermaßen:

> „(1) Die grundlegenden Zuständigkeiten der kommunalen Gebietskörperschaften werden durch die Verfassung oder durch Gesetz festgelegt. Diese Bestimmung schließt jedoch nicht aus, daß den kommunalen Gebietskörperschaften im Einklang mit dem Gesetz Zuständigkeiten zu bestimmten Zwecken übertragen werden.
>
> (2) Die kommunalen Gebietskörperschaften haben im Rahmen der Gesetze das Recht, sich mit allen Angelegenheiten zu befassen, die nicht von ihrer Zuständigkeit ausgeschlossen oder einer anderen Stelle übertragen sind.
>
> (3) Die Wahrnehmung öffentlicher Aufgaben obliegt im allgemeinen vorzugsweise den Behörden, die den Bürgern am nächsten sind. Bei der Aufgabenzuweisung an andere Stellen sollte Umfang und Art der Aufgabe sowie den Erfordernissen der Wirksamkeit und Wirtschaftlichkeit Rechnung getragen werden.
>
> (4) Die den kommunalen Gebietskörperschaften übertragenen Zuständigkeiten sind in der Regel umfassend und ausschließlich. Sie sollen von einer anderen zentralen oder regionalen Stelle nicht ausgehöhlt oder eingeschränkt werden, es sei denn, daß dies gesetzlich vorgesehen ist.
>
> (5) Werden den kommunalen Gebietskörperschaften von einer zentralen oder regionalen Stelle Befugnisse übertragen, so muß es ihnen soweit wie möglich freigestellt werden, deren Ausübung an die örtlichen Gegebenheiten anzupassen.
>
> (6) Die kommunalen Gebietskörperschaften werden soweit wie möglich bei Planungs- und Entscheidungsprozessen für alle Angelegenheiten, die sie unmittelbar betreffen, rechtzeitig und in geeigneter Weise angehört".

Vor allem die Absätze 3 Satz 1 und 5 konkretisieren die Anforderungen des Subsidiaritätsprinzips[13].

---

[12] BGBl 1987 II 65 — der Text der Charta ist im Anhang dazu abgedruckt (S. 66 ff).

[13] Vgl. dazu *F.-L. Knemeyer* (FN 11), S. 1000 ff.; Zu den grundsätzlichen Zusammenhängen zwischen der kommunalen Selbstverwaltung und dem Subsidiaritätsprinzip vgl. *H. Peters*, Archiv für Kommunalwissenschaften 1967, S. 5 ff. mit weiteren Nachweisen.

e) Auf der Ebene eines Mitgliedstaats liegt die Stärkung der kommunalen Selbstverwaltung durchaus im Sinne der Subsidiarität.

Damit ist aber die Frage noch nicht entschieden, ob eine europäische Verfassung den Mitgliedstaaten diese Struktur zwingend vorgeben oder ob sie ihnen diese Frage nicht zu eigener Entscheidung überlassen sollte.

Vorstellungen über eine entsprechende Garantie der gemeindlichen Selbstverwaltung in einer europäischen Verfassung sind auch unabhängig von der Europäischen Charta der kommunalen Selbstverwaltung entwickelt worden[14].

Es steht aber keineswegs fest, ob eine Europäische Verfassung wirklich so weit gehen sollte. Näherliegend erscheint es vielmehr, die Subsidiarität im europäischen Recht so zu verwirklichen, daß in Deutschland oder in Frankreich[15] die Frage frei entschieden werden soll, ob die herkömmliche Gemeindestruktur erhalten bleibt oder wie weit sie geändert wird.

2. *Regionalisierung von unten nach oben*

Immer wieder wird der Zusammenhang zwischen Regionalisierung und Föderalisierung betont[16]. Aus dem bisher Gesagten sollte klar geworden sein, daß ein solcher Zusammenhang von vornherein nur für eine Regionalisierung gilt, die

---

[14] Als ein Beispiel aus deutscher Sicht soll folgender Vorschlag zitiert werden (*J. Hoffmann*, Die Sicherung der kommunalen Selbstverwaltung in einer künftigen Europäischen Verfassung, Materialien zu einer Podiumsdiskussion, Das Rathaus 8 / 1987, S. 453):

„(1) Den kommunalen und regionalen Gebietskörperschaften der Unionsstaaten wird das Recht auf Selbstverwaltung und Finanzautonomie im Rahmen der Gesetze nach Maßgabe des Prinzips der Subsidiarität gewährleistet.

(2) Den Gebietskörperschaften steht bei allen sie betreffenden Entscheidungen der Union und der Unionsstaaten ein Informations- und Beratungsrecht zu. Dieses wird durch von den Gebietskörperschaften zu bildende Ausschüsse wahrgenommen.

(3) Der Unionsverfassungsgerichtshof entscheidet über Verfassungsbeschwerden der Gebietskörperschaften wegen Verletzung des Rechts auf Selbstverwaltung durch eine Entscheidung der Union, bei Entscheidungen der Unionsstaaten jedoch nur, soweit nicht Beschwerde bei einem Verfassungsgericht eines Unionsstaates erhoben werden kann".

[15] Vgl. *Müller-Brandeck-Boquet*, Die Verwaltung 1990, S. 51; *W. Müller*, NVwZ 1989, S. 623 ff.

[16] Vgl. *J. Isensee*, Der Föderalismus und der Verfassungsstaat der Gegenwart, AöR 115 (1990), S. 248 ff., der im Regionalismus mit seinen ethnischen Elementen eine Bestätigung des (räumlich gesehenen) Föderalismus sieht; *R.-O. Schultze*, Föderalismus als Alternative? Überlegungen zur territorialen Reorganisation von Herrschaft, ZParl 1990, S. 475 ff. (wo an die Adresse Lateinamerikas die Warnung formuliert wird, heterogene Gesellschaften seien für einen innerstaatlichen Föderalismus eher ungeeignet); *W. Graf Vitzthum*, Der Föderalismus in der europäischen und internationalen Einbindung der Staaten, AöR 115 (1990), S. 281 / 285 ff.; *P. Häberle*, Föderalismus, Regionalismus, Kleinstaaten — in Europa, Die Verwaltung 25 (1992), S. 1 / 15 ff.; *A. Adonis / S. Jones*, Subsidiarity and the European Community's Constitutional Future, Staatswissenschaften und Staatspraxis, 1991, S. 179 ff.

nicht administrativ von oben verordnet wird, sondern die aus den Mitgliedstaaten von unten wächst und die auf eine echte politische Mitwirkung an der Willensbildung der Region und am Vollzug der nationalen Vorschriften gerichtet ist. Ob diese Regionen zu echten Gliedstaaten der Mitgliedstaaten aufsteigen sollen, das kann und muß heute nicht abschließend beurteilt werden.

Auch hier zeigen sich zwei Wege, die nicht notwendig auseinanderführen, sondern in vielfältiger Weise miteinander verschlungen werden können:

— Eine innerstaatliche Föderalisierung durch schrittweise Aufwertung der Regionen und / oder

— ein Zusammenschluß grenznaher Gebiete zu Regionen, die die nationalen Grenzen der Mitgliedstaaten überschreiten.

Während die Frage der Föderalisierung ganz in die Verfassungsgewalt der Mitgliedstaaten gehört und die EG-Organe diese Verfassungsautonomie achten sollten, bildet der zweite Weg der Bildung grenzüberschreitender Regionen (als einer Sonderform grenzüberschreitender Zusammenarbeit) eine aus europäischer Sicht zu begrüßende Möglichkeit, nationales Bewußtsein zu übersteigen und — wenn schon nicht europäisches, so doch wenigstens — regionales Gemeinschaftsbewußtsein auszubilden.

So kann langsam das Bewußtsein dafür wachsen, daß die Staatsangehörigkeit nicht das entscheidende Argument sein braucht. Dies scheint mir der weit sinnvollere und realistischere Weg zu sein, um nationales Denken zu überwinden, als eine von oben deklarierte „Unionsbürgerschaft" (Art. 8 EG-V i. d. F. des Maastrichter Vertragswerks) mit nur relativ bescheidenen Konsequenzen[17]. Das belegen übrigens ganz eindrucksvoll die Ergebnisse der französischen Abstimmung über das Maastrichter Vertragswerk, die in den Grenzregionen deutlich positiver im Sinne der Europäischen Einigung ausfielen[18].

Schon heute bilden die vielfältigen Formen grenzüberschreitender Zusammenarbeit vielversprechende Ansätze für eine „Regionalisierung von unten", die zu fördern das Subsidiaritätsprinzip gebietet. Ansätze hierfür sind auf den verschiedenen Ebenen durchaus vorhanden, auch wenn sich daraus noch kein europaweit verwendbares „Modell" gebildet hat.

---

[17] Solche Konsequenzen sind etwa die Ausweitung des Aufenthaltsrechts in Art. 8 a, das Kommunalwahlrecht nach Art. 8 b, das viele Mitgliedstaaten ohnedies gewährleistet haben, das Petitionsrecht nach Art. 8 d, das Recht, sich an den nach dem neuen Art. 138 e eingesetzten Bürgerbeauftragten zu wenden.

[18] über 60 % der Departements Bas-Rhin, Haut-Rhin, darunter 55-60 % Moselle, Haute-Savoie; 50-55 % Marne, Meuse, Meurthe-et-Moselle, Doubs, Jura, Ain, Saône et Loire, Savoie, Hautes Alpes, 45-50 % Nord, Ardennes, Vosges, Haute Saône.

a) Auf europäischer Ebene

Die grenzüberschreitende Zusammenarbeit wird in Europa auf mehreren Ebenen gefördert:

aa) *Die KSZE-Schlußakte* von 1975 spricht die Regionen nur am Rande an; immerhin wird in „Korb II" ausgeführt, Großprojekte sollten „auch auf regionaler und subregionaler Ebene" ermöglicht werden. Für die Umweltprobleme wird an anderer Stelle der Schlußakte betont, daß sie „ihrer Natur nach ein multilaterales, bilaterales, regionales und subregionales Ausmaß haben"[19]. Es wird empfohlen[20], den Dekalog von 1975 mit dem Ziel zu ergänzen, die KSZE zu einem Legitimations- und Handlungsrahmen für integrierte Teileinheiten sowie als Klammer für ein Netzwerk sich überlappender Organisationen fortzuentwickeln. Die „grenzüberschreitenden Subregionen als Handlungsebene" sollten damit stärker betont werden.

bb) Im *Europarat* wurde nach etlichen Vorarbeiten und jahrelangem Beratungsprozeß am 21.5.1980 das „Europäische Rahmenübereinkommen über die grenzüberschreitende Zusammenarbeit zwischen Gebietskörperschaften" vorgelegt, das am 22.12.1981 völkerrechtlich in Kraft trat[21]. Das Abkommen zerfällt in zwei Teile:

Im ersten enthält es eine Reihe von unmittelbar verbindlichen völkerrechtlichen Staatenverpflichtungen zur konkreten Förderung von Kooperationsinitiativen; Rechtsansprüche können dezentrale Aufgabenträger allerdings daraus nicht ableiten.

Im zweiten Teil findet sich ein rechtlich unverbindlicher Empfehlungskatalog mit einem breit gefächerten Angebot von Instrumenten für die grenzüberschreitende Zusammenarbeit[22].

cc) Folgende *grenzüberschreitende Regionen* haben sich aus derartigen Ansätzen inzwischen gebildet:

— Regio basiliensis / Oberrheingraben

— Interessengemeinschaft Moyenne Alsace-Breisgau (CIMAB)

— Arbeitsgemeinschaften Alpenländer (ARGE ALP)

— EUREGIO

---

[19] Vgl. dazu näher *B. v. Plate*, Subregionalismus — eine Zwischenebene in einer gesamteuropäischen Ordnung, EA 1991, S. 558 / 563.

[20] *B. v. Plate*, a. a. O., S. 565.

[21] Bekanntmachung einschl. Text des Abkommens BGBl. 1981, II, S. 965 ff.
Auf dem Stand Ende Januar 1989 war es von 14 Mitgliedstaaten des Europarates ratifiziert worden (Deutschland am 21.9.1981, Frankreich am 14.2.1984, Italien am 29.3.1985).

[22] Vgl. *U. Beyerlin*, Dezentrale grenzüberschreitende Zusammenarbeit als transnationales Rechtsphänomen, Archiv des Völkerrechts 1989, S. 286 ff. / 300 ff.

— Arbeitsgemeinschaft Alpen-Adria

— Arbeitsgemeinschaft der Kantone und Regionen der Westalpen (COTRAO)

— Arbeitsgemeinschaft der Pyrenäen

— Arbeitsgemeinschaft des Jura

— Genfersee-Rat.

Die im einzelnen höchst unterschiedliche normative Qualität dieser grenzüberschreitenden „Regionen“ sind in der Literatur eingehend dargestellt worden[23]. Bei den Formen der Zusammenarbeit ist zwischen rechtsverbindlichen und nichtverbindlichen zu unterscheiden[24]. Zu letzteren gehören alle möglichen grenzüberschreitenden Kontaktnahmen, Konzertierungen und Abmachungen.

Rechtlich bindende Verhaltenspflichten werden entweder unmittelbar vertraglich bei der Lösung bestimmter Sachprobleme begründet oder durch die Schaffung eines gemeinschaftlichen Organs mit eigenen *grenzüberschreitenden* Regelungsbefugnissen. Die Absicherung solcher Verhaltenspflichten ist unterschiedlich: Manche dieser rechtsverbindlichen Kooperationen entspringen allein der „autonomen Willensübereinkunft der dezentralen Akteure“ *(Beyerlin);* andere sind durch völkerrechtliche Verträge abgesichert, in denen die Nachbarstaaten ihre lokalen und regionalen Gebietskörperschaften zum Abschluß von grenzüberschreitenden Vereinbarungen ermächtigen[25].

dd) In der Mitte der 70er Jahre hat das Europäische Parlament eine Ratsverordnung über die Bildung grenzüberschreitender Regionalverbände (sog. „Euro-Verbände“)[26] vorgeschlagen; die Idee war gut — doch sie stieß bei der EG-Kommission auf rechtliche Bedenken und wird nicht mehr weiterverfolgt.

Seit Beginn der 80er Jahre versucht die EG, mit Mitteln ihrer eigenen, mit den Interessen der kommunalen Instanzen nicht notwendig deckungsgleichen Regionalpolitik die grenzüberschreitende Zusammenarbeit zu fördern[27]. In diesem begrenzten Rahmen bleibt auch Art. 23 (interregionale grenzübergreifende Zusammenarbeit) der „Gemeinschaftscharta der Regionalisierung“[28]. Dank der

---

23 Vgl. v. a. *W. Lang,* Die normative Qualität grenzüberschreitender Regionen — Zum Begriff der „soft-institution“, Archiv des Völkerrechts 1989, S. 253 / 264 ff.

24 Das stellt im einzelnen gut dar *U. Beyerlin,* Grenzüberschreitende Zusammenarbeit, a. a. O., S. 290 ff.

25 Zur grenzüberschreitenden Zusammenarbeit der Kommunen vgl. eingehend *G. Seele,* Der Kreis aus europäischer Sicht, die übergemeindliche Kommunalverwaltung im Spiegel der nationalstaatlichen Verwaltungsstrukturen und der Europäischen Gemeinschaftspolitik, Stuttgart, 1991, S. 362 ff.; zur Zusammenarbeit vgl. auch *W. Graf Vitzthum,* AöR 115 (1990), S. 300 / 301.

26 Nachw. b. *U. Beyerlin,* a. a. O., S. 303 f.;.

27 Nach der Verordnung Nr. 1787 / 84 des Rates v. 19.6.1984 soll die Kommission im Rahmen der von der EG geförderten „nationalen Programme von gemeinschaftlichem Interesse“ die Grenznähe der betreffenden Gebiete bei der Beurteilung der Förderungswürdigkeit besonders berücksichtigen.

finanziellen und personellen Unterstützung durch die EG-Kommission sind mittlerweile mehrere grenzüberschreitende Entwicklungsprogramme aufgelegt worden[29].

ee) Über diese ersten Ansätze hinaus bedarf es aber dringend weiterer Anstöße durch die EG, die hier unter Beweis stellen könnte, daß sie an einem subsidiärem Aufbau der Gemeinschaft mitwirkt. Ihre Initiativen bleiben bisher ganz im Rahmen ihrer eigenen, von oben nach unten konzipierten Regionalpolitik.

Nach wie vor viel zu wenig entwickelt ist auch die Zusammenarbeit zwischen den Europäischen Gemeinschaften und dem Europarat. Die Anregung des europäischen Parlaments an die Kommission, bei ihr ein Verbindungsbüro für Fragen der grenzüberschreitenden Zusammenarbeit in Kooperation mit dem Europarat und der Arbeitsgemeinschaft Europäischer Grenzregionen einzurichten[30], wurde bisher nicht aufgegriffen.

b) Auf der Ebene der Bundesrepublik Deutschland

aa) Die deutsche *Bundesregierung* hat auf eine „kleine Anfrage" der SPD die verschiedenen Formen grenzüberschreitender Zusammenarbeit auf regionaler Ebene als wichtigen Beitrag zum Europäischen Einigungsprozeß bezeichnet[31]. Sie hat sich dabei ganz grundsätzlich mit dieser Zusammenarbeit auseinandergesetzt:

> „Langfristig kommt es darauf an, das Zusammengehörigkeitsgefühl zwischen allen Menschen und Nationen in Europa unter Wahrung ihrer kulturellen Identität zu stärken. Die Entwicklung der Beziehungen in den Grenzregionen, also zwischen den unmittelbaren und europäischen Nachbarn, kann hierfür Vorbild sein".
>
> „Trotz ihrer Verbindungsfunktion und trotz des schrittweisen Abbaus der Grenzen leiden die Grenzregionen auch heute immer noch unter der trennenden Funktion der nationalstaatlichen Grenzen. Dies gilt nicht nur für Grenzen zwischen EG-Ländern und Nicht-EG-Ländern, sondern auch innerhalb der Gemeinschaft".
>
> „In vielen Grenzregionen Europas hat sich erwiesen, daß nicht alle Probleme, die lokal oder regional an den Grenzen entstehen, durch die Außenpolitik der betroffenen Staaten gelöst werden können. Seit langem gibt es daher unterhalb der Ebene der Außenministerien verschiedene Formen ‚kleiner Außenpolitik', in denen auf beiden Seiten der Grenzen Politiker und Behörden auf regionaler Ebene miteinander nach pragmatischen Lösungen für die anstehenden Probleme suchen".

---

28 Anlage zur Entschließung des Europäischen Parlaments zur Regionalpolitik der Gemeinschaft und zu Rolle der Regionen v. 18.11.1988 ABl., EG Nr. C 326 v. 19.12.1988, S. 289, abgedr. b. *J. Bauer* (Hrsg.), Europa der Regionen, Berlin 1991, S. 33 ff.

29 Etwa für die Ems-Dollart-Region, für die EUREGIO Maas-Rhein, das Benelux-Middengebiet und die Grenzregion Saar-Lor-Lux (Nachw. b. *U. Beyerlin*, a. a. O., S. 304).

30 Vgl. die Entschließung des Europäischen Parlaments v. 12.3.1987, Ziff. 20 (zit. nach *U. Beyerlin*, a. a. O., S. 304, Fn. 81).

31 BT-Ds. 11/6322 v. 26.1.1990, S. 1 f.

Diese Probleme können sehr unterschiedlicher Art sein. Unter anderem gehören dazu:

— Die Abstimmung verschiedener Verkehrsplanungen von Ortsverbindungsstraßen bis hin zur Trassenführung von Verkehrswegen europäischer Dimension (Verknüpfung der nationalen Autobahnnetze; Trassierung neuer alpenüberquerender Eisenbahnlinien);

— gegenseitige Information und Abstimmung der Flächennutzung zur Vermeidung von Nutzungskonflikten;

— Probleme der grenzüberschreitenden Umweltverschmutzung, wie z. B. Verunreinigungen internationaler Gewässer und Flüsse, Luftverunreinigungen durch grenznahe Emissionen, Lärmprobleme usw.;

— soziale Probleme der Grenzgänger, darunter: unterschiedliche arbeitsrechtliche und steuerliche Bestimmungen, Versicherungen, Altersversorgung;

— kulturelle Zusammenarbeit;

— Verringerung der Sprachprobleme durch Sonderregelungen im schulischen Sprachunterricht;

— Zusammenarbeit im Gesundheitswesen durch gemeinsame Nutzung von Krankenhäusern und Rettungsdiensten.

Die Bundesregierung hat dabei — im Grundsatz sicher zutreffend — auch auf die Bedeutung der bürgernahen Zusammenarbeit zwischen Vereinen, Verbänden und Privatorganisationen aller Art hingewiesen und diesen Formen eine „noch größere Bedeutung“ zugemessen als der Kooperation zwischen Gebietskörperschaften und öffentlichen Instanzen[32]. Die Auskünfte über die Rechtsgrundlagen bleiben aber vage; immerhin wird ausdrücklich festgestellt, daß „kein Mangel an Rechtsgrundlagen“ für die grenzüberschreitende Zusammenarbeit besteht. Diese hängt also weitgehend von der Initiative der Betroffenen selbst ab. Muster für eine solche Zusammenarbeit stehen zur Verfügung.

Über eine Fülle realisierter bzw. geplanter Kooperationsprojekte wird in der Literatur berichtet[33], wobei die Frage nach den öffentlich-rechtlichen Rechtsgrundlagen hier allerdings als keineswegs unproblematisch dargestellt wird. Teil-

---

32 a. a. O., S. 2.

33 Vgl. die Nachw. b. *H. Kistenmacher / J. Saalbach,* Beispiele praktischer grenzüberschreitender Zusammenarbeit im Raum Südpfalz / mittlerer Oberrhein / Nord-Elsass, Die Verwaltung 25 (1992), S. 489 ff.

M. Birnbaum berichtet in der SZ v. 10.10.1992 (Europa en groß, eine Frage des Details) über die Probleme eines gemeinsamen Gewerbegebietes der „Europastadt“ Aachen und der niederländischen Stadt Heerlen, deren Gemeinderäte in gemeinsamer Sitzung im Aachener Rathaus feierlich beschlossen: „Die Gemeinden Aachen und Heerlen erklären hiermit ihre Absicht, gemeinsam ein integriertes grenzüberschreitendes Gewerbegebiet zu planen und zu realisieren. Diesem Gewerbegebiet kommt als Pilotprojekt für die Entwicklung des deutsch-niederländischen Grenzraumes in der Euregio sowie für die Europäische Gemeinschaft eine herausragende Bedeutung zu“.

weise wird das Fehlen solcher Rechtsgrundlagen gerügt, zum anderen jedenfalls in der Praxis eine beträchtliche Rechtsunsicherheit über die Zusammenarbeitsmöglichkeiten festgestellt.

bb) Inzwischen hat in Deutschland die grenzübergreifende Zusammenarbeit Eingang in die Verfassunggebung gefunden. Der neugefaßte Art. 24 GG sieht (in Abgrenzung zu dem neuen „Europa-Artikel" 23) eine Kompetenzübertragung auf grenzüberschreitende Einrichtungen vor.

Art. 60 der Verfassung der Saarlandes ist um folgenden neuen Absatz ergänzt worden:

> „Das Saarland fördert die europäische Einigung und tritt für die Beteiligung eigenständiger Regionen an der Willensbildung der Europäischen Gemeinschaften und des vereinten Europa ein. Es arbeitet mit anderen europäischen Regionen zusammen und fördert grenzüberschreitende Beziehungen zwischen benachbarten Gebietskörperschaften und Einrichtungen".

Art. 12 des letzten Entwurfs der Verfassung des Landes Sachsen bekennt sich ebenfalls eindeutig zu einer grenzüberschreitenden Zusammenarbeit:

> „Das Land strebt grenzüberschreitende regionale Zusammenarbeit an, die auf den Ausbau nachbarschaftlicher Beziehungen, auf das Zusammenwachsen Europas und auf die friedliche Entwicklung in der Welt gerichtet ist".

Diese vielfältigen Ansätze gilt es in Recht und Wirklichkeit weiterzuentwikkeln.

3. Die Sicherung der gesellschaftlichen Autonomien von Kirchen und Sozialverbänden

a) Für die beiden großen Kirchen in Deutschland stellt sich die Lage in etwa ähnlich dar wie bei den Gemeinden.

Kein Problem ist die Anerkennung der Religionsfreiheit als Individualgrundrecht. Sie ist unbestrittener Bestandteil der Gemeinschaftsrechtsordnung als ein den Rechtsordnungen der Mitgliedstaaten gemeinsamer allgemeiner Rechtsgrundsatz. Mit den Maastrichter Verträgen ist sie auch ausdrücklich in das Vertragsrecht aufgenommen worden.

Weit weniger gesichert ist die Rechtsposition der Kirchen als öffentlich-rechtliche Körperschaften. Gemäß Art 140 GG i. V. m. Art 37 Abs. 3 GG haben die Kirchen das Recht zur Selbstverwaltung ihrer eigenen Angelegenheiten.

Die lange bestehende Unsicherheit über die Bedeutung des Art. 140 im Gesamtgefüge des Grundgesetzes hat das BVerfG durch die Entscheidung behoben, daß die inkorporierten Artikel der Weimarer Reichsverfassung voll gültiges Verfassungsrecht geworden sind[34].

---

[34] E 19, 206 (219); 226 (236); *J. Listl*, Essener Gespräche Bd. 3 S. 68 f.

Weitgehender Konsens herrscht in der deutschen Staatskirchenrechtswissenschaft darüber, daß die beiden staatskirchenrechtlich relevanten Normen des Art. 4 und des Art. 140 GG ungeachtet ihrer räumlichen Trennung so zu lesen sind als ob sie auch äußerlich ineinander gefügt wären[35]. Aus dieser Verklammerung folgt, daß im Gegensatz zur Auffassung der Weimarer Reichsverfassung die Kirchen als Institutionen mit dem Recht der Selbstverwaltung anerkannt sind, die ihrem Wesen nach unabhängig vom Staate sind und ihre Gewalt nicht von ihm herleiten, mit der Folge, daß der Staat nicht in ihre inneren Verhältnisse eingreifen darf[36].

Aus europarechtlicher Sicht ist diese Position der Kirchen nicht mehr ganz unangefochten. Wie das öffentliche Recht allgemein, so weist auch das Staatskirchenrecht immer mehr Berührungspunkte mit dem Europarecht auf[37]. Daraus ergeben sich zugleich Unsicherheiten, was die eigene Position angeht, und Chancen für ein freies Miteinander in einem einigen Europa.

aa) Um diese Chancen wahrzunehmen und zugleich die eigene Position zu schützen, haben auch die Kirchen begonnen, auf europäischer Ebene zusammenzuarbeiten:

Vor zwanzig Jahren hat die Katholische Kirche einen Rat der Europäischen Bischofskonferenzen (CCEE = Consilium Conferentiarum Episcopalium Europae) gegründet, der derzeit 25 Mitglieder hat, und auch die Kirchen des östlichen Teils Europas einschließt.

Der Zusammenschluß dient dem ständigen Austausch über Fragen und Probleme, mit denen die nationalen Bischofskonferenzen befaßt sind. Daneben organisiert der Rat Symposien der Europäischen Bischöfe.

Auf evangelischer Seite steht der CCEE die „Konferenz Europäischer Kirchen" (KEK) gegenüber. Seit 1971 haben beide einen gemeinsamen Ausschuß und damit eine arbeitsfähige europäische Struktur für die Ökumene[38].

---

[35] a. a. O. S. 72 m. Nachw.

[36] BVerfGE 18, 385 (386); 19, 1 (5) 21, 367 (374). *A. Hollerbach* hat das als Absage an einen „rechtsmonopolistischen Etatismus" bezeichnet (AöR 92, 1967, S. 108.

[37] Das deutsche Staatskirchenrecht und die Entwicklung des Europäischen Gemeinschaftsrechts — kirchliche Überlegungen des Rates der Evangelischen Kirche in Deutschland (Europarecht 1991, S. 375 ff) die zugleich als Diskussionsgrundlage für eine gemeinsame kirchliche Äußerung mit der deutschen Katholischen Kirche dienen.

Dort sind vor allem genannt: das kirchliche Dienst- und Arbeitsrecht, die Anerkennung der Diplome kirchlicher Bildung- und Ausbildungseinrichtungen; der Sonn- und Feiertagsschutz; das Steuerrecht (über die Angleichung der Kriterien der Gemeinnützigkeit) einschließlich des Einziehungsverfahrens mit den Konsequenzen für die Kirchensteuer.

Vgl. weitere Nachweise bei *A. Hollerbach,* Europa und das Staatskirchenrecht, Z. ev. KR 35 (1990) S. 250 ff; *G. Robbers,* Die Fortentwicklung des Europarechts und seine Auswirkungen auf die Bedingungen zwischen Staat und der Kirche in der Bundesrepublik Deutschland, Essener Gespräche 28 (1992), S. 82 ff.; *ders.,* Handbuch des deutschen Staatskirchenrechts, 2. Aufl., hg. von *J. Listl* und *D. Pirson.*

Mit zunehmendem Einfluß des Gemeinschaftsrechts auf das Staatskirchenrecht wird allerdings moniert, daß der europäische Gesetzgeber kein wirkliches Gegenüber bei den Kirchen habe. Das ist sicherlich zutreffend; mit der Einrichtung der Kommission der Bischofskonferenzen der EG (Com ECE = Commissio Episcopatuum Communitatis Europensis) beginnt die katholische Kirche, Abhilfe zu schaffen. Doch das sind erst bescheidene Anfänge.

bb) Das Problem der angemessenen Berücksichtigung der Kirchen in der Europäischen Union reicht tiefer:

Ihrer sozialen Bedeutung (schon als Träger vielfältiger karitativer Einrichtungen sowie privater Schulen) entspräche es zumindest, daß die Europäische Gemeinschaft die Zusammenarbeit mit ihnen förmlich als ebenso bedeutsam erklärt, wie sie das bei den Wohlfahrtsverbänden getan hat (vgl. unten b).

Im Sinne der Subsidiarität wäre es auch, in einer Europäischen Verfassung die Eigenständigkeit der Kirchen nicht nur in ihrem innerem Bereich, sondern auch in ihren sozialen Aktivitäten zu bestätigen und zu schützen. Darin läge kein Eingriff in die Befugnis der Mitgliedstaaten, die Beziehungen zwischen Staat und Kirche im innerstaatlichen Bereich frei zu regeln[39]. Die Anerkennung einer auch sozialen Autonomie der Kirchen würde allerdings die Konkurrenz für eine eigene Sozialpolitik der Gemeinschaft verstärken. Daß das Subsidiaritätsprinzip eine solche Lösung geradezu verlangt, bedarf nach dem Vorstehenden keiner besonderen Begründung mehr.

Als unbefriedigend wird schließlich die Beteiligung der Kirchen am Entscheidungsprozeß im europäischen Recht empfunden. Daher wird verlangt, daß wenigstens in den Wirtschafts- und Sozialausschuß der EG auch Kirchenvertreter Aufnahme finden sollten[40]. Das mag die Informationslage der Kirchen verbessern; eine Steigerung ihres realen Einflusses wäre mit einer solchen Beteiligung sicher nicht verbunden. Trotzdem sollte man den Signalwert einer solchen Beteiligung nicht unterschätzen.

b) Noch sind die Kompetenzen der Gemeinschaft im sozialen und kulturellen Bereich gering. Die Bemühung vor allem um die Sozialunion gehört aber zu den erklärten Zielen der Gemeinschaft. Das dem Protokoll über die Sozialpolitik im Maastrichter Vertragswerk beigefügte Abkommen zwischen den Mitgliedstaaten der EG (mit Ausnahme Großbritanniens und Nordirlands) über die Sozialpolitik

---

[38] vgl. zu diesen Formen der Zusammenarbeit vor allem *C. Martini*, Die Sendung der Kirche im neuen Europa und *L. Ullrich*, Ökumene in Europa — Rückblick und Ausblick, beide in: Die Neugestaltung Europas und die Kirche — Studientag bei der Herbstversammlung der Deutschen Bischofskonferenz in Fulda vom 25.9.1991, Arbeitshilfen H. 94, S. 29 ff. und 65 ff.

[39] So zutreffend *N. Feldhoff / A. Dünner* (Hrsg.), Die verbandliche Karitas, Freiburg 1991, S. 141 f.

[40] Vgl. EuR 1991 S. 378.

„ergänzt“ die Tätigkeit der Mitgliedstaaten schon auf ganz wesentlichen Bereichen. Das gleiche gilt nach dem neuen Art. 128 EG-V für die Kultur.

Je weiter die Gemeinschaft in den sozialen und kulturellen Bereich vorstößt, desto notwendiger ist es, daß aus der verbalen Anerkennung des Subsidiaritätsprinzips auch praktische Konsequenzen gezogen werden. Mit der Erklärung zur Zusammenarbeit mit den Wohlfahrtsverbänden im Maastrichter Vertragswerk[41] ist damit ein erster Anfang gemacht.

In seiner „Initiativstellungnahme“ zum Thema „Die soziale Lage in der Gemeinschaft im Jahre 1991“[42] hat der Wirtschafts- und Sozialausschuß im Abschnitt 4 (Sozialer Dialog) die „neue Form der Zusammenarbeit zwischen Arbeitgebern und Arbeitnehmern“ begrüßt, zugleich aber darauf hingewiesen, daß es „zahlreiche andere Interessengruppen (gibt), z. B. Landwirte, Handwerker, Händler, mittelständische Betriebe, Freiberufler, Verbraucher- und Umweltschutzorganisationen, den Bereich der Economie Sociale (Genossenschaften und Vereine auf Gegenseitigkeit), das Verbandswesen und die Familien, die den Willen bekunden und auch einen Anspruch haben, ihre Möglichkeiten für eine Teilnahme am Entscheidungsprozeß über die weitere wirtschaftliche und soziale Entwicklung zu verbessern“.

4. Die Eigenverantwortlichkeit freier Träger

In der Literatur wird der Kommission vorgehalten, daß jedenfalls ihre augenblickliche Verbandspolitik genau gegenläufig ist: „Sie schafft sich ihre eigene Lobby“; sie gliedere sich in Form europäischer Verbindungsausschüsse, in der alle Mitgliedstaaten vertreten sein sollen, teile ihre Verwaltung so auf, um auf solche Weise ... verbandliche Bezogenheit vorzutäuschen“[43]. Es sei nicht auszuschließen, daß die Kommission in einer langfristigen Perspektive daran interessiert ist, nicht Verbände oder bestimmte Verbandsbereiche, sondern stattdessen lediglich „Netzwerke zu fördern, die weniger durch ein bestimmtes politisches, humanitäres oder weltanschauliches Profil geprägt sind, als vielmehr durch eine leichter steuerbare, fachbezogene und neutrale Struktur“[44].

---

[41] Die Konferenz betont, daß zur Erreichung der in Artikel 117 des Vertrags zur Gründung der Europäischen Gemeinschaft genannten Ziele eine Zusammenarbeit der Europäischen Gemeinschaft mit den Verbändern der Wohlfahrtspflege und den Stiftungen als Trägern sozialer Einrichtungen und Dienste von großer Bedeutung ist.

[42] CES 812/92.

[43] *B. O. Kuper*, Wohlfahrtverbände und Europäische Gemeinschaft: Konfliktlinien und Perspektiven, in: R. Bauer (Hrsg.) Sozialpolitik in Deutschland und europäische Sicht — Rolle und Zukunft der Freien Wohlfahrtspflege zwischen EG-Binnenmarkt und Beitrittsländern, Deutsche Studien Verlag 1992, S. 57.

[44] *B.-O. Kuper*, a. a. O., S. 59; wie das praktisch abläuft, wird von *B.-O. Kuper* an anderer Stelle (Freie Wohlfahrtspflege in Europa, Oktober / November — Heft „Soziale Arbeit“) anschaulich geschildert.

Daß eine derartige Form der Verbandspolitik dem Subsidiaritätsprinzip diametral widerspricht steht außer Frage. Der Vorwurf trifft aber nicht nur die Kommission. Bei der Betrachtung ihrer organisatorischer Strukturen hat es sich vielmehr gezeigt, daß in diesen Kryptoformen der Verwaltung auch nationale Widerstände gegen eine Integration und vor allem gegen die Überlassung der entsprechenden Kompetenzen an das Europäische Parlament zum Ausdruck kommen.

Die Protokollnotiz über die Zusammenarbeit beschreitet den richtigen Weg. Ihn gilt es zunehmend mit dem Ausgreifen der Gemeinschaft auf den kulturellen und sozialen Bereich weiterzugehen und im Gemeinschaftsrecht die Sicherung der Autonomien von Trägern vorzusehen, die in den Mitgliedstaaten mit zum Teil jahrhundertelanger Tradition wertvolle Arbeit leisten. Das sollte schon ein Gebot der Klugheit sein, weil Kräfte, die hier nicht gefördert, sondern vielleicht sogar verdrängt werden, dem Staat und auch der Gemeinschaft keineswegs zwangsläufig zuwachsen. Der Gemeinschaftsbürger würde — wie immer — die Rechnung bezahlen mit einer Nivellierung und schon damit Verschlechterung des Leistungsangebots.

VIII. Zusammenfassung der wesentlichen Ergebnisse

1. Die Garantie des Subsidiaritätsprinzips im EG-Vertrag teilt das langwierige, komplizierte Schicksal der Europäischen Einigung. Art. 3 b des Maastrichter EG-Vertrags ist nicht der erste Versuch, das Subsidiaritätsprinzip im geschriebenen Europarecht zu verankern. Er hat Vorläuferbestimmungen vor allem in Art. 5 Abs. 1 und 3 EGKSV und in Art. 130 r Abs. 4 EWGV (Umweltschutz); Ausdruck subsidiärer Gestaltung sind daneben Art. 5 (Verpflichtung der *Mitgliedstaaten,* die notwendigen Maßnahmen zur Erfüllung der Vertragspflichten zu treffen), Art. 235 (als Ausnahmekompetenz) und das weitgehende Fehlen eines eigenen Verwaltungsvollzugs der Gemeinschaft.

Art. 3 b EG-V hat Kompromißcharakter: Auf der einen Seite anerkennt er das Prinzip an hervorgehobener Stelle im Vertrag; auf der anderen Seite wird seine Anwendbarkeit im geschriebenen Recht auf die konkurrierenden Zuständigkeiten beschränkt. In der Entstehungsgeschichte der Vorschrift war sowohl seine Stellung (im Vertrag oder in einer Präambel) wie die Frage der gerichtlichen Überprüfung seiner Verletzung umstritten.

Rechtsdogmatisch stellt Art. 3 b das schwere Problem der Konkretisierung seiner Anwendungskriterien (unten 3). Die entscheidende Frage ist nach wie vor: Wer definiert, wieviele Befugnisse die zentrale Einheit haben muß, um „funktionieren" zu können. Solange sie nicht beantwortet ist, droht das Subsidiaritätsprinzip vom Grundsatz der Effektivität der Gemeinschaftsgewalt (jedenfalls zum Teil) aufgehoben zu werden. Aus diesem Grund überwiegen bisher — soweit ersichtlich — die zurückhaltenden Beurteilungen seines Wertes.

Rechtspolitisch läßt die Vorschrift vor allem deswegen Wünsche offen, weil sie das Subsidiaritätsprinzip nur auf die konkurrierenden Kompetenzen der Gemeinschaftsorgane anwendet, deren Abgrenzung zu den ausschließlichen Kompetenzen unsicher ist; aus der entscheidenden Frage, welche neuen Kompetenzen auf die Gemeinschaftsorgane zu übertragen sind, bleibt das Prinzip vorerst völlig ausgespart.

Die Bemühungen des Rates und der Kommission um eine Konkretisierung des Subsidiaritätsgrundsatzes begegnen der Gefahr, daß dieses Prinzip im bloß Schlagworthaften verbleibt, mit der nicht geringeren Gefahr der Auflösung des Grundgedankens in einer Vielfalt einander teilweise widersprechender Konkretisierungsversuche. Sucht man nämlich das Subsidiaritätsprinzip in der Technizität vielfältiger Durchführungsbestimmungen mit Inhalt zu erfüllen, so läuft man Gefahr, gerade seinen wichtigsten Inhalt zu verfehlen — grundsätzlich den Weg zu weisen für eine sinnvolle weitere Entwicklung des unübersehbar gewordenen Gemeinschaftsrechts.

2. Das Subsidiaritätsprinzip unterscheidet sich in seiner katholischen Wurzel nicht wesentlich von Erklärungen, die es in den profanen Gesellschaftswissenschaften erfahren hat. Vor allem hat es keinerlei konfessionellen Gehalt; es ist vielmehr formuliert als ein allgemeines Klugheitsprinzip, dessen Einhaltung die Vernunft gebietet. Zu Recht ist das Subsidiaritätsprinzip dem „sozialethischen Erbe der Menschheit" zugerechnet worden.

Unlösbar ist das Subsidiaritätsprinzip mit der liberalen Staatstheorie verknüpft, nicht nur in Deutschland. Denn ebensowenig wie die Subsidiarität ein „katholisches" Prinzip darstellt, ist sie ein „deutschrechtliches" Prinzip. In den liberalen Staatslehren stellt das Subsidiaritätsprinzip ein Mittel dar, um die Berechenbarkeit des Staates zu gewährleisten und seine Zwecke zu begrenzen. Der Staat soll überall dort nicht handeln dürfen, wo der Bürger eine Aufgabe selbst bewältigen kann.

Umstritten ist, ob Subsidiarität notwendig föderative Gestaltung bedeutet, also welche Beziehungen zwischen dem Subsidiaritätsprinzip und dem Föderalismusprinzip bestehen.

Für die Europäische Gemeinschaft steht fest, daß sie mit der Aufnahme des Subsidiaritätsprinzips in den Vertrag *nicht* eine katholische Tradition übernimmt.

Ihr Bekenntnis zu diesem Prinzip verlangt auch *nicht* notwendig einen föderalen Aufbau der Gemeinschaft. Sie knüpft vielmehr an vor allem an liberalstaatliche Traditionen, die eine Staatstätigkeit zum Wohl des Einzelnen wie auch des Staates selbst auf seine notwendigen Ergänzungsfunktionen beschränken.

3. Im juristischen Schrifttum fehlen Definitionen des Subsidiaritätsprinzips weitgehend oder sie sind sehr ungenau. Der Wortlaut des Art. 1 b EG-V kann diese Unsichercheit nicht spürbar vermindern. Man wird weiter darüber streiten

können und müssen, ob die Tatbestandvoraussetzungen für ein Handeln der Gemeinschaft vorliegen, nämlich

— die Feststellung, daß das Ziel einer in Betracht gezogenen Maßnahme von den Mitgliedstaaten selbst nicht ausreichend erreicht werden kann; — danach

— die positive Entscheidung, daß dieses Ziel von den Gemeinschaftsorganen besser verwirklicht werden kann.

Klargestellt ist jedenfalls in der Theorie (und soweit auch von den Gemeinschaftsorganen anerkannt), daß sie für das Vorliegen der Tatbestandsvoraussetzungen die Beweislast tragen.

Wichtiger als die Weiterführung des Streits um die Rechtsverbindlichkeit des Subsidiaritätsprinzips ist es aber, seine integrative vertrags- und rechtspolitische Bedeutung herauszuarbeiten. Dabei kann ein Blick auf die Rechtsordnung der Mitgliedstaaten wertvolle Hilfestellung leisten. Das deutsche Recht kennt — unabhängig von der Frage, ob das Subsidiaritätsprinzip auch dem deutschen Verfassungsrecht zugrunde liegt — eine Fülle von Beispielen im einfachen Recht, in denen das Subsidiaritätsprinzip für ein bestimmtes Sachgebiet vom Gesetzgeber als rechtsverbindlich erklärt oder in denen Fachgesetze unter Beachtung der Subsidiarität konzipiert worden sind. Auch ohne verfassungrechlichen Zwang hat in Deutschland der Gesetzgeber also in einer ganzen Reihe von Fällen Ausschnitte aus dem Subsidiaritätsprinzip verwirklicht bzw. ganze Lebensbereiche nach den in diesem Prinzip zum Ausdruck kommenden Ideen gestaltet.

Auch dem Recht anderer Mitgliedstaaten ist dieser Grundsatz keineswegs fremd, selbst wenn er ausdrücklich kaum so bezeichnet wird. Zum Ausdruck kommen subsidiäre Gestaltungsformen vor allem in Tendenzen regionaler Autonomisierung wie sie nahezu überall in den Mitgliedstaaten aufgebrochen sind und noch aufbrechen (etwa die autonomen Gemeinschaften Spaniens, die Regionen in Italien und Belgien sowie die Dezentralisierungsgesetzgebung in Frankreich). Schwieriger erscheint demgegenüber die Lage in Großbritannien.

4. Die integrative rechtspolitische Bedeutung des Subsidiaritätsprinzips kann nur dann voll erfaßt werden, wenn die unterschiedlichen Funktionen bewußt sind, die das Subsidiaritätsprinzip erfüllt:

Art. 3 b EG-V bindet nur die Kompetenzausübung an die Erfordernisse des Subsidiaritätsprinzips. Dieses Prinzip eignet sich aber durchaus auch als Kompetenzverteilungsregel. Hier haben überzogene Erwartungen das Subsidiaritätprinzip — zu Unrecht — in Mißkredit gebracht. Natürlich ist es nicht in der Lage, die Kompetenzen der verschiedenen Ebenen trennscharf voneinander zu scheiden. Dagegen kann es sehr wohl Richtschnur und Leitlinie der Verteilungsdiskussion sein, die in einer europäischen Verfassungsdebatte noch zu führen ist.

Das Subsidiaritätsprinzip hat vor allem eine freiheitsfördernde Funktion. Unter Berufung auf dieses Prinzip haben die deutschen Länder ihre Position innerstaatlich in beachtlicher Weise gefestigt. Während von den EG-Gemeinschaftsorganen immer wieder — und zu Recht — der Grundsatz der „Funktionsfähigkeit der Gemeinschaft" betont wird, dient das Subsidiaritätsprinzip dazu, dem die Notwendigkeit der Erhaltung auch der „Funktionsfähigkeit der Mitgliedstaaten" gegenüber zu stellen.

Notwendige Kehrseite der Schutzfunktion des Subsidiaritätsprinzips zugunsten der Befugnisse der Länder und der Selbstverwaltungkörperschaften ist die Begrenzungsfunktion des Subsidiaritätsprinzips, die für die Gemeinschaft eine Kompetenzausübungssperre bedeutet.

In seiner Schutzfunktion für gesellschaftliche Freiheit und dezentrale staatliche Organisation fördert das Subsidiaritätsprinzip die Konkurrenz einer Vielfalt gewachsener Einheiten und steht so totalitaristisch-zentralistischen Zugriffen der Gemeinschaft im Wege.

Bei der Betonung der freiheitsfördernden Funktion des Subsidiaritätsprinzips wird seine Integrationsfunktion häufig unterschätzt. Deshalb trifft das Subsidiaritätsprinzip gerade bei Staaten, die durch dieses Prinzip die Einheit ihrer Staatsgewalt bedroht sehen, auf Widerstand. Subsidiarität mit ihrer Betonung dezentraler Autonomien wirkt aber zugleich einheitsfördernd, weil es diese Autonomien einbaut in die übergeordneten Einheiten und bei der Verteilung der Kompetenz die Erfordernisse der Gemeinschaft nicht außer acht läßt. Freilich erzwingt die Subsidiarität einen Klärungsprozeß hinsichtlich der Ziele der Europäischen Union. Aus der Sicht der Bürger Europas ist das zu begrüßen.

5. Die europäische Einigung leidet unter dem Mangel einer großen Leitidee, in deren Namen sich die Europäer zusammenschließen könnten.

Eine Renaissance Europas wird man kaum aus der reichen Tradition erwarten dürfen. „Zu viele Netze sind zerrissen" *(W. Leisner)*. Unklar ist heute ja schon der geographische Raum, den die Gemeinschaft ausfüllen kann und / oder ausfüllen sollte.

Immer deutlicher wird auch bewußt, daß eine „europäische Öffentlichkeit" fehlt, in der die möglichen Leitideen eines künftigen Europas oder auch nur die Ziele der Europäischen Union diskutiert werden können. Die bisher vorhandenen Ansätze bei den Parteien und bei der Fraktionsbildung des Europäischen Parlaments reichen hierfür bei weitem nicht aus. Die Medien scheitern schon an der Sprachbarriere.

Klar schien eine Zeit lang, daß der Bundesstaat nicht mehr das erklärte Ziel des europäischen Zusammenschlusses ist. Das ist in neuerer Zeit, vornehmlich in Deutschland, wieder anders gesehen worden. Doch die Widerstände gegen die Bundesstaatslösung bleiben beträchtlich, schon weil sich zu unterschiedliche Vorstellungen mit dem Föderalismus-Konzept verbinden.

Die Hoffnungen auf ein Europa als Rechtsgemeinschaft sind dem Juristen sicher sympatisch; ein Europa der Bürger könnte sich auf diese Weise nur dann konstituieren, wenn diese Rechtsgemeinschaft sich auf Prinzipien beschränken und mit dieser Einschränkung gemeineuropäische Traditionen fortführen würde. Doch die Entwicklung des Gemeinschaftsrechts geht in der Praxis ganz andere, immer bürgerfernere Wege.

So darf es nicht verwundern, daß der Mangel einer europäischen Leitidee von der Leerformel der „politischen Union" verdeckt wird, die offen ist für die unterschiedlichsten inhaltlichen Interpretationen und schon daher vorzüglich dazu geeignet, die Frage nach dem Ziel der europäischen Integration offenzuhalten. Solange aber nicht klar ist, wie die Europäische Union konkret aussehen soll, solange ist auch das Subsidiaritätsprinzip in seiner Konkretisierungsaufgabe behindert, wenn nicht paralysiert.

Immerhin hat sich im Namen des so häufig gescholtenen Subsidiaritätsprinzips so etwas wie eine gesamteuropäische Diskussion entzündet über die Ziele der Einigung und den sinnvollsten Weg dorthin. Insofern dient die Subsidiarität — ganz „subsidiär" — solange als Leitidee für die europäische Einigung, bis eine inhaltliche Entscheidung erfolgt ist und das Subsidiaritätsprinzip sich wieder auf seine instrumentalen Funktionen zurückziehen kann, Hilfestellung zu leisten auf dem Wege zu einer so konkretisierten Einigung.

6. Große Hoffnungen richten sich auf das Konzept eines „Europa der Regionen". Dieses Bild bedarf aber der Präzisierung, denn von „Regionen" wird in der europäischen Praxis in ganz unterschiedlicher Weise gesprochen. Vor allem zwei Konzepte der Regionalisierung konkurrieren derzeit im europäischen Recht:

— die Region als bloße dezentralisierte Verwaltungseinheit, geschnitten nach den Erfordernissen der Regionalpolitik ohne entscheidende Berücksichtigung geographischer und kultureller Zusammengehörigkeit;
— die Region als Ansatzpunkt für eine echte Föderalisierung der Gemeinschaft.

Im Sprachgebrauch der Kommission überwiegt die Verwendung des Begriffs „Region" als eines nur technischen Begriffs der Eurostatistik; die politisch ausbaufähigeren Positionen finden sich in Dokumenten des Europäischen Parlaments, v. a. in seiner Entschließung zur Regionalpolitik der Gemeinschaft und zur Rolle der Regionen vom 18.11.1988 (mit einer Anlage „Gemeinschaftscharta der Regionalisierung"). Gegenwärtig scheint diese Charta aber weder bei den Gemeinschaftsorganen noch auch in den Mitgliedstaaten Aussicht auf Zustimmung zu haben.

Regionalisierung, soll sie wirklich ein „Europa der Bürger" im Sinne der Subsidiarität von unten nach oben aufbauen helfen, darf nicht begonnen werden wie eine große europäische Gebietsreform, auch wenn man für eine solche Form manche Argumente der Regierungs- und der Verwaltungseffizienz anführen kann. Im Widerstreit beider Ansätze kann kein Zweifel bestehen, daß am Beginn die politische Legitimität und erst danach die Effizienz steht; aus Effizienzgesichtspunkten allein wird der Europäischen Gemeinschaft die notwendige demokratische Legitimation sicher nicht zuwachsen.

7. In der Formulierung des Art. 3 b EG-V findet das Subsidiaritätsprinzip in seiner Funktion der Kompetenzverteilung keine Berücksichtigung. Sein Anwendungsbereich wird in dieser Vorschrift beschränkt auf die Ausübung der Gemeinschaftskompetenzen, hier noch einmal beschränkt auf die Ausübung konkurrierender Befugnisse. Damit gewinnt die — keineswegs geklärte — Frage enorm an Bedeutung, welche Kompetenzen im Vertrag (nur) konkurrierende und welche ausschließliche Gemeinschaftskompetenzen darstellen.

Das Prinzip ist klar: Die ausschließliche Gemeinschaftskompetenz muß die aus dem Gegenstand heraus begründbare Ausnahme bleiben. Insbesondere können *nicht* alle Maßnahmen hierunter gefaßt werden, die nur zur Verwirklichung des Binnenmarktes erforderlich sind (wie die Kommission das offenbar meint).

Andererseits folgt die Kommission Anregungen im Schrifttum, auch im Bereich der ausschließlichen Gesetzgebungsbefugnisse der Gemeinschaften Rechtsetzungsakte der Mitgliedstaaten zuzulassen, soweit der Gemeinschaftsgesetzgeber das bestimmt oder die Gemeinschaft das in anderer Weise akzeptiert.

Offen ist, wo die verfassunggebende Gewalt für eine Europäische Verfassung liegt. Die Diskusion um den Maastrichter Vertrag sollte deutlich gemacht haben, daß eine Europäische Verfassung nicht auf der Grundlage völkerrechtlicher Vereinbarungen zwischen den Mitgliedstaaten möglich ist, die von den Staats- und Regierungschefs ausgehandelt und von den nationalen Parlamenten ratifiziert werden. Gerade in der Europafrage sind die europäischen Völker offenkundig von ihren Parlamenten nicht wirklich repräsentiert. Wie immer man das Verfahren im einzelnen gestalten will — hier liegen vielfache Überlegungen vor — letztlich liegt die verfassunggebende Gewalt bei den Völkern der Mitgliedstaaten und nicht in Brüssel oder Luxemburg, vorerst auch nicht in Straßburg.

8. Das Subsidiaritätsprinzip spielt eine gewichtige Rolle bei den Überlegungen zur Reform der Organisation der Gemeinschaftsorgane. Der Schwerpunkt liegt hier auf einer Neuorientierung von Kommission und EuGH.

Zunächst ist am Prinzip der grundsätzlich mitgliedstaatlichen Vollziehung von Gemeinschaftsrechtsakten festzuhalten. In einer künftigen europäischen Verfassung muß das auch ausdrücklich festgeschrieben werden.

Die Kommission besitzt eine ganze Reihe von eigenen Rechtsetzungsbefugnissen, die zum Teil im Vertrag, häufig aber in Rechtsakten des Rates eingeräumt werden. Im Rechtsetzungverfahren der Kommission haben sich Misch- und Subformen einer organisatorischen Verknüpfung des Gemeinschaftsorgans mit national besetzten Komitees unterschiedlichster Art gebildet, die dem Subsidiaritätsprinzip schon insofern widersprechen, als dieses auf einer klaren Zuständigkeitsteilung aufbaut. Diese Formen müssen entweder zurückgeschnitten oder den Gemeinschaftsorganen eingegliedert werden.

Einer grundlegenden Umgestaltung im Sinne der Subsidiarität bedarf sowohl die Rechtsprechung wie auch die Organisation des Europäischen Gerichtshofs. Der EuGH muß zunehmend zu einem echtem Verfassungsgericht der Gemeinschaft werden; dem Gericht der Ersten Instanz ist die Aufgabe des Obersten Fachgerichts der Gemeinschaft zuzuweisen.

Eine Umorientierung verlangt auch die Rechtsprechung: Während sich der EuGH in den vergangenen Jahrzehnten vor allem als Motor der Integration verstanden und auch bewährt hat, soll ihm bei dem erreichten Stand der Entwicklung künftig eher die Aufgabe zufallen, auf ein ausgewogenes Verhältnis zwischen der Union und den Mitgliedstaaten sowie auf die Einhaltung des Subsidiaritätsprinzips zu achten.

Bei der neu zu errichtenden Regionalkammer, die den „Beirat" der regionalen und lokalen Gebietskörperschaften" ersetzen soll, ist die Verbindung mit dem Subsidiaritätsprinzip offenkundig. Je nach Art ihrer Besetzung und Befugnisse kann sie unterschiedlich stark sein.

9. Breite Beachtung findet das Subsidiaritätsprinzip in der Diskussion um die Wirtschafts- und Währungsunion. Zwar ist die Grundentscheidung über die Errichtung einer Wirtschaft- und Währungsunion ohne Berücksichtigung des Subsidiaritätsprinzips getroffen worden; eine ebensolche Entscheidung droht in der Frage „einheitliches oder einziges europäisches Geld". Doch bei der organisatorischen Ausgestaltung der Währungsunion wird die Bedeutung des Subsidiaritätsprinzips auf breiter Front diskutiert: Das beginnt bei der näheren Ausgestaltung der regionalen Struktur des Europäischen Zentralbanksystems; es setzt sich fort vor allem bei der Verteilung der Kompetenzen zwischen der europäischen Zentralbank und den nationalen Zentralbanken und — dementsprechend — dem organisatorischen Zuschnitt der Zentrale. Läßt sie den nationalen Zentralbanken genügend Spielraum, so kann sie sich institutionell und personell stark beschränken. Freilich liegt die Versuchung nahe, daß die Europäische Zentralbank sowohl die entscheidenden wie auch die lukrativen Funktionen an sich zieht und die nationalen Zentralbanken zu reinen Verwaltungsuntergliederungen abwertet.

10. Die Bedeutung des Subsidiaritätsprinzips als Regulativ bei der Kompetenzausübung, die Bemühungen um die Konkretisierungen seiner tatbestandlichen Voraussetzungen und um verfahrensmäßige Garantien für seine Einhaltung werden im Gesamtkonzept des Europäischen Rats von Edinburgh (11 / 12.12.1992) in einem Gesamtkonzept für die Anwendung des Subsidiaritätsprinzips zusammengefaßt. Dieses Konzept ist weit davon entfernt, alle, vor allem die Verfahrensfragen zu klären; dennoch ist es ein wichtiger Schritt zur weiteren Umsetzung des Art. 3 b EG-V in die praktische Arbeit der Gemeinschaftsorgane.

Im Mittelpunkt des Interesses steht hier das alte und schwierige Problem der Rechtsangleichung in der Gemeinschaft. Viel sprach dafür, daß seit geraumer Zeit ein Umdenken stattgefunden hat. Während das urprüngliche Integrationskonzept der Gemeinschaft darauf abstellte, die nationalen Vorschriften auf breiter Front durch einheitliche Regelungen so zu ersetzen, daß im wesentlichen überall die gleichen Vorschriften gelten, sprach in den letzten Jahren viel (einschließlich der offiziellen Erkärungen der Gemeinschaftsorgane) dafür, daß eine „neue Strategie“ verfolgt werde, vor allem mit den Instrumenten des Normenverweises (auf private, europäische oder nationale Normungsgremien) und der gegenseitigen Anerkennung. Das entspricht in vollem Umfang dem Subsidiaritätsprinzip; die Rechtsetzungspraxis läßt freilich daran zweifeln, ob Kommission und Rat sich durchgängig an diese neue Strategie gebunden fühlen.

11. Mit der Bedeutung des Subsidiaritätsprinzips für die Stärkung der Selbstverwaltung kehrt die Betrachtung zu der vielleicht wichtigsten, jedenfalls bekanntesten Funktion des Subsidiaritätsprinzips zurück — der Förderung von Freiheit und Vielfalt.

Hier stehen an erster Stelle die Gemeinden. Sie arbeiten in vielfältiger Weise auf der europäischen Ebene mit und international immer enger zusammen. Diese Zusammenarbeit der Gemeinden hat zu mehreren und klaren Bekenntnissen zur kommunalen Selbstverwaltung auch im künftigen Europa geführt. Unter diesen Texten ist die „Europäische Charta der kommunalen Selbstverwaltung“ des Europarats vom 15.10.1985 (in Kraft getreten am 1.9.1988) hervorzuheben.

Unentschieden ist bisher die Frage, ob eine künftige europäische Verfassung soweit gehen sollte, die Mitgliedstaaten auf die Selbstverwaltung ihrer Gemeinden zu verpflichten. Das Subsidiaritätsprinzip verlangt dies jedenfalls nicht.

Von besonderem Interesse sind die verschiedenartigen Zusammenschlüsse grenznaher Gebiete zu grenzüberschreitenden Regionen. Sie bilden eine aus europäischer Sicht zu begrüßende Möglichkeit, nationales Bewußtsein zu übersteigen und — wenn schon nicht europäisches, so doch wenigstens — regionales Gemeinschaftsbewußtsein zu bilden. Schon heute sind die vielfältigen Formen grenzüberschreitender Zusammenarbeit vielversprechende Ansätze für eine „Regionalisierung von unten“, die zu fördern das Subsidiaritätsprinzip gebietet. Ein „verwendbares Modell“ hat sich freilich noch nicht gebildet. Diese grenzüberschreitende Zusammenarbeit wird in der Bundesrepublik Deutschland in vielfältiger Weise gefördert. Sie hat inzwischen auch Eingang gefunden in die Verfassunggebung (Art. 23, 24 n. F. GG, Art. Art. 60 der Landesverfassung des Saarlandes und Art. 12 des letzten Enwurfs der Verfassung des Landes Sachsen).

Den Gemeinden vergleichbar sehen sich auch die Kirchen und die Wohlfahrtsverbände in einer zwiespältigen Position — einerseits kann ihre Autonomie durch die wachsenden Einflüsse des Gemeinschaftsrechts bedroht werden; zum anderen bieten sowohl der europäische Aktionsraum wie auch das sich langsam bildende europäische Verfassungsrecht Chancen zu einer Absicherung der traditionell vielgestaltigen und autonomen Träger. Um diese Chancen wahrzunehmen, haben sowohl die Kirchen wie auch die Wohlfahrtsverbände damit begonnen, auf europäischer Ebene zusammenzuarbeiten.

Das Subsidiaritätsprinzip bildet einen vorzüglichen gemeinsamen Nenner zur Wahrung und Sicherung ihrer gesellschaftlichen Autonomien auch im europäischen Recht. Angesichts der großen theoretischen wie praktischen Bedeutung, die innerstaatlich das Subsidiaritätsprinzip für die Kirchen und Wohlfahrtsverbände hat, könnten sie Vorreiter sein im Bestreben um die Berücksichtigung des Subsidiaritätsprinzips in einer künftigen europäischen Verfassung. Doch davon kann bisher nicht die Rede sein. Das mag begrüßen, wer von dem Einsatz der Kirchen für die Subsidiarität eine Verstärkung von antikirchlichen Affekten befürchtet, die ohnedies da und dort (in der Sache völlig unberechtigt) mit dem Subsidiaritätsprinzip verknüpft werden. Doch diese Zurückhaltung darf nicht so weit gehen, daß die Kirchen in ihren karitativen und Bildungseinrichtungen einerseits ein wichtiges Reservoir ganz im Sinne einer subsidiären Gesellschaftsordnung sind, dabei aber andererseits nicht daran denken, diese ihre eigene Rolle in einer künftigen europäischen Verfassung zu sichern. Mit der bloßen Sicherung eigener Rechtspositionen hat das nichts zu tun.

Summe all dieser Betrachtungen sollte sein — das Subsidiaritätsprinzip bietet eine Fülle von Anregungen bei der Diskussion um den weiteren Ausbau der Europäischen Union.

Literaturverzeichnis

Adonis, A. / *Jones,* S.: Subsidiarity and the European Community's Constitutional Future, in: Staatswissenschaften und Staatspraxis 1991, S. 179 ff.

Alber, S.: Subsidiaritätsprinzip und Europäische Union: Zur Verfassungsdebatte in der EG, in: Vogel / Oettinger (Hrsg.), Föderalismus in der Bewährung, Deutscher Gemeindeverlag 1992.

Apert-Dupont, E.: Les grands „Petits Pas" de Maastricht, in. R. A. E. 1992.

Bach, A.: Direkte Wirkung von EG-Richtlinien, in: JZ 1990, S. 1108 ff.

Bach, M.: Eine leise Revolution durch Verwaltungsverfahren — bürokratische Integrationsprozesse in der Europäischen Gemeinschaft, Zeitschrift für Soziologie, 21 (1992) S. 16 ff.

Bauer, J. (Hrsg.): Europa der Regionen. Schriften zum Europäischen Recht, Bd. 9, Berlin 1991.

Bertrams, W.: Das Subsidiaritätsprinzip in der Kirche, 1947.

Beyer, T. C. W.: Europa 1992: Gemeinschaftsrecht und Umweltschutz nach der Einheitlichen Europäischen Akte, Juristische Schulung 1990, S. 965 ff.

Beyerlin, U.: Die „neue" Umweltpolitik der Europäischen Gemeinschaft, Umwelt- und Planungsrecht 1989, S. 361 ff.

— Dezentrale grenzüberschreitende Zusammenarbeit als transnationales Rechtsphänomen, in: Archiv des Völkerrechts 1989, S. 286 ff. / 300 ff.

Bieber, R.: Zeitschrift für ausländisches öffentliches Recht und Völkerrecht 1988, S. 211 ff.

— in: Beutler / Bieber / Pipkorn / Streil, Die Europäische Gemeinschaft — Rechtsordnung und Politik, 3. Aufl., Baden-Baden 1987.

Bielenberg, W. / *Erbguth,* W.: Raumordnungs- und Landesplanungsrecht des Bundes und der Länder, Bielefeld 1992.

Blanke, H. J.: Die Bundesländer im Spannungsverhältnis zwischen Eigenstaatlichkeit und Europäischer Integration, in: Heckmann, D. / Messerschmidt, H. (Hrsg.), Gegenwartsfragen des öffentlichen Rechts, Bd. 552, Berlin 1988.

— Föderative Staatsstrukturen und Europäisches Gemeinschaftsrecht, in: Siedentopf, H. (Hrsg.), Europäische Integration und nationalstaatliche Verwaltung, Stuttgart 1991.

— Das Subsidiaritätsprinzip als Schranke des Europäischen Gemeinschaftsrechts?, in: Zeitschrift der Gesetzgebung 1991, S. 133 ff.

Bleckmann, A.: Chancen und Gefahren der europäischen Integration, in: Juristenzeitschrift 1990, S. 301 ff.

— Zu den Auslegungsmethoden des EuGH, in: Neue Juristische Wochenschrift 1982, S. 1177 ff.

Blümel, W. (Hrsg.): Spezielle Aspekte der Autonomen Gemeinschaften in Spanien. Speyerer Forschungsbericht Nr. 108, Forschungsinstitut für öffentliche Verwaltung bei der Hochschule für Verwaltungswissenschaften Speyer, 1992.

Borchmann, M.: Doppelter Föderalismus in Europa — die Forderung der deutschen Länder zur politischen Union, in: Europa Archiv 1991, S. 340 ff.

Brünneck, A. v.: Die öffentliche Meinung in der EG als Verfassungsproblem, in: Europa Recht 1989, S. 249 ff.

Chiner, M.: Spanien als Staat der Autonomen Gemeinschaften, in: Die Öffentliche Verwaltung 1987, S. 85 ff.

Constantinesco, V.: „Subsidiarität“: Magisches Wort oder Handlungsprinzip der Europäischen Union?, in: Europäische Zeitschrift für Wirtschaftsrecht 1991, S. 561 ff.

— Subsidiarität: Zentrales Verfassungsprinzip für die politische Union, in: Integration 1990, S. 165 ff.

— La subsidiarité comme Principe Constitutionelle de l'Intégration Européenne, in: Außenwirtschaft 46 (1991), S. 439 ff.

Deuerlein, E.: Föderalismus, die historischen und philosophischen Grundlagen des föderalen Prinzips, München 1972.

Eiselstein, E.: Verlust der Bundesstaatlichkeit?, in: Neue Zeitschrift für Verwaltungsrecht 1989, S. 323 ff.

Eurostat.: Regionen, Systematik der Gebietseinheiten für die Statistik, Luxemburg 1990.

Everling, U.: Zur Aufteilung der Kompetenzen in einer föderalen gegliederten Europäischen Union, in: Weidenfeld, W. (Hrsg.), Wie Europa verfaßt sein soll — Materialien zur politischen Union, Gütersloh 1991.

— Zur föderalen Struktur der Europäischen Gemeinschaft, in: Hailbronner / Ress / Stein (Hrsg.), Staat und Völkerrechtsordnung, Festschrift für Karl Döhring, Heidelberg usw. 1989, S. 179 ff.

Fabre, M.-H.: L'unité et l'indivisibilité de la République, Réalite? Fiction?, in: Revue de Droit Public 1982, S. 2.

Fiedler, W.: Die Funktion des Rechts in der Europäischen Einigungsbewegung; die Verrechtlichung — Weg oder Irrweg der Europäischen Integration, in: Juristenzeitung 1986, S. 60 ff.

Frantz, C.: Der Föderalismus — das leitende Prinzip für die soziale, staatliche und internationale Organisation, Mainz 1879.

Fromont, M.: Die französischen Dezentralisierungsgesetze, in: Die Öffentliche Verwaltung 1983, S. 397 ff.

Fuchs, M.: Privatversicherung und Sozialversicherung, in: Vierteljahresschrift für Sozialrecht 1991, S. 296.

Furger, F.: Subsidiaritätsprinzip — Gestaltungsprinzip nur für die weltliche Gesellschaft oder auch für die Kirche? in: Theologie der Gegenwart 33 (1990) S. 327 ff.

Gabbe, J.: Die EUREGIO — deutsch-niederländische Zusammenarbeit auf kommunaler Ebene, in: Regionalismus in Europa, Bd. III, Bericht über die zweite wissenschaftliche Tagung, Bayerische Landeszentrale für politische Bildungsarbeit 1983, S. 102 ff.

Gaudemet, I.: Les méthodes du juge administratif, L. G. D. J 1972.

Gebhardt, J.: Der Federalist, in: Rausch, H. (Hrsg.), Politische Denker II, 5. Aufl., München 1977.

Genosko, J.: Der wechselnde Einfluß des Subsidiaritätsprinzips auf die wirtschafts- und sozialpolitische Praxis in der Bundesrepublik Deutschland, in: Jahrbuch für Nationalökonomie und Statistik, Bd. 201 (1986), S. 403 ff.

Gierke, O. v.: Das deutsche Genossenschaftsrecht, Bd. 1, Berlin 1868.

— Johannes Althusius, Breslau 1880.

Glaesner, H.-J.: Die Einheitliche Europäische Akte, Europarecht 1986, S. 119 ff.

Götz, V.: Europäische Gesetzgebung durch Richtlinien — Zusammenwirken von Gemeinschaft und Staat, in: Neue Juristische Wochenschrift 1992, S. 1849 ff.

Grabitz, E.: Subsidiarität im Gemeinschaftsrecht, in: Vogel / Oettinger (Hrsg.), Föderalismus in der Bewährung — die deutschen Länder vor der Herausforderung fortschreitender EG-Integration, Deutscher Gemeindeverlag, Köln 1992.

Grawert, R.: Staatsvolk und Staatsangehörigkeit, in: Isensee, J. / Kirchhof, P. (Hrsg.), Handbuch des Staatsrechts, Bd. I.

Häberle, P.: Föderalismus, Regionalismus, Kleinstaaten — in Europa, in: Die Verwaltung 25 (1992), S. 1 ff.

— Verfassungsrechtliche Fragen im Prozeß der europäischen Einigung, in: EuGRZ 1992, S. 429 ff.

Hahn, H. J.: Der Vertrag von Maastricht als völkerrechtliche Übereinkunft und Verfassung, Baden-Baden 1992.

Hailbronner, K.: Die deutschen Bundesländer in der EG, in: Juristenzeitung 1990, S. 149 ff.

— Legal Institutional Reform of the EEC: What can we learn from Federalism Theory and Practice?, in: Außenwirtschaft 46 (1991), S. 485 ff.

Haneklaus, W.: Zur Frage der funktionsgerechten Regionalisierung einer föderal verfaßten Europäischen Union, in: Deutsches Verwaltungsblatt. 1981, S. 295 ff.

Hanns-Seidl-Stiftung (Hrsg.): Föderalismus im internationalen Vergleich, Sonderheft 1 / 1990.

Heberlein, H.: Kommunale Europapolitik, in: Bayerische Verwaltungsblätter 1992, S. 417 ff.

Heintzen, M.: Subsidiaritätsprinzip und Europäische Gemeinschaft, in: Juristenzeitung 1991, S. 317 ff.

Hengstenberg, H. E.: Philosophische Begründung des Subsidiaritätsprinzips, in: Utz, A. F. (Hrsg.), Das Subsidiaritätsprinzip, Bd. 2, Sammlung Politeia, Heildelberg 1953.

Herzog, R.: Subsidiaritätsprinzip, in: Evangelisches Staatslexikon, Bd. II, 3. Aufl., 1987.

— Zwischenbilanz im Streit um die bundesstaatliche Ordnung, in: Juristische Schulung 1967, S. 194 ff..

— Was bedeutet das Subsidiaritätsprinzip wirklich?, Euro-Aktuell (Hrsg.): vom Bayerischen Staatsministerium für Bundes- und Europaangelegenheit Nr 83 vom 10.3.1993.

Hochbaum, I.: Kohäsion und Subsidiarität — Maastricht und die Länderkulturhoheit, in: DÖV 1992, S. 285 ff.

Hommes, H. J. van Eikema: Die Bedeutung der Staats- und Gesellschaftslehre des Johannes Althusius für unsere Zeit, in: Festschrift für Scupin, Berlin 1983.

Horner, F.: Konservative und christdemokratische Parteien in Europa, München 1981.

Hrubek, R.: Bundesländer und Regionalismus in der EG, in: Magiera, S. / Merten, D.: Bundesländer und Europäische Gemeinschaft, Schriftenreihe der Hochschule Speyer, Bd. 103, 1988, S. 136 ff.

— Parteienbünde: Unterbau EP-Fraktionen und unverzichtbares Element einer funktionsfähigen Infrastruktur der EG, in: Zeitschrift für Parlamentsfragen 1976, S. 179 ff.

Hummer, W.: Subsidiarität und Föderalismus als Strukturprinzipien der Europäischen Gemeinschaften?, in: Zeitschrift für Rechtsvergleichung, Internationales Privatrecht und Europarecht 1992, S. 81 ff.

Isensee, J.: Der Föderalismus und der Verfassungsstaat der Gegenwart, in: AöR 115 (1990), S. 248 ff.

— Subsidiaritätsprinzip und Verfassungsrecht, Berlin 1968.

— Der Subsidiaritätsgrundsatz, in: Leisner, W. (Hrsg.), Staatsethik, Köln 1977.

— Idee und Gestalt des Föderalismus im Grundgesetz, in: Isensee, J. / Kirchhof, P. (Hrsg.), Handbuch des Staatsrechts, Bd. IV.

Jachtenfuchs, M.: Die EG nach Maastricht — Das Subsidiaritätsprinzip und die Zukunft der Integration, in: Europa-Archiv 1992, S. 279 ff.

Jacquet, J.-P.: Außenwirtschaft 1991, S. 469.

Jellinek, G.: Allgemeine Staatslehre, Neudruck 1960.

Jerusalem, F. W.: Die Staatsidee des Föderalismus, Tübingen 1949.

Johnson, N.: Landesbericht Großbritannien, in: Ossenbühl, F. (Hrsg.), Föderalismus und Regionalismus in Europa, Baden-Baden 1990.

Kalkbrenner, H.: Die rechtliche Verbindlichkeit des Subsidiaritätsprinzips, in: Hablitzel / Wollenschläger, Recht und Staat, Festschrift für Günter Küchenhoff, 2. Halbbd., Berlin 1972.

Kapteyn, P. J. C.: Community Law and the Principle of Subsidiarity, in: Revue des Affaires européennes 1991, S. 35 ff.

Kellas, J. G.: European Integration and the Regions, in: Parliamentary Affaires, London, Vol. 44, N. 2, April 1991, S. 226 ff.

Kerber, W.: Subsidiarität und Demokratie, Philosophische Abgrenzungen, in: Die neue Ordnung 34 (1980), S. 286 ff.

Kielmansegg, Graf P.: Einige historische Bemerkungen zum Thema „Föderation“, in: Weidenfeld, W. (Hrsg.), Wie Europa verfaßt sein soll — Materialien zur politischen Union, Gütersloh 1991 S. 50 ff.

— in: Weidenfeld (Hrsg.): Wie Europa verfaßt sein soll.

Kimminich, O.: Der Bundesstaat, in: Isensee, J. / Kirchhof, P. (Hrsg.), Handbuch des Staatsrechts, Bd. I, Heidelberg 1987.

— Die Subsidiarität in der Verfassungsordnung des freiheitlich-demokratischen Rechtsstaates, in: Kimminich, O. (Hrsg.), Subsidiarität und Demokratie, Düsseldorf 1981.

Kisker, G.: Ideologische und theoretische Grundlagen der bundesstaatlichen Ordnung in der Bundesrepublik Deutschland — zur Rechtfertigung des Föderalismus, in: „Probleme des Föderalismus", Referate auf dem Symposium „Föderalismus in der SFR Jugoslawien und in der Bundesrepublik Deutschland — ein Vergleich", Tübingen 1985.

Kistenmacher, H. / *Saalbach*, J.: Beispiele praktischer grenzüberschreitender Zusammenarbeit im Raum Südpfalz / mittlerer Oberrhein / Nord-Elsass, in: Die Verwaltung 25 (1992), S. 489 ff.

Klein, E.: Der Verfassungsstaat als Glied einer europäischen Gemeinschaft, VVDStRL 50 (1991), S. 56.

Knemeyer, F.-L.: Subsidiarität — Föderalismus, Dezentralisation, Initiative zu einem „Europa der Regionen", in: Deutsches Verwaltungsblatt. 1990, S. 449.

Kraußer, H. P.: Das Prinzip begrenzter Ermächtigung im Gemeinschaftsrecht als Strukturprinzip des EWG-Vertrages, Berlin 1991.

Küchenhoff, G.: Das Prinzip der staatlichen Subsidiarität im Arbeitsrecht, in: Recht der Arbeit 1959, S. 201 ff.

— Staatsverfassung und Subsidiarität, in: Bd. II der Sammlung „Politeia", Veröffentlichungen des Internationalen Instituts für Sozialwissenschaft und Politik der Universität Freiburg / Schweiz, Heidelberg 1953.

— Subsidiarität und Solidarität im Betriebsverfassungsrecht, in: DB 1963, S. 765 ff.

Kühnhardt, L.: Föderalismus und Subsidiarität, in: Aus Politik und Zeitgeschichte B 45 / 91, S. 37 ff.

Külp, B.: Kurzgefaßte katholische Soziallehre, Köln 1962.

Lang, W.: Die normative Qualität grenzüberschreitender Regionen — Zum Begriff der „soft-institution", in: Archiv des Völkerrechts 1989, S. 253 ff.

Langenfeld, C. / *v. Stauffenberg*, F. L.: Maastricht — ein Fortschritt für Europa? Zeitschrift für Rechtpolitik 33(1990) S. 252.

Langer, S.: Unitarismus und Föderalismus im künftigen Europa — Zur Bedeutung zweier Integrationsprinzipien für die Organisationsentwicklung in den Europäischen Gemeinschaften, in: Die Öffentliche Verwaltung 1991, S. 823 ff.

Lecheler, H.: Die umweltrechtlichen Kompetenzen der EG, in: Jahrbuch des Umwelt- und Technikrechts 1991, Bd. 15, S. 275 ff.

Leisner, W.: Die Bayerischen Grundrechte, Wiesbaden 1968.

— Föderalismus als kooperativer Dialog, in: Zeitschrift für Rechtspolitik 1969, S. 14 ff.

— Staatsrenaissance, Berlin 1987.

Lenz, C. O: Im Lichte der Rechtsprechung, in: EG-Magazin 1992, Heft 9, S. 16 ff.

Leonardi, R. / *Nanetti*, R. Y. (Hrsg.): The Regions and European Integration. The case of Emilia-Romagna, London / New York 1990.

Lerche, P.: Föderalismus als internationales Ordnungsprinzip, Veröffentlichungen der Vereinigung der Deutschen Staatsrechtslehrer 21 (1964), S. 73 ff.

— Föderalismus als nationales und internationales Ordnungsprinzip, Mitbericht, in: Veröffentlichungen der Vereinigung der Deutschen Staatsrechtslehrer 21 (1964), S. 66 ff.

— Kohäsion und Subsidiarität — Maastricht und die Länderkulturhoheit, in: Die öffentliche Verwaltung 1992, S. 285 ff.

— „Subsidiarität": Handlungsprinzip der Europäischen Union?, in: Europäische Zeitschrift für Wirtschaftsrecht 1991, S. 561 ff.

— Übermaß und Verfassungsrecht, München 1961.

Link, E.: Das Subsidiaritätsprinzip. Sein Wesen und seine Bedeutung für die Sozialethik, Freiburg / B. 1955.

Luster, R. / *Pfennig*, G. / *Fugmann*, F.: Bundesstaat Europäische Union — ein Verfassungsentwurf, in: Weidenfeld, W. (Hrsg.), Wie Europa verfaßt sein soll, Gütersloh 1991.

Magiera, S.: Die EEA und die Fortentwicklung der Europäischen Gemeinschaft zur Europäischen Union, in: Fiedler, W. / Ress, G. (Hrsg.), Verfassungsrecht und Völkerrecht, Gedächtnisschrift für W. K. Geck, Köln 1989.

Maier, H.: Der Föderalismus — Ursprünge und Wandlungen, in: AöR 115 (1990), S. 213 ff.

Malanczuk, P.: Devolution in Großbritannien, in: Zeitschrift für ausländisches öffentliches Recht und Völkerrecht 41 (1981), S. 103 ff.

Manceau, B.: 1982 - 1988: Histoire d'une législation, Supplement aux Cahiers francais No. 230, 1989, Notice 1 - 2.

Merciai, P. / *Saint-Quen*, F.: Chronique administrative sur la notion juridique de région, in: Revue de Droit Public 1987, S. 1297 ff.

Millgramm, K.-H.: Föderalismus und Individuum, in: Deutsche Verwaltungsblatt 1990, S. 740 ff.

Möschel, W.: Politische Union für Europa: Wunschtraum oder Alptraum?, in: Juristenzeitung 1982, S. 877 ff.

Mols, M.: Regionalismus, in: Staatslexikon, Bd. 4, 7. Aufl., Herder, Freiburg 1988.

Müller, W.: Dezentralisation in Frankreich (1982 - 1986) — Die „stille Revolution", in: Neue Zeitschrift für Verwaltungsrecht 1989, S. 623 ff.

Müller-Brandeck-Bocquet, G.: Ein föderalistisches Europa? Zur Debatte über die Föderalisierung und Regionalisierung der zukünftigen Europäischen Politischen Union, in: Aus Politik und Zeitgeschichte, B 45 / 1991, S. 13 ff.

— Regionen für Europa? Der französische Zentralismus im Umbruch, Politiosche Studien, Sonderheft 1 / 1990 (Föderalismus im internationalen Vergleich).

v. Münch, I.: Staatliche Wirtschaftshilfe und Subsidiaritätsprinzip, in: Juristenzeitung 1960, S. 305 ff.

Nawroth, E.: Humanisierung der Leistungsgesellschaft aus christlich-sozialer Sicht, in: Böckle-Stegmann (Hrsg.), Kirche und Gesellschaft heute, Festschrift für Franz Groner, Paderborn / München / Wien / Zürich 1979.

Nell-Breuning, O. v.: Baugesetze der Gesellschaft. Solidarität und Subsidiarität, Freiburg / Basel / Wien 1990.

Nentwich, M.: Institutionelle und verfahrensrechtliche Neuerungen im Vertrag über die Europäische Union, in: Europäische Zeitschrift für Wirtschaftsrecht 1982, S. 235 ff.

Nicolaysen, G.: Zur Theorie der Implied Powers in den Europäischen Gemeinschaften, EuR 1966, S. 129 ff.

Niedermayer, O.: Die Entwicklung der europäischen Parteienbünde, in: Zeitschrift für Parlamentsfragen 1984, S. 359 ff.

Oberreuter, H.: Staatslexikon, 2. Bd., 7. Aufl., Freiburg 1986.

Odent, R.: Contentieux administratif, Paris 1971.

Oppermamm, T.: Europarecht, München 1991.

Ossenbühl, F.: Föderalismus nach 40-jährigem Grundgesetz, in: Deutsches Verwaltungsblatt 1989, S. 1230 ff.

— (Hrsg.): Föderalismus und Regionalismus in Europa, Baden-Baden 1990.

Pechstein, M.: Subsidiarität der EG-Medienpolitik?, in: Die öffentliche Verwaltung 1991, S. 535 ff.

Peters, H.: Die kommunale Selbstverwaltung und das Subsidiaritätsprinzip, in: Archiv für Kommunalwissenschaften 1967, S. 5 ff.

Petersen, U.: Zur Rolle der Regionen im künftigen Europa, in: Die öffentliche Verwaltung 1991, S. 278 ff.

Peyroux, E.: Réflexions sur le rapport de la commission Guichard, in: Revue de Droit Public 1978, S. 321 ff.

Pieper, J.: Thesen zur sozialen Politik, 3. Aufl., Freiburg / B.; 4. Aufl., Frankfurt / Main, 1947.

Pipenscheider, M.: Die europäischen Parteienzusamenschlüsse, in: Weidenfeld, W. / Wessels, W. (Hrsg.), Jahrbuch der europäischen Integration 1990 / 91, S. 253 ff.

Pitschas, R.: Die soziale Dimension der EG, in: Die öffentliche Verwaltung 1992, S. 277 ff.

v. Plate, B.: Subregionalismus — eine Zwischenebene in einer gesamteuropäischen Ordnung, in: Europa-Archiv 1991, S. 558 ff.

Pontier, J.-M.: La subsidiarité en droit administratif, in: Revue de Droit Public 1986, S. 1524 ff.

Presseinformationsdienst der EG (Hrsg.): Die Politische Union. Dokumentensammlung des Politischen Ausschusses des Europäischen Parlaments, Sonderheft 9.

Raoux, A. / *Terrenoire*, A.: L'Europe et Maastricht: le pour et le contre, Le Cherche-Midi editeur 1992.

Rauscher, A.: Personalität, Solidarität, Subsidiarität, Köln 1975.

Rauscher, A. / *Hollerbach*, A.: Subsidiarität, in: Görres-Gesellschaft (Hrsg.), Staatslexikon, Bd. V, 7. Aufl., Freiburg / B. 1989.

Rendtdorff, T.: Kritische Erwägungen zum Subsidiaritätsprinzip, in: Der Staat 1 (1963), S. 405 ff.

Resch, N.: Transnationale Parteienzusammenarbeit in der EG, Baden-Baden 1978.

Ress, G.: Das deutsche Zustimmungsgesetz zur Einheitlichen Europäischen Akte — Ein Schritt zur „Föderalisierung" der Europapolitik. Europäische Grundrechte Zeitschrift 1987, S. 361 ff.

— Die neue Kulturkompetenz der EG, in: Die öffentliche Verwaltung 1992, S. 944 ff.

— Über die Notwendigkeit der parlamentarischen Legitimierung der Rechtsetzung der Europäischen Gemeinschaften — Überlegungen zum europäischen Gemeinschaftsrecht und deutschem Verfassungsrecht, in: Fiedler, W. / Ress, G. (Hrsg.), Gedächtnisschrift für W. K. Geck, Köln, Berlin, Bonn, München, 1989, S. 625 ff.

Roos, L.: Subsidiarität, in: Lexikon der Wirtschaftsethik, Freiburg-B. / Basel / Wien 1992.

Scharpf, F. W.: Die Politikverflechtungs-Falle: Europäische Integration und deutscher Föderalismus im Vergleich, in: Politische Vierteljahresschrift 1985, S. 325 ff.

Schasching, J.: Unterwegs mit den Menschen, Kommentar zur Enzyklika „Centesimus annus" von Johannes Paul II, Wien / Zürich 1991.

Schelter, K.: Subsidiarität — Handlungsprinzip für das Europa der Zukunft, in: Europäische Zeitschrift für Wirtschaftsrecht 1990, S. 217 ff.

Scheuing, D. H.: Umweltschutz auf der Grundlage der Einheitlichen Europäischen Akte, Europarecht 1989, S. 152 ff.

Schink, A.: Die europäische Regionalisierung, in: Die öffentliche Verwaltung 1992, S. 385 ff.

Schmidt-Jortzig, E. / *Schink*, A.: Subsidiaritätsprinzip und Kommunalordnung, Schriftenreihe des Freiherr-vom Stein-Instituts im Deutschen Gemeindeverlag, Bd. 2, Stuttgart 1982.

Schneider, L.: Subsidiäre Gesellschaft — Erfolgreiche Gesellschaft, 3. Aufl., Paderborn / München / Wien / Zürich 1983.

Scholz, R.: Grundgesetz und europäische Einigung — Zu den reformpolitischen Empfehlungen der Gemeinsamen Verfassungskommission, in: Neue Juristische Wochenschrift 1992, S. 2593 ff.

Schröder, M.: Bundesstaatliche Erosionen im Prozeß der europäischen Integration, : Jahrbuch des öffentlichen Rechts der Gegenwart n. F. 35 (1986), S. 83 ff.

Schrötter, H. J.: in: Seidl-Hohenveldern, I. / Schneider, L., Auf dem Weg nach Europa — Fragen zur europäischen Integration, Köln usw. 1991.

Schütz, H. J.: Verfassungsrechtliche Fragen der Teilhabe der deutschen Bundesländer an Entscheidungen in den Europäischen Gemeinschaften, in: Bayerische Verwaltungsblätter. 1990, S. 481 ff.

Schultze, R.-O.: Föderalismus als Alternative? Überlegungen zur territorialen Reorganisation von Herrschaft, in: Zeitschrif für Parlamentsfragen 1990, S. 475 ff.

Schwarz, H.-P.: Auf dem Weg zum post-kommunistischen Europa, in: Europa-Archiv 1989, S. 319 ff.

Schweitzer, M. / *Hummer*, W.: Europarecht, 3. Aufl., Neuwied 1990.

Seele, G.: Der Kreis aus europäischer Sicht. Die übergemeindliche Kommunalverwaltung im Spiegel der nationalstaatlichen Verwaltungsstrukturen und der Europäischen Gemeinschaftspolitik, Kommunalwissenschaftliche Schriften des Deutschen Landkreistages, Bd. 8, Stuttgart / Köln 1991.

Seidel, M.: Umweltrecht der Europäischen Gemeinschaft — Träger oder Hemmnis des Fortschritts, in: Deutsches Verwaltungsblatt. 1989, S. 441 ff.

Siedentopf, H.: Föderalismus und Regionalismus in der europäischen Integration, in: Der Landkreis 1991, S. 239 ff.

— (Hrsg.): Europäische Integration und national-staatliche Verwaltung, Stuttgart 1991.

v. Simson, W. / *Schwarze,* J.: Europäische Integration und Grundgesetz — Maastricht und die Folgen für das deutsche Verfassungsrecht, Berlin / New York 1992.

v. Staden, B.: Das ganze Europa muß es sein . . ., in: Außenpoltik 1990, S. 24 ff.

v. Stauffenberg, F. L. / *Langenfeld,* C.: Maastricht — ein Fortschritt für Europa? Zeitschrift für Rechtpolitik 1992 S. 252.

Stavenhagen, L.: Europäische politische Union — aus der Sicht der Bundesregierung, Bitburger Gespräche, Jahrbuch 1991 / 1, München 1991.

Steindorff, E.: Grenzen der EG-Kompetenzen, Heidelberg 1990.

Stern, K.: Föderative Besinnungen, in: Festschrift für Hans Huber, Bern 1981, S. 319 ff.

— Das Staatsrecht der Bundesrepublik Deutschland, I, 2. Aufl., München 1984.

Stewing, C.: Subsidiarität und Föderalismus in der Europäischen Union, Köln usw. 1992.

— Das Subsidiaritätsprinzip als Kompetenzverteilungsregel im europäischen Recht, Deutsches Verwaltungsblatt 1992 S. 1516 ff.

Streinz, R.: Die Auswirkungen des Europäischen Gemeinschaftsrechts auf die Kompetenz der deutschen Bundesländer, in: Heckmann, D. / Messerschmidt, H. (Hrsg.), Gegenwartsfragen des öffentlichen Rechts, Schriften zum öffentlichen Recht, Bd. 552, Berlin 1988.

— Europarecht, Heidelberg 1992.

Tsatsos, D. T.: Parteienrecht im europäischen Wandel, in: Europäische Grundrechte-Zeitschrift 1992, S. 133 ff.

Utz, A. F. (Hrsg.): Formen und Grenzen des Subsidiaritätsprinzips, Heidelberg 1956.

— Subsidiaritätsprinzip, Heidelberg 1953.

— Das Subsidiaritätsprinzip — eine Zauberformel?, in: Gesellschaftspolitische Kommentare 1992, S. 281 ff.

Veen, H.-J:: Christdemokratische und konservative Parteien in Westeuropa 2, München 1983.

Vesterdorf, P.: in: Tsatsos, D. T. / Schefold, D. / Schneider, H.-P. (Hrsg.), Parteienrecht im europäischen Vergleich, Baden-Baden 1990, S. 73 ff.

Vitzthum, Graf W.: Der Föderalismus in der europäischen und internationalen Einbindung der Staaten, in: Archiv des öffentlichen Rechts 115 (1990), S. 281 ff.

Vogel, K.: Rechtfertigung der Steuern. Eine vergessene Vorfrage — Vergleich zur „heimlichen Steuerrevolte" und zum Dreieck Staat / Wirtschaft / Gesellschaft, in: Der Staat 25 (1986), S. 481 ff.

Vorwerk, A.: Die umweltpolitischen Kompetenzen der Europäischen Gemeinschaften nach Inkrafttreten der EEA, München 1990.

Wallenstätter, A.: Das Subsidiaritätsprinzip und die Rechtsprechung des Bundesverfassungsgerichts zu den Grundrechten, Diss. Würzburg 1979.

Weidenfeld, W. (Hrsg.): Wie Europa verfaßt sein soll — Materialien zur Politischen Union, Strategien und Optionen für die Zukunft Europas, Arbeitspapiere, Bd. 7 der Bertelsmann-Stiftung, Gütersloh 1991.

Wessel, W.: Maastricht: Ergebnisse, Bewertungen und Langzeittrends, in: Integration 1992, S. 2 ff.

Wiedmann, T.: Föderalismus als europäische Utopie — Die Rolle der Regionen aus rechtsvergleichender Sicht. Das Beispiel Deutschlands und Frankreichs, in: AöR 117 (1992), S. 46 ff.

Wimmer, N. / *Mederer*, W.: Das Subsidiaritätsprinzip und seine Entdeckung durch die Europäische Gemeinschaft, in: Österreichische Juristenzeitung 1991, S. 586 ff.

Wivenes, G.: in: Tsatsos, D. T. / Schefols, D. / Schneider, H.-P. (Hrsg.), Parteienrecht im europäischen Vergleich, Baden-Baden 1990, S. 435 ff.

Wolff, H. J. / *Bachof*, O.: Verwaltungsrecht III, 4. Aufl., München 1978.

Württenberger, T.: Zur Legitimation der Staatsgewalt in der politischen Theorie des Johannes Althusius, in: Dahm, K. W. / Krawietz, W. / Wyduckel, D. (Hrsg.), Politische Theorie des Johannes Althusius, Berlin 1988.

Zacher, H. F.: Archiv des öffentlichen Rechts 115 (1990), S. 307 ff.

Zsifkovits, V.: Subsidiaritätsprinzip, in: Katholisches Soziallexikon, 2. Aufl., Innsbruck / Graz 1980.

Zuck, R.: Subsidiarität und Grundgesetz, München 1968.

Sachverzeichnis

FSC
www.fsc.org
MIX
Papier | Fördert gute Waldnutzung
FSC® C083411

Kolibri 360 GmbH
Ferdinand-Jühlke-Straße 7
99095 Erfurt, Deutschland
produktsicherheit@kolibri360.de

Druck:
CPI Druckdienstleistungen GmbH
im Auftrag der
Kolibri 360 GmbH
Ferdinand-Jühlke-Str. 7
99095 Erfurt